Felipe Nery Rodrigues Machado

BANCO DE DADOS
Projeto e Implementação

4ª edição
2020

érica

- O autor deste livro e a editora empenharam seus melhores esforços para assegurar que as informações e os procedimentos apresentados no texto estejam em acordo com os padrões aceitos à época da publicação. Entretanto, tendo em conta a evolução das ciências, as atualizações legislativas, as mudanças regulamentares governamentais e o constante fluxo de novas informações sobre os temas que constam do livro, recomendamos enfaticamente que os leitores consultem sempre outras fontes fidedignas, de modo a se certificarem de que as informações contidas no texto estão corretas e de que não houve alterações nas recomendações ou na legislação regulamentadora.

- O autor e a editora se empenharam para citar adequadamente e dar o devido crédito a todos os detentores de direitos autorais de qualquer material utilizado neste livro, dispondo-se a possíveis acertos posteriores caso, inadvertida e involuntariamente, a identificação de algum deles tenha sido omitida.

- Direitos exclusivos para a língua portuguesa
  Copyright ©2020 by **SRV Editora Ltda.**
  Publicado pelo selo Érica
  Uma editora integrante do GEN | Grupo Editorial Nacional
  Travessa do Ouvidor, 11
  Rio de Janeiro – RJ – 20040-040
  www.grupogen.com.br

- **Atendimento ao cliente: (11) 5080-0751 | faleconosco@grupogen.com.br**

- Reservados todos os direitos. É proibida a duplicação ou reprodução deste volume, no todo ou em parte, em quaisquer formas ou por quaisquer meios (eletrônico, mecânico, gravação, fotocópia, distribuição pela Internet ou outros), sem permissão, por escrito, da **SRV Editora Ltda.**

- Capa: Tiago Dela Rosa

- **DADOS INTERNACIONAIS DE CATALOGAÇÃO NA PUBLICAÇÃO (CIP)**
  ANGÉLICA ILACQUA CRB-8/7057

  Machado, Felipe Nery Rodrigues
  Banco de dados: projeto e implementação / Felipe Nery Rodrigues Machado. –
  4. ed. – [4. Reimp.] – São Paulo: Érica, 2025.

  376 p.

  Bibliografia
  ISBN 978-85-365-3268-4

  1. Banco de dados 2. Modelagem de dados I. Título

	CDD 005.75
19-2475	CDU 004.65

  Índices para catálogo sistemático:
  1. Banco de dados

Dedicatória

A todos os profissionais brasileiros, que apesar de terem muita experiência na área de desenvolvimento de software e Tecnologia da Informação (TI), são discriminados por conta da idade, mas continuam pesquisando e buscando oportunidades de trabalho, em um país que não valoriza experiência e conhecimento em troca de custos.

A todos os familiares e os amigos que incentivaram e ficaram esperando por uma obra diferenciada, que apresentasse o tema de maneira clara e prática, o que tentamos e esperamos ter realizado neste livro.

Agradecimentos

A Deus, por estar sempre ao meu lado, com seus anjos e com sua energia radiante, que me mantém sempre com apoio e segurança, mesmo nos momentos mais difíceis em que nEle tenho o repouso e o "empurrão" para a frente.

Produzirão as montanhas frutos de paz ao vosso povo;
e as colinas, frutos de justiça.

Sl 71, 3

Sobre o Autor

Felipe Nery Rodrigues Machado

Consultor com mais de 20 anos de vivência na área de informática e projetista de sistemas. Com graduação em Engenharia Mecânica, possui vasta experiência no projeto de banco de dados, com sólidos conhecimentos em metodologias e modelagem de dados.

Especialista em projetos de bancos de dados para aplicações transacionais e gerenciais. Possui amplo conhecimento no desenvolvimento de projetos de bancos de dados para as mais diversas áreas de negócio, como indústria metalúrgica, indústria de alimento, varejo e atacado, jornais e televisão, distribuição de produtos, concessionárias de automóveis, órgãos públicos diversos, hospitais e companhias aéreas. Sua experiência abrange o ciclo completo de negócios de uma organização, tendo desenvolvido aplicações com Arquitetura de Data Warehouse, processos de ETL, com ênfase em modelagem multidimensional e arquitetura de processos OLAP.

Pesquisador de tecnologias e processos de desenvolvimento, com foco em dados, mantém-se em constante busca por informações e conhecimentos, com o objetivo de apoiar empresas e estudantes na compreensão da constante evolução dos sistemas de apoio a decisão.

Foi professor universitário das disciplinas de Bancos de Dados e Metodologias de Desenvolvimento na Universidade Estácio de Sá (Rio de Janeiro) e dedica-se à pesquisa e à divulgação das técnicas e metodologias do estado da arte em desenvolvimento de aplicações. Realiza palestras em todo país divulgando as técnicas de Business Inteligente (BI) e desenvolvimento de software.

Autor dos livros *Tecnologia e Projeto de Data Warehouse*, *Banco de Dados: Projeto e Implementação*, *Análise Relacional de Sistemas*, *Projeto de Bancos de Dados: Uma Visão Prática e Análise Gestão de Requisitos de Software*, todos publicados pela Editora Érica e adotados nas principais universidades de informática do País e por profissionais e estudantes que buscam aperfeiçoamento e mais conhecimento dos temas tecnológicos das obras.

E-mail: fnr.machado@gmail.com

Sumário

CAPÍTULO 1 – Projeto de Banco de Dados **15**

1.1 Modelagem de dados 16

1.2 Abstração 17

    1.2.1 Minimundo 19

    1.2.2 Banco de dados 19

    1.2.3 Modelo conceitual 20

    1.2.4 Modelo lógico 21

    1.2.5 Modelo físico 22

1.3 Projeto de banco de dados 23

1.4 Modelo Entidade-Relacionamento (MER) 24

1.5 Implementação de banco de dados 25

Considerações finais 26

CAPÍTULO 2 – Abstração em Modelagem de Dados **27**

2.1 Classificação de abstração 28

2.2 Agregação de abstração 29

2.3 Generalização de abstração 29

    2.3.1 Cozinha 30

2.4 Começar por dados 32

2.5 Agregações binárias 32

2.6 Cardinalidade mínima 33

2.7 Cardinalidade máxima 35

Atividades de fixação 36

CAPÍTULO 3 – Banco de Dados Relacionais **37**

3.1 Teoria Relacional 38

3.2 Principais características de uma relação 41

3.3 Domínio 42

3.4 Chave primária 43

3.5 Valores nulos e integridade de identidade 48

3.6 Regra de integridade de identidade 51

    3.6.1 Chave primária 51

    3.6.2 Chave estrangeira 51

3.7 Integridade referencial 55

    3.7.1 Restrições para garantir a integridade referencial 56

3.8 Resumo de restrições de integridade relacional 58

Atividades de fixação 59

CAPÍTULO 4 – Modelo Entidade-Relacionamento **63**

4.1 Elementos de um MER 65

4.2 Entidades 66

4.3 Relacionamentos 69

4.4 Atributos 70

4.5 Grau de relacionamento 73

4.6 Conectividade de um relacionamento 74

      4.6.1 Conectividade um-para-um 75

      4.6.2 Conectividade um-para-muitos 76

      4.6.3 Conectividade muitos-para-muitos 77

4.7 Atributos em um relacionamento 79

4.8 Opcionalidade de relacionamento 80

4.9 Condicionalidade de um relacionamento 80

4.10 Relacionamentos reflexivos 81

4.11 Resolução de relacionamentos muitos-para-muitos 83

4.12 Entidade fraca ou dependente 90

      4.12.1 Como reconhecer entidades na prática 90

      4.12.2 Como reconhecer relacionamentos 91

      4.12.3 Distribuidora de filmes 93

Atividades de fixação 97

CAPÍTULO 5 – Extensões do Modelo Entidade-Relacionamento **101**

5.1 Generalização – supertipos e subtipos 101

5.2 Relacionamentos ternários 105

5.3 Modelagem de atributos (modelagem lógica) 107

5.4 O problema 108

5.5 Quando os fatos podem confundir 113

CAPÍTULO 6 – Agregação: Uma Extensão Especial **121**

6.1 Hotel 124

6.2 Explicação adicional sobre as chaves 131

6.3 Clínicas médicas 131

6.4 Fábrica 139

6.5 Regras para identificar e utilizar agregação 141

      6.5.1 Agregação reflexiva 147

6.6 Produto composto e componente 150

6.7 Distribuidora de filmes – continuação 152

Considerações finais 153

CAPÍTULO 7 – Tratamento de Intepretações de Dados **155**

7.1 Pontos de vista diferentes 155

7.2 Relacionamentos entre interpretações..158

7.3 Tratamento de subinterpretações...161

7.4 Mais interpretação...163

7.5 Diagrama hierárquico de interpretações..170

Considerações finais..171

CAPÍTULO 8 – Normalização 173

8.1 Primeira forma normal (1FN)..175

8.2 Segunda forma normal (2FN)...180

8.3 Terceira forma normal (3FN)...183

      8.3.1 Forma normal de Boyce/Codd (FNBC)..186

8.4 Quarta forma normal (4FN)...191

8.5 Quinta forma normal (5FN)...196

8.6 Roteiro de aplicação da normalização..196

8.7 Considerações sobre normalização...198

8.8 Desnormalização dos dados...198

      8.8.1 Alguns motivos para a desnormalização...199

CAPÍTULO 9 – Estudo de Caso..201

9.1 Problema: administração de cirurgias...201

9.2 Modelagem..202

CAPÍTULO 10 – Hierarquias...213

10.1 Tratamento de Hierarquias de Dados..213

CAPÍTULO 11 – Modelo Físico 217

11.1 Propriedades de uma coluna...218

      11.1.1 Opção de nulo..219

      11.1.2 Regra de validação...219

      11.1.3 Valor padrão...220

11.2 Visões de dados..220

11.3 Índices do banco de dados..222

      11.3.1 Chaves substitutas...222

      11.3.2 Generalizações...223

      11.3.3 Tabelas do exemplo...224

11.4 Relação entre modelo lógico e modelo físico..226

CAPÍTULO 12 – Mapeamento de Objetos (ER) 231

12.1 Mapeamento de objetos para tabelas (ER)..232

12.2 Regra 1..233

      12.2.1 Classes com coleções de objetos..234

12.3 Regra 2..234

12.4 Regra 3 – Transposição de associações um-para-um 234

12.5 Regra 4 – Transposição de associações um-para-muitos 235

12.6 Regra 5 – Transposição de associações um-para-muitos com classe de associação 236

12.7 Regra 6 – Transposição de associações muitos-para-muitos 236

12.8 Regra 7 – Transposição de associações muitos-para-muitos com classe de associação 237

12.9 Regra 8 – Transposição de generalizações 237

12.10 Regra 9 – Transposição de agregações 240

Considerações finais 241

CAPÍTULO 13 – SQL **243**

13.1 Linguagem SQL 244

    13.1.1 Vantagens e Desvantagens da Linguagem SQL 246

13.2 Criação e distribuição de tabelas 251

    13.2.1 Criação de tabelas 252

    13.2.2 Criação de chaves primárias compostas 256

    13.2.3 Eliminação de uma tabela 256

13.3 Alteração da estrutura das tabelas 257

    13.3.1 Coluna calculada 259

13.4 Criação de ações em cascata 259

    13.4.1 Cláusula ON DELETE CASCADE e ON UPDATE CASCADE 259

    13.4.2 Regras de validação 260

13.5 Extração de dados de uma tabela: SELECT 261

    13.5.1 Seleção de colunas específicas da tabela 261

    13.5.2 Seleção de Todas as Colunas da Tabela 263

    13.5.3 Alteração do *Heading* (Cabeçalho) da Coluna 264

    13.5.4 Manipulação de Dados Numéricos: Operadores Aritméticos 265

    13.5.5 Seleção de Somente Algumas Linhas da Tabela 266

13.6 Ordenação dos Dados Selecionados 275

13.7 Realização de Cálculos com Informação Selecionada 278

13.8 Utilização de Funções de Agregação sobre Conjuntos 278

    13.8.1 Busca de Máximos e Mínimos (MAX, MIN) 279

    13.8.2 Totalização dos Valores de Colunas (SUM) 279

    13.8.3 Cálculo de Médias (AVG) 280

    13.8.4 Contagem dos Registros (COUNT) 280

13.9 Utilização da Cláusula DISTINCT 281

13.10 Agrupamento de Informações Selecionadas (GROUP BY e HAVING) 282

    13.10.1 Utilização com HAVING 283

13.11 Recuperação de Dados de Várias Tabelas (JOINS) 284

    13.11.1 Conceito de Qualificadores de Nome 284

    13.11.2 Inner Joins 286

    13.11.3 Cross Join ou Produto Cartesiano 287

13.11.4 Outer Joins 288

13.11.5 Uso de Aliases 292

13.11.6 Junção de Mais de Duas Tabelas 293

13.12 Utilização de Consultas Encadeadas (Subqueries) 296

13.13 Inserir, Modificar e Apagar Registros 301

13.13.1 Adição de Registro à Tabela 301

13.13.2 Adição de Registros com um SELECT 302

13.13.3 Atualização de um Registro - UPDATE 303

13.13.4 Alteração de Registros com Dados de Outra Tabela 305

13.13.5 Apagar Registros da Tabela 306

13.13.6 Apagar Registros da Tabela com Base em Dados de Outra Tabela 307

13.14 Utilização de Views 307

13.14.1 Criação de uma View por meio de um Join 309

13.15 Utilização de uma View 310

13.15.1 Listagem 310

13.15.2 Inserção de Linhas numa View 310

13.15.3 Modificação de uma Linha da View 311

13.15.4 Apagar 311

13.15.5 Eliminação de uma View 311

13.16 Garantia dos Privilégios de Acesso - GRANT e REVOKE 312

13.16.1 Comando GRANT (Garantir) 312

13.16.2 Comando REVOKE (Revogação) 314

13.17 Trabalho com Índices 315

13.17.1 Checklist para Criação de Índices 315

13.17.2 Quando Não Criar Índices 316

13.17.3 Criação de Índices 316

13.17.4 Eliminação de Índices 317

13.18 Tópicos Avançados de SQL 317

13.18.1 Combinação de Resultados de Pesquisas (UNION) 317

13.18.2 Realização de um *Join* entre uma Tabela e Ela Mesma 319

13.19 NVL 320

13.19.1 Utilização da expressão condicional DECODE 321

13.19.2 Utilização da expressão condicional CASE 322

13.19.3 Trabalho com tempo (campos date) 322

13.20 Estudo de Caso - Banco de Dados 323

CAPÍTULO 14 – Modelagem de Dados e Metodos Ágeis **331**

14.1 Métodos Ágeis 331

14.2 Refatoração de banco de dados 333

14.3 Futuro da modelagem de dados 334

CAPÍTULO 15 – Administração de Dados na Gestão dos Modelos **337**

15.1 Processo de administração de dados...338

    15.1.1 Analista de Sistemas 338

    15.1.2 Administrador de Dados (AD)..339

    15.1.3 Administrador de Banco de Dados (DBA)...340

15.2 Processo de administração de dados...341

15.3 Modelagem de dados 342

15.4 Validação de modelo..344

15.5 Análise de impacto no modelo...348

15.6 Análise de volume e crescimento..350

15.7 Geração/versionamento de script..351

15.8 Execução de script em ambiente de desenvolvimento..354

15.9 Atualização de dicionário de dados...355

15.10 Execução de script em ambiente de teste/produção 356

15.11 Validação de modelo × banco de dados..357

15.12 Métricas...358

    15.12.1 Responsável..358

    15.12.2 Periodicidade..358

    15.12.3 Apresentação do checklist..358

15.13 Padrões de nomenclatura de banco de dados...360

    15.13.1 Aplicações e sistemas...360

15.14 Diagramas..360

15.15 Nomenclatura para os componentes de diagramas...361

    15.15.1 Entidades..361

    15.15.2 Alias (short name) de entidades...362

    15.15.3 Relacionamentos...362

    15.15.4 Atributos...363

    15.15.5 Tabelas..364

    15.15.6 Colunas..364

    15.15.7 Triggers/funções/procedimentos/packages..365

    15.15.8 Sequences...366

    15.15.9 Views...366

    15.15.10 Domínios 367

    15.15.11 Constraints 367

15.16 Dicionário de dados..368

15.17 Matriz de rastreabilidade – matriz CRUD 370

Considerações finais...372

Bibliografia...**373**

Prefácio das edições anteriores

A modelagem de dados e o projeto de banco de dados têm sofrido significantes evoluções nos anos recentes com o avanço de aplicações empresariais com uso do modelo de dados relacional e aplicações em sistemas de bancos de dados.

Este livro concentra-se nas técnicas de modelagem e projeto de bancos de dados para o ambiente relacional com a abordagem Entidade-Relacionamento, buscando a criação de modelos conceituais, lógicos e físicos de dados, porém com olhar sobre as metodologias do estado da arte no desenvolvimento de aplicações como as tecnologias orientadas a objetos.

Entendemos que o desenvolvimento de aplicações continua enfrentando os mesmos problemas do surgimento dos papers do cientista da computação estadunidense dr. Peter Pin-Shan Chen (1972-), pela inexistência de farta informação sobre as técnicas de modelagem de dados com exemplos do mundo real e, também, em parte, pelo pouco estímulo dado aos trabalhos e tempos gastos com o processo de projetar bancos de dados. Além disso, o vínculo entre os conceitos de Álgebra Relacional na interpretação e construção de consultas em SQL para bancos de dados relacionais é explorado com intuito de fornecer ao desenvolvedor uma visão mais ampla dos caminhos de navegação por um modelo de dados.

As múltiplas extensões do modelo original de Chen também foram preocupação neste livro, que explora e apresenta extensões como generalização, agregação, bem como o tratamento a ser dado, durante a análise, às interpretações diferentes de objetos do mundo real que originam as hierarquias e as visões de dados, com exemplos aderentes a situações simples do dia a dia.

A importância das chaves primárias e estrangeiras também é bastante discutida e estudada, visando criar no desenvolvedor o costume de sempre utilizar esse padrão, que é uma exigência técnica para integridade e acesso a um banco de dados, seja ele de que tipo for ou para que aplicação se destine.

Atualmente, existe uma incrível sede de conhecimento para a execução de projetos de software no Brasil, e despretensiosamente buscamos contribuir em formato educacional e sem academicismos com uma técnica já consagrada de projeto de software, mas cujas opções de solução ainda são pouco exploradas, e importante por sua capacidade de aderência ao mundo real e sua expressividade nos processos de negócios.

Desde a Antiguidade, o homem procura documentar e transmitir seu conhecimento e situações da vida real. Nas cavernas pré-históricas foram encontrados desenhos de animais, caçadas e cenas do cotidiano. Com símbolos que representavam objetos e animais, os habitantes das cavernas eternizavam a sua realidade. Assim, o homem evoluiu.

As metodologias que chegam do exterior ao País centralizam tudo quanto aos projetos de desenvolvimento de aplicativos. Estes são, por consequência, proprietários dos dados. A modelagem de dados fica, então, reduzida simplesmente a uma atividade paralela, quase desconhecida e muitas vezes desprezada. Quando utilizada, seu objetivo é meramente documental.

Ao reconhecer os dados como um dos recursos mais importantes das corporações, ultrapassando as próprias fronteiras dos sistemas aplicativos, a modelagem de dados se torna, com razão, a mais importante técnica utilizada na produção dos resultados das fases de planejamento e análise dos projetos de sistemas de informação na era dos bancos de dados relacionais.

Os princípios básicos da modelagem de dados já são, nos dias de hoje, conhecidos, ensinados e divulgados pelos mais diversos meios. Na vida real, entretanto, muitas vezes nos deparamos com situações inusitadas, desconhecidas e que nunca foram cobertas ou sequer mencionadas em cursos e publicações. Os projetistas de sistemas de informações precisam, então, acumular uma vasta experiência na área, para fazer frente a esses eventos ou procurar auxílio externo. Nesse sentido, o autor deste livro disponibiliza sua ampla experiência, de maneira clara, simples e didática, desde os primeiros passos da arte de modelar dados até as mais avançadas soluções.

A questão que sempre se coloca é: quantos modelos de dados você realiza por ano?

Sabemos que durante a permanência em uma organização, envolvemo-nos sempre com um ou dois sistemas de aplicação, e na maior parte dos casos realizamos muitas vezes somente manutenção de aplicações. Isso leva a um ócio de modelagem de dados e limita a exploração de soluções e o próprio domínio amplo da técnica, independentemente da sua importância. Estamos cada dia mais ligados a códigos do que ao projeto de uma aplicação em si.

É preciso procurar um balanceamento perfeito entre a análise dos processos e dos dados envolvidos, ambos centrados, porém, na visão do negócio, em que a informação é o objetivo final de toda a aplicação. Nesse contexto, a modelagem de dados continua a ter uma importância maior ainda.

O desafio de criar um livro de leitura e compreensão fáceis, que seja instrumento de referência de projeto de bancos de dados, foi o fator que motivou a escrevê-lo.

A partir da terceira edição, apresentamos um novo capítulo importante para apresentar a relação entre o projeto e a implementação de bancos de dados e a utilização de métodos ágeis, como o scrum, bem como as implicações decorrentes desta associação.

Destacamos os fatores importantes a serem considerados na gestão da implantação de banco de dados em conjunto com essas metodologias, buscando colocar o conteúdo deste livro aderente ao estado da arte em desenvolvimento de software.

O Autor

Prefácio da quarta edição

A razão de ser do novo capítulo agregado nesta quarta edição justifica-se, como sempre pediram os leitores, como o que faltava para completar o conhecimento e como implementar os bancos de dados nas empresas.

Conforme vão sendo criadas aplicações corporativas, criam-se também grupos de informações necessárias a cada área de negócio, bem como outros modelos paralelos são criados a partir do surgimento das técnicas de Data Warehouse .

Independentemente do estilo da empresa, as mudanças no contexto de negócio surgem de forma constante e muitas vezes sem previsibilidade. Mesmo assim, tais mudanças são conduzidas nas áreas de Tecnologia da Informação (TI) das corporações, de modo a satisfazer as necessidades do negócio a partir da construção ou da manutenção das aplicações.

A Administração de Dados é responsável por desenvolver e gerenciar de modo centralizado as estratégias, os procedimentos e as práticas para o processo de gerência dos recursos de dados e aplicativos, incluindo planos para sua definição, padronização, organização, proteção e utilização. Segundo o Data Management Body of Knowledge (DMBOK – em português, Corpo de Conhecimento em Gerenciamento de Dados), a Administração de Dados, conhecida como Desenvolvimento de Dados, visa projetar, implementar e manter soluções para atender às necessidades de dados da organização.

Com o Capítulo 15, realizamos o fechamento do contexto de projeto e implementação de bancos de dados, com a apresentação da última atividade do ciclo de desenvolvimento de bancos de dados, que visa garantir a integridade corporativa e manter a consistência dos dados de uma organização.

A Administração de Dados, por vezes implantada nas empresas de maneira centralizada, deve prezar, além de garantir o uso de padrões na modelagem dos sistemas, pela aderência dos modelos de dados das aplicações com o modelo de dados corporativo, que rege e disponibiliza as principais fontes de dados para a implementação e a integração das aplicações da corporação. Essa responsabilidade deve ser aplicada em todas as frentes de desenvolvimento, o que muitas vezes afeta o planejamento das entregas de manutenção dos modelos e faz com que isso se torne uma tarefa extremamente crítica e complexa de ser gerenciada. Essa complexidade torna as liberações dos artefatos de manipulação dos objetos de banco de dados uma arte no planejamento e no controle das versões dos modelos × entregas das aplicações.

Além de garantir que as mudanças nas aplicações sejam versionadas e atendam às necessidades das entregas de novos projetos, a equipe de administradores de dados tende a se situar na empresa de maneira centralizada, pois, sem essa centralização e sem uma governança adequada, os projetos e as manutenções de sustentação das aplicações incorrem sérios riscos de conflitos nas versões.

Na condução do gerenciamento de desenvolvimento de sistemas que prezam pela centralização de administração de dados, o importante é o bom senso no planejamento das entregas de projetos com manutenções de sistemas que afetem as estruturas de bases de dados. Esse bom senso é adquirido ao se envolver constantemente o Administrador de Dados no planejamento e na execução dos processos de desenvolvimento das aplicações.

Esperamos que o capítulo novo e complementar aumente ainda mais a capacitação do nosso leitor em análise, projeto e implementações de bancos de dados e suas respectivas aplicações sistêmicas, pois aqui apresentaremos os papéis de cada profissional, as técnicas utilizadas na gestão de modelos de dados (banco de dados) e como funciona a gestão de dados pelos Administradores de Dados (ADs), distinguindo-se as atividades destes das atividades dos Administradores de Bancos de Dados (DBAs), funções diferentes, com responsabilidades diferentes, muitas vezes confundidas como sendo uma só.

O Autor

Projeto de Banco de Dados

Durante muito tempo, criou-se a ideia de que projetar bancos de dados era uma disciplina com identidade própria, uma atividade específica e, até certo ponto, isolada no ciclo de vida de um sistema, que tinha existência própria e podia ser realizada a partir de primitivas e conceitos exclusivos da técnica de modelagem de dados.

Com a evolução das tecnologias de desenvolvimento de aplicações, novas linguagens e, principalmente com o advento da orientação a objetos (OO), não mais restrita ao ambiente de programação, mas extensiva às metodologias de análise de sistemas, o trabalho de projetar as bases de dados que serão utilizadas por um sistema em desenvolvimento assume, nos dias de hoje, características que objetivam mixar um projeto orientado a objetos com as necessidades de esse mesmo sistema interagir com um banco de dados relacional, constituído por um conjunto de tabelas, que equivale à camada de persistência de dados.

Essa necessidade de mixagem é real pela ausência absoluta de projetos comerciais que utilizem bancos de dados orientados a objetos que sejam confiáveis a grandes massas de dados, à não popularização desses produtos e aos grandes investimentos já realizados em softwares de Sistemas Gerenciadores de Bancos de Dados Relacionais existentes no mercado nacional e internacional.

É incontestável a vantagem obtida em um projeto orientado a objetos. Logo, surge a necessidade de uma nova técnica de projetar banco de dados, que não é a formatação pura de classes de dados, mas uma interação alta entre o ambiente de análise orientada a objetos e a modelagem de dados, que é estritamente necessária à administração de dados da organização de Tecnologia da Informação (TI). A utilização de ferramentas para a camada de persistência, como o Hybernate, acaba fazendo com que o desenvolvedor deixe de lado a preocupação com as estruturas do banco de dados, bem como a preocupação com a qualidade das queries realizadas em uma aplicação.

Não existem técnicas ou ferramentas que possibilitem tanto ao Administrador de Dados (DA) quanto ao Administrador de Bancos de Dados (DBA) realizarem suas funções sobre classes de dados, pois esses mesmos bancos de dados relacionais atuam e têm todas as suas funcionalidades sobre tabelas relacionais de dados, as quais são hoje de domínio maior dos usuários de aplicações.

Há muito tempo escreve-se sobre modelagem de dados e o processo continua existindo como sempre existiu, porém, o que desejamos neste livro é apresentar essas técnicas integradas à análise orientada a objetos, de modo a permitir que quem trabalha tanto com OO quanto com análise estruturada tenha domínio de projetos de bancos de dados eficientes a uma aplicação, seja qual for o ambiente de desenvolvimento em que esteja. Busca-se ainda permitir que um projeto totalmente desenvolvido em OO seja facilmente inserido em um ambiente de banco de dados relacional, com o mínimo de traumas, e que seja mantida a coerência com os objetos de negócios de uma organização.

1.1 Modelagem de dados

Modelagem de dados é o estudo das informações existentes em um contexto sob observação para a construção de um modelo de representação e entendimento de tal contexto. A modelagem de dados minera as informações que representam um contexto, estruturando-as em um conjunto denominado modelo lógico de dados.

Uma das principais características da abordagem de modelagem de banco de dados é que ela fornece níveis de abstração de dados que omitem do usuário final detalhes sobre o armazenamento dos dados. Não existe a preocupação com um banco de dados tecnologicamente falando.

O modelo de dados é um conjunto de conceitos que podem ser utilizados para descrever as estruturas lógicas e físicas de um banco de dados. Já um modelo de classes de objetos não se limita às informações e aos dados, sendo mais amplo no momento em que integra as informações e os seus métodos de acesso, recuperação, processamento e outros em um único objeto.

Logo, temos de encontrar e separar os dados de seus processos em determinado momento, para que possamos efetivamente obter domínio do negócio para o qual a aplicação está sendo desenvolvida. Os objetivos reais da aplicação continuam sendo mais facilmente compreendidos por meio de um modelo de dados, e não de um modelo de objetos.

Normalmente, as aplicações têm sido desenvolvidas com Análise Orientada a Objetos (AOO) mesclada com a tradicional modelagem de dados, com a utilização de padrões (patterns) de modelos de dados, que não são obtidos tão simplesmente quando da pura criação de diagramas de classes. Desenvolvemos, com isso, um processo que pode ser chamado *two fase commit* entre diagrama de classes e modelo de dados Entidade-Relacionamento.

Para que isso possa ser realizado, é preciso entender e dominar as técnicas de modelagem de dados e depois, finalmente, aprender a lidar com sua equivalência em um modelo de classes de objetos.

O objetivo deste livro é explorar e ensinar como modelar dados para ambientes de bancos de dados relacionais, complementando com a implementação desses bancos seja em um ambiente tradicional, seja em um ambiente orientado a objetos, tal como uma aplicação desenvolvida em Java, com base em experiências realizadas por nós.

Estrutura é a forma como esses dados estão agrupados, os relacionamentos entre eles e as restrições que podem recair sobre eles, o que não é totalmente explícito em um diagrama de classes da análise orientada a objetos.

Historicamente, os primeiros modelos de bancos de dados datam da década de 1960. Desde então, a pesquisa científica na área procurou evoluir no sentido de definir, encontrar modelos que representem da melhor maneira possível os dados de uma realidade, ou seja, que organizem os dados de uma forma mais próxima do modo como são vistos e manipulados pelas pessoas no mundo real.

A ideia é definir abstrações que facilitem a compreensão da organização dos dados pelo usuário, tornando cada vez mais transparente e independente o conhecimento da organização física, independentemente de precisar utilizar o conhecimento técnico de um conjunto de técnicas orientadas a objetos para ter esse entendimento.

O objetivo de um modelo de dados é ter certeza de que todos os objetos de dados existentes em determinado contexto e requeridos pela aplicação e pelo banco de dados estão completamente representados e com precisão. Pelo fato de os dados modelados usarem notações facilmente compreendidas e em um idioma natural, eles podem ser revisados e verificados pelos usuários finais.

O modelo de dados também deve ser detalhado o bastante para ser usado pelo implementador (DBA) do banco de dados como uma espécie de fotocópia para construir o banco de dados físico. Será utilizada toda a informação que está no modelo de dados lógico para definir as tabelas de um banco de dados relacional, chaves primárias e chaves estrangeiras, procedimentos armazenados (stored procedures) e gatilhos (triggers).

Um banco de dados mal projetado requer mais tempo e retrabalho em longo prazo. Sem planejamento e análise cuidadosa, você pode criar um banco de dados que omita alguns dados exigidos ou que seja inconsistente em relação ao contexto de informações que ele deve refletir. Resultados incorretos ou incompatíveis em uma aplicação sistêmica impossibilitam inclusive acomodar as mudanças de exigências dos usuários ao longo do tempo, ou implicam que o banco de dados tenha constante manutenção em suas estruturas e a aplicação fique extremamente dependente do próprio banco de dados.

Para ser efetivo, um modelo de dados deve ser simples o bastante para comunicar ao usuário final a estrutura de dados requerida pelo banco de dados e bastante detalhado para o DBA usar para criação da estrutura física correspondente em um SGBD.

O Modelo Entidade-Relacionamento (MER) é o método mais comum para construção de modelos de dados para bancos de dados de relacionais.

O mais comum em um modelo de dados é uma pequena coleção de mecanismos de abstração ditos primitivos, que são classificação, agregação e generalização.

Abstrações ajudam o analista a entender, classificar e modelar uma realidade ou alguma coisa do mundo real que está em observação.

1.2 Abstração

Uma abstração ou a capacidade de abstração é um processo mental, que usamos quando selecionamos várias características e várias propriedades de um conjunto de objetos ou fatos, e excluímos outras que não são relevantes em um contexto. Em outras palavras, aplicamos abstração quando nos concentramos nas propriedades de um conjunto de objetos ou coisas que consideramos essenciais, e desprezamos outras que não consideramos importantes, sempre dentro de um contexto sob observação ou análise.

O analista, durante a modelagem conceitual dos dados, deve se concentrar na observação dos objetos relevantes que existem em uma realidade ou contexto, com a finalidade de construir um modelo de compreensão e conceitos existentes nessa realidade. Esse primeiro modelo é chamado de minimundo, sem pensar no momento em automatizar ou processar a informação dessa realidade.

Em síntese, abstração é a visão, sem conceituações técnicas, que obtemos na mente a partir de uma realidade qualquer do mundo real.

Por exemplo, quando olhamos a Figura 1.1, temos o resultado de um processo de abstração em que excluímos detalhes da estrutura de uma bicicleta, como os pedais, os freios, os mecanismos de tração e, inclusive, as possíveis diferenças entre os muitos modelos de bicicletas, e definimos o objeto como o que conceituamos e denominamos "bicicleta". Normalmente, associamos um nome a cada abstração.

Figura 1.1 Objeto bicicleta.

No caso da Figura 1.1, o conceito bicicleta é uma representação dessa prática de abstração. Definimos um conceito para um objeto existente em contexto sob observação. Denominamos essa capacidade humana de modelo conceitual. Na realidade, o que criamos é um modelo de conceitos de objetos em um primeiro instante, que denominamos modelo conceitual.

Outra representação poderia ser a descrição textual da mesma figura. Vamos detalhar mais adiante os conceitos de abstração e as primitivas.

Quando modelamos, devemos buscar a realidade do ambiente, o contexto em análise com total abstração em primeiro lugar, para somente depois iniciarmos um processo de modelagem lógico que detalharemos adiante.

Ao coletar e selecionar os objetos relevantes de um contexto, o analista deve identificar os elementos geradores de cada objeto, as leis que os regem no contexto, bem como as operações que incidem sobre os objetos básicos (dados).

Nesse momento, os documentos que registram esses objetos ou elementos de negócio só devem ser utilizados como apoio ao entendimento, e não como base para o desenvolvimento do sistema de informações, ou seja, não devemos ter a preocupação de simular o ambiente atual, seja ele manual ou automatizado.

A preocupação que o analista deve ter é retratar as necessidades de informação que as pessoas (que agem sobre um contexto) precisam para alcançar os objetivos em seu ambiente de negócios.

Para registrarmos as necessidades de informação de uma realidade, e sempre dentro do contexto dessa realidade, precisamos fazer uso de um modelo de dados, ou seja, algo que nos mostre as informações existentes e como elas estão relacionadas (regras de negócio).

Com base nesse modelo criado, os analistas podem interagir com os usuários, validando seus objetivos e metas, permitindo o detalhamento do que denominamos base de dados para construção de um sistema de informações aderente às necessidades dos usuários finais.

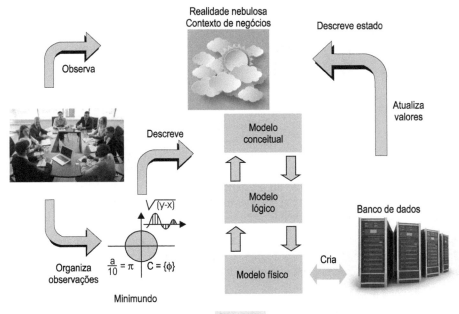

Figura 1.2

Em seguida, apresentaremos uma descrição dos principais macroelementos construídos com a aplicação de técnicas de abstração.

1.2.1 Minimundo

Minimundo é uma porção da realidade, captada pelo analista, que a gestão de negócios de uma organização tem interesse em observar, controlar e administrar. A complexidade existente no momento de analisar um minimundo pode levar o analista a subdividi-lo em partes menores, às quais damos o nome de visão de processo de negócio.

1.2.2 Banco de dados

Banco de dados pode ser definido como um conjunto de dados devidamente relacionados. Dados são os objetos conhecidos que podem ser armazenados e que possuem um significado implícito, porém o significado do termo banco de dados é mais amplo do que simplesmente a definição dada anteriormente. Um banco de dados possui as seguintes propriedades:

- É uma coleção lógica coerente de dados com um significado inerente; uma disposição desordenada dos dados não pode ser referenciada como banco de dados.

- Ele é projetado, construído e preenchido com valores de dados para um propósito específico; um banco de dados possui um conjunto predefinido de usuários e de aplicações.

► Ele representa algum aspecto do mundo real, o qual é chamado de minimundo; qualquer alteração efetuada no minimundo é automaticamente refletida no banco de dados.

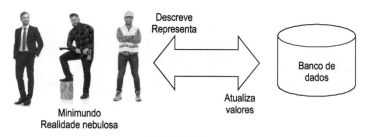

Figura 1.3

1.2.3 Modelo conceitual

Representa e descreve a realidade do ambiente do problema, constituindo-se em uma visão global dos principais dados e seus relacionamentos (estruturas de informação), completamente independente dos aspectos de sua implementação tecnológica.

Quando falamos em modelo conceitual, estamos nos referindo àquela que deve ser sempre a primeira etapa de um projeto de banco de dados. O objetivo do modelo conceitual é descrever as informações de um contexto de negócios, as quais devem ser armazenadas em um banco de dados.

É uma descrição de alto nível (macrodefinição), mas que tem a preocupação de captar e retratar toda a realidade de uma organização, processo de negócio, setor, repartição, departamento etc.

É importante destacar que o modelo conceitual não retrata nem é vinculado aos aspectos ligados à abordagem do banco de dados que será utilizado, tampouco se preocupa com as formas de acesso ou estruturas físicas implementadas por um Sistema Gerenciador de Banco de Dados (SGBD) específico.

Sem um modelo conceitual não temos uma visão clara das regras do negócio e acabamos criando aplicações sem entender para que elas foram criadas.

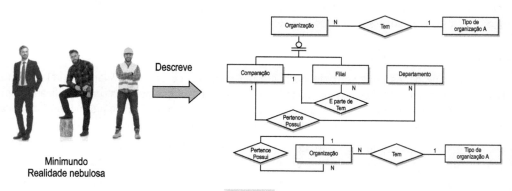

Figura 1.4

O resultado de um modelo conceitual é um esquema gráfico que representa a realidade das informações existentes em determinado contexto de negócios, assim como as estruturas de dados em que estão organizadas essas informações.

O modelo conceitual nunca deve ser construído com considerações sobre processos de negócio, com preocupações de acesso aos dados, não devendo existir nenhuma preocupação com o modo como serão realizadas as operações de consulta e manutenção dos dados nele apresentados. O foco deve ser sempre dirigido ao entendimento e à representação de uma realidade, de um contexto.

1.2.4 Modelo lógico

O modelo lógico somente tem início após a criação do modelo conceitual, então, agora, vamos considerar uma das abordagens possíveis da tecnologia SGBD (relacional, hierárquica, rede ou orientada a objetos) para estruturação e estabelecimento da lógica dos relacionamentos existentes entre os dados definidos no modelo conceitual.

A elaboração direta de um modelo lógico de dados, independentemente de já sabermos a abordagem para banco de dados, para a qual estamos realizando um projeto, leva à vinculação tecnológica de nosso raciocínio, perturbando a interpretação pura e simples de um contexto. Sempre que analisamos um contexto sob a óptica tecnológica, temos a tendência de sermos técnicos demais, distorcer a realidade, conduzindo-a às restrições da tecnologia empregada, o que sempre, e já estatisticamente comprovado, leva a erros de interpretação da realidade, criando modelos de dados que não possuem aderência ao minimundo descrito.

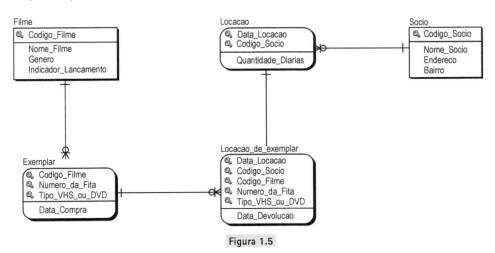

Figura 1.5

O modelo lógico descreve em formato as estruturas que estarão no banco de dados de acordo com as possibilidades permitidas pela sua abordagem, mas sem considerar, ainda, nenhuma característica específica de um Sistema Gerenciador de Banco de Dados. Isso resulta um esquema lógico de dados sob a óptica de uma das abordagens citadas, pelo emprego de uma técnica de modelagem de dados orientada às restrições de cada abordagem.

1.2.5 Modelo físico

O modelo físico será construído a partir do modelo lógico e descreve as estruturas físicas de armazenamento de dados, como:

- tipo e tamanho de campos;
- índices;
- domínio de preenchimento desses campos;
- nomenclaturas;
- exigência de conteúdo;
- gatilhos etc.

Elas são projetadas de acordo com os requisitos de processamento e uso mais econômico dos recursos computacionais. Esse modelo detalha o estudo dos métodos de acesso do SGBD para criação dos índices necessários para cada informação colocada nos modelos conceitual e lógico.

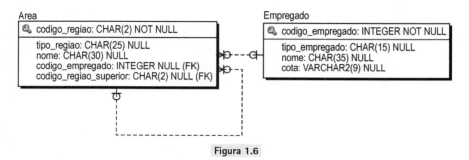

Figura 1.6

Essa é a etapa final do projeto de banco de dados, na qual será utilizada a linguagem de definição de dados do SGBD (DDL) para a realização da sua montagem no dicionário de dados. Em ambiente de banco de dados relacional, denominamos script de criação do banco de dados o conjunto de comandos em SQL (DDL) que será executado no Sistema Gerenciador de Banco de Dados para a criação de banco de dados correspondente ao modelo físico.

A seguir, apresentamos um exemplo de script (conjunto de comando DDL) escrito em SQL para criação de um pequeno banco de dados:

```
CREATE TABLE Empregado (
codigo_empregado                    INTEGER NOT NULL, tipo_empregado        CHAR(15) NULL,
nome                                CHAR(35) NULL,
cota                                VARCHAR2(9) NULL,
PRIMARY KEY (codigo_empregado));

CREATE UNIQUE INDEX XPKEmpregado ON Empregado (   codigo_empregado     ASC); CREATE TABLE
Area (
codigo_regiao                       CHAR(2) NOT NULL,
tipo_regiao                         CHAR(25) NULL,
nome                                CHAR(30) NULL,
codigo_empregado                    INTEGER NULL, codigo_regiao_superior CHAR(2) NULL,
PRIMARY KEY (codigo_regiao),
FOREIGN KEY (codigo_regiao_superior)
REFERENCES Area,
```

```
FOREIGN KEY (codigo_empregado)
REFERENCES Empregado);
CREATE UNIQUE INDEX XPKArea ON Area
(codigo_regiao ASC);
CREATE INDEX XIF1Area ON Area
(codigo_empregado ASC);
CREATE INDEX XIF2Area ON Area
(codigo_regiao_superior ASC);
```

1.3 Projeto de banco de dados

Todo projeto de sistema de banco de dados necessita de um foco, um centro nervoso. A modelagem de um banco de dados por meio da abordagem Entidade-Relacionamento representa esse ponto central no projeto conceitual de um sistema.

O objetivo da modelagem de dados é transmitir e apresentar uma representação única, não redundante e resumida, dos dados de uma aplicação. Em projetos conceituais de aplicações em banco de dados, o Modelo Entidade-Relacionamento (MER) é o mais largamente utilizado para representação e entendimento dos dados que compõem a essência de um sistema.

O projeto de banco de dados para sistemas de aplicação, hoje em dia, não é mais uma tarefa a ser realizada somente por profissionais especializados em bancos de dados da área de desenvolvimento de sistemas, mas também por analistas de sistemas independentemente de experiência anterior em determinado produto de banco de dados, pela utilização de técnicas estruturadas como a modelagem conceitual de dados Entidade-Relacionamento.

O projeto de um sistema de informações é uma atividade complexa, que inclui planejamento, especificações e desenvolvimento de vários componentes. O que se propõe é situar a sequência dessas atividades em uma ordem que possa resultar em ganhos de produtividade e em confiabilidade dos sistemas desenvolvidos, eliminando sensivelmente as falhas de sistema após sua implantação.

Desafortunadamente, as metodologias de projeto de banco de dados para sistemas de aplicação, apesar de já serem muito populares entre a comunidade técnica, não são utilizadas corretamente. Em várias organizações, os profissionais utilizam-se de pequenas técnicas pessoais ou, ainda pior, de uma inexistência completa de metodologia para esses projetos e com distorções na utilização das técnicas, sendo esta uma das principais causas de falhas nos sistemas de informação desenvolvidos, mesmo com a existência de modelos de dados.

A utilização de abordagem correta de metodologia orientada a modelagem de banco de dados envolve a estruturação nos três níveis de visão de dados vistos anteriormente, ou seja, três etapas na execução de um projeto: conceitual, lógico e físico.

Isola-se, assim, a realidade a ser retratada em dados de suas implicações lógicas e físicas, determinando o momento para adequação do modelo construído à ponderação desses fatores.

É evidente que a realidade dos negócios de uma empresa é diferente da realidade de outra empresa, mesmo que os ambientes sejam similares. Existem particularidades que só dizem respeito ao funcionamento de um ambiente específico. Por conta dessa não similaridade completa entre ambientes de mesma natureza, será sempre necessária a criação de um modelo específico para cada realidade observada.

Fica bem claro, então, a necessidade de ter uma metodologia estruturada que permita construir vários modelos, resultando o chamado metamodelo, ou seja, uma técnica específica de ampla abrangência e flexibilidade. O metamodelo a ser utilizado deve ter a característica de poder modelar qualquer realidade, ter uma forma de trabalho bastante simples e características gráficas que sejam bem simples de construir e entender.

O nosso metamodelo é o Modelo Entidade-Relacionamento (MER).

Como destacado anteriormente, o modelo de dados é um plano para construir o banco de dados. Para ser efetivo, deve ser simples o bastante para comunicar ao usuário final a estrutura de dados requerida pelo banco de dados e detalhada o suficiente para criar a estrutura física de banco de dados. O MER é o método mais comum para a construção de modelos de dados para bancos de dados relacionais.

1.4 Modelo Entidade–Relacionamento

O MER foi originalmente proposto em 1976 (CHEN, 1976), como um modo de unificar as visões de um banco de dados relacional, e teve como base a teoria relacional criada por E. F. Codd (1970). Declarado como modelo de ER, ele é conceitual e vê o mundo real como entidades e relacionamentos. Um componente básico do modelo é o diagrama de Entidade-Relacionamento, que visualmente representa objetos de dados.

Ao longo dos anos, vários estudiosos (como Theorey, Fry, James Martin, entre outros) evoluíram e expandiram esse metamodelo.

Segundo Chen (1970), a visão de determinada realidade baseia-se no relacionamento entre as entidades, as quais retratam os fatos que governam essa mesma realidade, e cada um (entidade ou relacionamento) pode possuir atributos (qualificadores descritivos dessa realidade).

Grande parte das extensões ao metamodelo tem por base alguns mecanismos de abstração: classificação, generalização e agregação.

O conceito de abstração, como mencionado anteriormente, permite ao analista separar da realidade em estudo as partes que são realmente relevantes para o desenvolvimento do sistema de informações e excluir da modelagem todos os aspectos que não exercem influência sobre o ambiente a ser modelado.

Os conceitos do MER destinam-se prioritariamente ao projeto de banco de dados, entretanto, eles podem ser utilizados para o entendimento de um negócio, por exemplo, na modelagem de processos de negócios (modelo do negócio), bem como auxiliar o desenvolvimento de estruturas de dados que possam ser implementadas fora de um ambiente de banco de dados, utilizando-se uma linguagem de programação (Cobol, C, Pascal etc.). O MER é, ainda, a base para o desenvolvimento de sistemas orientados a objetos.

Somente o domínio das técnicas de modelagem não é suficiente para produzir bons modelos. O essencial na modelagem de dados é o total entendimento dos conceitos pertencentes à realidade em questão.

Ao modelar dados, o objeto observado, o ambiente sob análise será sempre o ponto de partida. Ele servirá como referência para a construção de todo o modelo. Por esse motivo, a fase de levantamento de dados, investigação e análise dos dados propriamente dita é tão importante.

O processo de modelagem consiste em cinco aspectos importantes:

1. **Observação:** entrevistas, reuniões, questionários, análise de documentos aliados ao conhecimento e à experiência prévios da área de negócios ou seu perfeito entendimento e compreensão.

2. **Entendimento dos conceitos:** núcleo do processo de modelagem. Essa fase destina-se a identificar, conceituar, entender e assimilar o objeto observado.

3. **Representação dos objetos:** aplicação de técnicas de modelagem de dados Entidade-Relacionamento.

4. **Verificação de fidelidade e carências:** detectar falhas e anomalias, identificando respectivas causas que podem residir em conceitos malformados, pontos de vista equivocados, falha na concepção ou aplicação errada da técnica de representação.

5. **Validações:** nessa fase, busca-se a aprovação formal do modelo. Para que esse objetivo seja alcançado, é necessária a participação ativa do usuário final, bem como a visão de outros profissionais da área técnica (administrador de dados, analista de sistemas, administrador de banco de dados etc., de acordo com o caso). Esse processo deve ser rigoroso e crítico, tanto quanto possível.

As técnicas de modelagem de dados devem ser disseminadas à área usuária para que a validação não se transforme em um monólogo de analistas de sistemas e deixe de cumprir seu verdadeiro objetivo (detectar falhas e anomalias), porém nunca tente fazer do usuário final um *expert* no assunto modelagem de dados.

1.5 Implementação de banco de dados

Em síntese, a implementação de um banco de dados é a criação efetiva em um SGBD de uma estrutura de dados correspondente ao modelo físico derivado do modelo construído por meio das técnicas de modelagem Entidade-Relacionamento.

Muitas vezes, ouvimos afirmações como: projeta-se o MER, mas o que se implementa é um conjunto de tabelas que, muitas vezes, não têm nada a ver com o modelo projetado.

Em suma, isso até ocorre, mas constitui um ERRO da administração de dados em conflito com a administração de banco de dados, pois o modelo de tabelas, por assim dizer, implementado, deve obrigatoriamente corresponder ao modelo lógico derivado do modelo conceitual projetado.

Nas empresas, são muitas as situações em que o modelo de dados é desprezado em razão de os projetistas não possuírem abrangência de aspectos físicos e operacionais de um SGBD quanto à forma de recuperação dos dados nele inseridos, quanto à utilização de índices ou à disponibilidade de área de armazenamento e visão da população que terá um banco de dados. Isso faz com que o projetista de BD seja meramente conceitual, saltando-se, dessa forma, o modelo lógico ou o modelo conceitual, tratando o processo de modelagem em somente dois níveis:

▶ modelo conceitual e físico; ou

▶ modelo lógico e físico.

Isso provoca buracos de análise bem sensíveis, que conduzem a uma implementação equivocada e de alto índice de manutenção das aplicações e do banco de dados.

Sejam quais forem os processos utilizados, completos ou parciais, devemos validar esse modelo antes de implementá-lo efetivamente, pela aplicação de conceitos e comandos de álgebra relacional na busca de recuperação das informações que nele estarão.

Para saber mais sobre álgebra relacional, consulte o material de apoio disponível na plataforma da editora.

É fundamental para o projetista de BD que ele possua capacitação na navegação do banco de dados proposto e implementado e, principalmente, compreensão do modelo, conhecendo seus caminhos de navegação.

Quando falamos de álgebra relacional, ressaltamos o fator de importância que ela assume em relação ao projeto de banco de dados, destacando as seguintes perguntas:

- De que adianta projetar banco de dados se não sei como recuperar suas informações?
- De que adianta saber comandos SQL se não sei como é a estrutura interna de um comando para recuperar dados de um conjunto de tabelas?

Foi comprovado, ao longo do tempo, que o domínio e o conhecimento de álgebra relacional dotam o analista de sistemas da capacidade de resolver qualquer tipo de consulta necessária à navegação e à recuperação de situações, da mais simples à mais complexa, exigida em uma aplicação de banco de dados.

Considerações finais

São indiscutíveis as vantagens de trabalharmos com orientação a objetos, pelo alto índice de reutilização de código, pela simplicidade de criação de aplicações e pela alta velocidade de desenvolvimento, mas, também é indiscutível a contínua necessidade de executar a modelagem de dados para que as duas técnicas se complementem na execução de sistemas eficazes, que utilizem tecnologia Java, por exemplo, com um banco de dados relacional.

Como o ambiente tradicional em que são implementados os bancos de dados projetados é o de bancos de dados relacionais, vamos detalhar também a abordagem relacional de bancos de dados que, por mais escrita, lida e estudada, mantém a importância da aderência de seus conceitos para o processo de projeto de bancos de dados.

CAPÍTULO **2**

Abstração em Modelagem de Dados

Como mencionado no Capítulo 1, é preciso usar de abstração para construção de um modelo de conceitos sobre uma realidade em observação. Mas como usar a abstração?

Este é um ponto em que vamos levar o leitor a executar exercícios que possibilitem o desenvolvimento dessa sua capacidade.

Relembrando o conceito, abstração ou capacidade de abstração é um processo mental, que usamos quando selecionamos várias características e propriedades de um conjunto de objetos ou fatos, e excluímos outras características que não são relevantes. Ou seja, abstração é aplicada quando nos concentramos nas propriedades de um conjunto de objetos ou coisas que consideramos essenciais e desprezamos outras que não consideramos importantes.

No exemplo dado no Capítulo 1, vimos como resultado de um processo de abstração uma bicicleta, da qual excluímos detalhes da estrutura, como pedais, freios, mecanismos de tração e, inclusive, possíveis diferenças entre muitos modelos de bicicletas, e associamos um nome à abstração. A Figura 1.1 era a representação dessa abstração (uma bicicleta).

O que queremos buscar com o conceito de abstração é a utilização mental desse processo de abstração, que é fundamental para um processo de análise de sistemas.

Não existe, nesse caso, a desculpa de que não podemos gastar tempo no desenvolvimento de um projeto com técnicas de abstração, pois, em realidade, sempre o fazemos, porém com baixa intensidade e sem preocupação e destaque para isso. Podemos sim, e ainda devemos ter essa característica como relevante no processo de desenvolvimento, pois ela permitirá que se obtenham todas as variantes que influenciarão na criação de um modelo de dados, assim como a qualidade e a estética desses modelos também são fundamentais.

Existem três tipos de abstração, que utilizaremos para a construção de modelos conceituais de dados: classificação, agregação e generalização. Lembre-se de que são tipos de abstração e nada têm a ver (ainda) com os conceitos de entidades e relacionamentos da técnica Entidade-Relacionamento de Peter Chen.

2.1 Classificação de abstração

O processo chamado classificação de abstração é o utilizado para definir o conceito de uma classe de objetos ou coisas do mundo real caracterizadas por propriedades comuns. Por exemplo, o conceito de bicicleta é uma classe de objetos cujos membros são todas as bicicletas semelhantes (bicicleta azul, vermelha, a minha bicicleta etc.). Similarmente, o conceito de mês é uma classe cujos membros são janeiro, fevereiro, março etc.

Quando pensamos em um mês, abstraímos nas características específicas de cada mês, por exemplo, o número de dias daquele mês, e ainda enfatizamos na mente aspectos comuns a todos os meses, como os dias predefinidos como o primeiro e o último dia do mês, que os meses são aproximadamente iguais em tamanho, com 28, 30 ou 31 dias.

Podemos representar graficamente a classificação com um nível maior, com o nome da classe, e um segundo nível, com os elementos que pertencem a essa classe.

Nos exemplos referidos teremos para bicicleta:

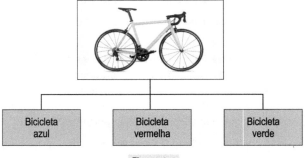

Figura 2.1

Para mês:

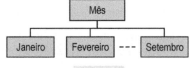

Figura 2.2

Observe que esse é um processo incondicional, que realizamos mentalmente. Não está relacionado a nenhuma tecnologia, porém é espontâneo do nosso processo de raciocínio e entendimento do universo como tal.

2.2 Agregação de abstração

Agregar significa compor parte de alguma coisa. O conceito de agregação de abstrações significa que podemos entender classes de coisas como elementos de composição de outra classe maior. Algo como entender que um conjunto de várias classes compõe outra classe superior.

Vamos supor que as classes roda, guidão, pedal e coroa sejam o nosso ponto inicial de análise, pois as encontramos ao analisarmos o universo de componentes de uma bicicleta.

Figura 2.3

Essas classes existem, pois temos vários tipos de coroa, de pedal etc., e elas vão compor o que denominamos classe bicicleta. Devemos entender esse conceito como um objeto que é composto de partes.

O processo de entendimento pode ser realizado tanto por decomposição de partes quanto pelo entendimento e pela compreensão inicial das partes até chegarmos ao todo.

2.3 Generalização de abstração

A generalização de abstração ocorre quando definimos um subconjunto de relacionamentos entre elementos de duas ou mais classes. Por exemplo, a classe veículo é a generalização da classe bicicleta, pois toda bicicleta é um veículo.

Estamos generalizando um conceito que temos de uma realidade. Logo, veículo é uma generalização da classe de objetos bicicleta. Como visualizar isso em coisas mais simples?

Vamos olhar a cozinha em casa. Neste livro, vamos falar muito do armário de cozinha com alimentos e produtos de limpeza. Imagine que você entrou na sua cozinha e está olhando para o armário. Quais são os conceitos do que você observa? Alimentos, materiais de limpeza, panelas? É isso? Então, já temos pelo menos duas classes: classe alimentos e classe materiais de limpeza. Veja que seu primeiro nível de abstração é de generalização. Você identifica objetos como alimentos e como materiais de limpeza.

Mentalmente, distinguimos e relacionamos componentes e participantes dessas duas classes. Temos, então, um processo de classificação e generalização de coisas abstratas até o momento: alimentos e materiais de limpeza.

Alimento é uma classe de objetos e produto de limpeza é outra classe. Por que, então, criar um processo de generalização neste caso? Analisando os objetos da classe alimentos, perceberemos que há classes menores dentro dela, como líquidos e temperos. Na classe líquido, por sua vez, temos óleos, azeites, vinagres etc. Em temperos, podemos ter pimenta, caldo de carne, orégano etc.

Graficamente, existe a demonstração inicialmente da classificação:

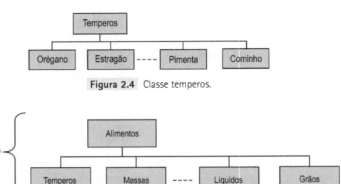

Figura 2.4 Classe temperos.

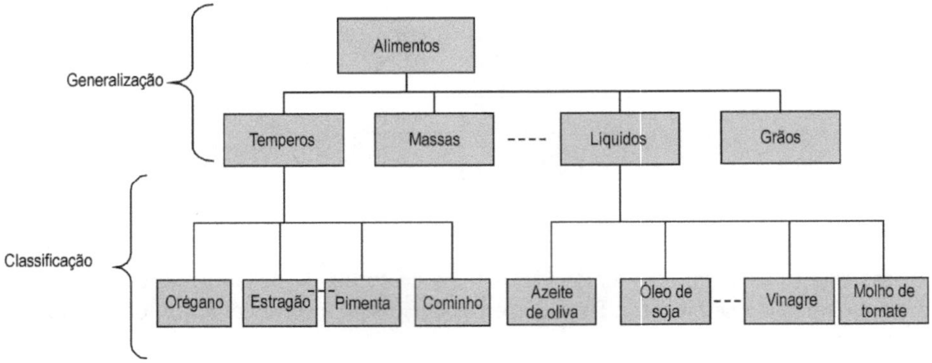

Figura 2.5 Classe líquidos.

Agora, vamos entender graficamente a generalização.

Figura 2.6 Generalização das classes abordadas.

Observe que no momento em que realizamos uma segunda ordenação das classes que possuem várias coisas, estamos generalizando ou classificando em um nível de hierarquia. Isto é generalizar. Dizer que temperos, líquidos, massas e grãos são alimentos é generalizar as classes temperos e companhia em alimentos.

2.3.1 Cozinha

Como exercício, você deve realizar a classificação completa dos produtos de limpeza, pois certamente encontrará os dois processos.

Para obter um processo de agregação, experimente abstrair em relação a uma feijoada, que pertence à classe de alimentos preparados. Imagine uma feijoada enlatada ou a que você come aos sábados. Provavelmente, para os que leem até agora, isso é óbvio. Mas, em realidade, na hora em que fazemos análise de sistemas, não utilizamos metodicamente esse processo de abstração, principalmente na análise de dados. Se utilizássemos, certamente obteríamos modelos mais consistentes com a realidade a que se destinam ou a qual devem refletir.

Abstração em Modelagem de Dados

O processo comum nos seres humanos, ao analisarem um ambiente, uma pequena porção do mundo real, é de interpretá-lo por meio de uma agregação. Inconscientemente, sempre realizamos um processo de entendimento em um mais alto nível, o de conceitos agregados.

Vejamos ainda o caso da cozinha.

Perguntando a um aluno quais objetos, conceitos ele obtinha ao observar uma cozinha, a resposta imediata foi eletrodoméstico.

Eletrodoméstico é uma classe de objetos, um conceito de algo em uma realidade, entretanto, é uma generalização ou uma classificação?

Se considerarmos que a cozinha já tem um conceito de utensílios de cozinha, existem mais conceitos em uma cozinha a serem explorados. Eletrodoméstico faz parte de utensílios de cozinha, logo, agregamos essa abstração em relação ao conceito de utensílios de cozinha. Mas eletrodoméstico pode ser um liquidificador, um forno micro-ondas, uma geladeira, um fogão.

Podemos ainda lembrar que panelas e talheres são utensílios de cozinha. Como organizar esse conjunto imenso de conceitos abstratos?

Já sabemos que eletrodoméstico é uma classe de conceitos.

Figura 2.7 Classe eletrodomésticos, englobando geladeira, máquina de lavar roupa, batedeira, entre outros.

Mas existe uma classe acima na hierarquia de interpretação, que é a classe utensílios de cozinha. Se observarmos com atenção, veremos que existem mais coisas em uma cozinha, como talheres, alimentos, materiais de limpeza e panelas.

Nossa análise inicial somente se deteve nos alimentos, classificando-os em temperos e líquidos. Mas devemos realizar uma observação e um esforço no sentido de refinar e classificar o mais adequadamente possível o conceito de alimento, pois cada elemento do armário, por exemplo, pode ter uma classificação diferenciada dentro da classe alimento.

A Figura 2.8 serve para lembrar que também temos frutas, verduras, legumes etc. em uma cozinha. Logo, devemos eliminar a tendência generalista e simplesmente parar nossa análise após a obtenção de um conceito simples, pois o perfeito entendimento de uma realidade é composto da definição clara de todos os objetos que o realizam.

Para utilizar a modelagem conceitual de dados com a técnica de entidades e relacionamentos, necessitamos usar ao máximo os conceitos de abstração. Somente abstraindo o nosso entendimento de uma realidade é que obteremos resultados e esquemas puramente conceituais sobre a essência de um sistema, ou seja, sobre o negócio para o qual estamos desenvolvendo um projeto, não representando procedimentos ou fluxo de dados de processos existentes.

Figura 2.8

No livro *Projeto de Banco de Dados – Uma Visão Prática* – 17ª edição (2012), de nossa autoria, publicado pela Editora Érica, afirmamos que modelagem de dados é como a arte fotográfica. Prepara-se a câmera e tira-se a foto, sem se importar com os movimentos, mas cabe destacar que essa foto é interpretada pela nossa capacidade de abstração, e nela aplicamos os conceitos apresentados. Entretanto, o esquema produzido pelo trabalho de modelagem de dados possibilita a visualização dos fatos que ocorrem, fornece uma noção clara de movimento, dinâmica de negócios e permite que realizemos a abstração das atividades e procedimentos que podem ser exercidos sobre eles.

2.4 Começar por dados

A teoria de que a análise de um sistema deve começar sempre por dados se justifica pela estabilidade que os dados possuem para representar qualquer realidade. Em segundo lugar, é fato que não conseguimos entender nenhum procedimento sem os dados.

Vamos voltar à cozinha para demonstrar. Como cozinhar se você não tiver a receita do prato que pretende preparar? Você precisa de dados para executar um processo, para entender um procedimento.

Para preparar um prato (executar uma ação), você obrigatoriamente precisa dos ingredientes. A execução de uma receita culinária é a sequência em que você mistura e acrescenta os ingredientes, com um dado sempre importante, que é o tempo de execução.

Como você pode entender o que é cozinhar um prato se não souber seus dados principais, que são os ingredientes? É impossível!

2.5 Agregações binárias

Agregações binárias, segundo Batini, Navathe e Ceri (1992), são o mapeamento estabelecido entre duas classes de coisas, ou objetos que visualizamos por meio de abstração. Por exemplo, motorista representa a agregação binária de uma classe pessoas e de uma classe veículos. Ela existe quando se estabelece uma correspondência entre os elementos de duas classes. Obviamente, interpretamos esse mapeamento como um fato – o fato de uma pessoa dirigir um veículo. Novamente, é preciso destacar que também utilizamos abstração para fatos e acontecimentos.

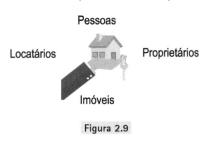

Figura 2.9

Esse tipo de abstração é que nos permite entender as relações entre objetos e fatos do mundo real. Vamos expandir um pouco mais nossos exemplos.

Considerando a realidade comum de moradia, um fato, um negócio ou um acontecimento, qual conjunto de coisas nós podemos abstrair e classificar nessa realidade?

Existem pessoas que moram em imóveis, assim como existem pessoas que são os proprietários de imóveis em que vamos morar ou que vamos alugar. Abstraindo, temos um conjunto de coisas agrupadas que formam a classe imóvel, e temos outro conjunto de coisas que denominamos pessoa, outra classe de objetos com vários elementos cada um.

Ao realizarmos uma abstração binária, ou seja, uma análise binária, obteremos os fatos que retratam a correspondência ou a relação existente entre elementos dos objetos em análise:

- pessoa é proprietária de imóvel;
- pessoa é morador ou locador de imóvel.

Temos mais duas classes nesse caso: proprietários e moradores, e isso caracteriza uma abstração binária, pois essas classes somente existem como resultado da associação, da correspondência entre elementos das outras duas classes. Somente existem em função de fatos que ocorrem no mundo real.

Genericamente, podemos afirmar que, em realidade, em um imóvel podem morar diversas pessoas no decorrer do tempo, porém somente uma pessoa é proprietária do imóvel. Essa observação relata o que se chama de cardinalidade do mapeamento entre as classes. A cardinalidade descreve a forma como as coisas, os elementos de um grupo ou classe se correspondem ou se relacionam com os elementos da outra classe ou grupo de coisas.

2.6 Cardinalidade mínima

Considerando a relação entre duas classes de objetos denominadas C1 e C2, cardinalidade mínima de C1, nessa relação, é o menor número de vezes que cada elemento de C1 pode participar da relação.

Vejamos no nosso exemplo de pessoas e imóveis. Consideremos as agregações binárias de proprietário e morador entre pessoas e imóveis. Se nós considerarmos que cada pessoa mora em somente um imóvel, a cardinalidade mínima é igual a 1, considerando-se a leitura dessa relação no sentido da classe pessoas e a agregação binária aluga e a classe imóveis. Ou seja, uma pessoa aluga somente um imóvel.

Se considerarmos que muitos imóveis podem não estar habitados, ou seja, não mora ninguém neles, então a cardinalidade mínima é 0, considerando-se a classe imóvel e a agregação binária aluga. Na realidade, significa que um imóvel pode estar alugado ou estar vazio, desabitado.

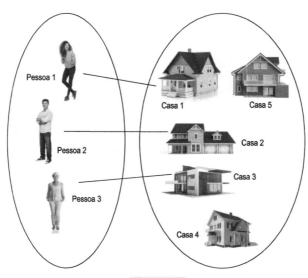

Figura 2.10

Se analisarmos agora a relação entre a classe pessoas e a agregação binária proprietário, ou seja, o mapeamento de elementos de pessoas e imóveis na agregação binária proprietário, temos a Figura 2.11.

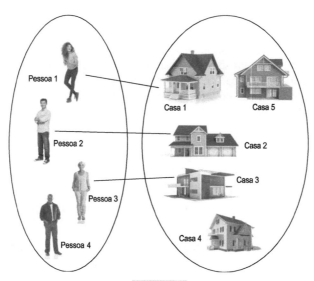

Figura 2.11

Se analisarmos a relação olhando por pessoas, podemos afirmar que muitos elementos de pessoa não são proprietários de nenhum imóvel, logo, a cardinalidade mínima é 0 (zero).

Se analisarmos a relação olhando imóveis em relação à pessoa, a agregação proprietário vai nos apresentar uma cardinalidade mínima de 1, pois todo imóvel tem no mínimo um proprietário.

O importante, nesse momento de abstração, é analisarmos a correspondência, a relação entre as duas classes de objetos em dois sentidos, para que seja possível obter o entendimento correto da realidade que estamos observando e modelando.

2.7 Cardinalidade máxima

Assim como analisamos e registramos a cardinalidade mínima, devemos analisar a cardinalidade máxima em cada uma dessas relações.

Se considerarmos que cada pessoa pode morar em vários imóveis, a cardinalidade máxima em realidade é infinita, ou seja, não tem limites. Se assumirmos que cada imóvel pode ter vários moradores, a cardinalidade máxima também é infinita. No sentido de imóvel, podemos afirmar que cada imóvel pode ter muitos proprietários, logo, a cardinalidade máxima é também infinita, ou seja, representada por = n.

Porém, se considerarmos que cada imóvel tem no mínimo obrigatoriamente um proprietário e somente pode pertencer a uma pessoa, então a cardinalidade máxima também é 1.

Essa exemplificação mostra que os valores importantes de cardinalidade máxima são 1 e n, respectivamente; n representa qualquer número e indica que cada elemento de uma classe possui um grande número de relações com outra classe de objetos.

Se a cardinalidade mínima é igual a 1 e a cardinalidade máxima também é 1, dizemos que essa agregação binária é de **um-para-um**. Se a agregação possui uma cardinalidade mínima = 1 e uma cardinalidade máxima igual a n, dizemos que é uma agregação de **um-para-muitos**. Por fim, se a agregação possui ambas as cardinalidades iguais a n, dizemos que é de **muitos-para-muitos**.

Caro leitor, analise qualquer situação em que você se abstraia e identifique classes de coisas. Depois, estude as classes de relação que existem entre essas classes. A partir do momento em que estabelecemos uma relação entre os dois conjuntos de objetos ou coisas, podemos determinar por meio de uma análise criteriosa a cardinalidade existente nessa relação.

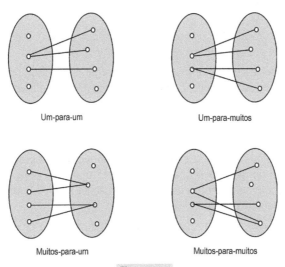

Figura 2.12

Banco de Dados – Projeto e Implementação

Atividades de fixação

1. Observe seu ambiente de trabalho. Utilizando a abstração, execute a identificação dos conceitos que existem no ambiente, dos objetos e suas classificações e agregações.

2. Identifique o contexto de uma videolocadora, cuja principal finalidade é a locação de fitas de vídeo, DVDs e games. Com o intuito de atender a seus clientes, ela oferece alguns outros tipos de serviço, como:

   a) reserva de fitas/DVDs/games com antecedência de um dia;

   b) entrega de fitas/DVDs/games locados cujo número exceda três unidades;

   c) venda de fitas de vídeo/DVDs/games;

   d) encomenda de fitas/DVDs/games para venda;

   e) venda de produtos de consumo diferenciados, como balas, chocolates, pipoca, refrigerantes, artigos e acessórios para vídeo, som e imagem.

3. O setor de compras de uma empresa possui uma série de atividades, mas vamos exercitar a capacidade de abstração na área de controle de solicitações de compra a fornecedores. A seguir, há um descritivo das principais atividades. Capte delas os objetos, as classificações e as agregações possíveis:

   ▸ A área recebe as solicitações de reposição ou compra de produtos.

   ▸ Identifica se é um produto regular de estoques ou se é uma compra de produto específico, e se existirem solicitações do mesmo produto, unifica a necessidade totalizando as quantidades solicitadas.

   ▸ Verifica em planilhas os fornecedores que disponibilizam cada produto e realiza cotação de preços para a solicitação. Se não existir ocorrência anterior de fornecimento, busca no mercado os fornecedores que possuem o produto solicitado e realiza uma cotação de preços.

   ▸ Elabora uma planilha de cotações por fornecedor, produto e preços, efetua os cálculos de custos por produto/fornecedor e escolhe o fornecedor.

   ▸ Ao fornecedor escolhido, é dada uma ordem de compra de produtos, especificando produto, quantidades, preço, prazos de pagamento e condições gerais de entrega.

   ▸ As compras são acompanhadas até o momento da conferência de recebimento dos produtos adquiridos, comparando os dados da nota fiscal do fornecedor com os dados e as condições da ordem de compra.

   ▸ Após o recebimento são atualizadas as planilhas de compras realizadas, mantendo um histórico de desempenho de fornecedores quanto a prazos de entrega e condições de preço e pagamentos, além de informações sobre o controle de qualidade dos produtos adquiridos.

   ▸ Observe que não são muitos os objetos existentes nesse contexto, e sim mais processos que permitirão ao leitor identificar as relações entre as classes encontradas e suas cardinalidade.

CAPÍTULO 3

Banco de Dados Relacionais

Este livro define os conceitos básicos de modelo de dados Entidade-Relacionamento, aplicados à análise de sistemas de informação, e apresenta os conceitos originais realizados por Peter Chen e continuados por outros autores.

A utilização de modelagem de dados nos trabalhos de desenvolvimento de sistemas de informação cresceu muito nos últimos anos, entretanto, esses trabalhos continuam dirigidos a aspectos físicos dos SGBD, como índices e performance, provocando aceleração no processo de desenvolvimento, o que leva o analista de sistemas a criar estruturas de dados que não refletem nenhuma realidade de forma clara, criando bancos de dados inchados e, principalmente, instáveis, contrariando alguns dos preceitos lançados pelo matemático britânico Edgar Frank Codd (1923-2003), criador da Teoria Relacional.

O livro destina-se a projetar aplicações de TI orientadas a bancos de dados relacionais. Logo, para que isso se concretize, é preciso que haja entendimento correto de como são realizadas as operações lógicas sobre os dados de um banco de dados relacional, bem como sobre a forma como esses dados estão organizados nessas estruturas lógicas.

Criado por Codd nos anos de 1970, o banco de dados começou a ser efetivamente utilizado nas empresas a partir de 1987. A abordagem relacional está baseada no princípio de que as informações em uma base de dados podem ser consideradas relações matemáticas e que estão representadas de maneira uniforme com o uso de tabelas bidimensionais.

Esse princípio coloca os dados direcionados a estruturas mais simples de armazenamento de dados, que são as tabelas, e nas quais a visão do usuário é privilegiada.

É comum observarmos analistas desenhando modelos de dados sem preocupação ou conhecimento lógico dos processos de recuperação e navegação em um banco de dados relacional, assim como dedicando atenção insuficiente à lógica por trás dos conceitos de chaves primárias e chaves estrangeiras.

Observe que é uma concepção lógica. Claro que é inerente a uma tecnologia específica, a dos bancos de dados relacionais, porém são as concepções lógicas lançadas por Codd que norteiam a Teoria Relacional, em um formato lógico, que posteriormente foi implementado nas tecnologias dos Sistemas Gerenciadores de Bancos de Dados Relacionais.

3.1 Teoria Relacional

Em 1970, Edgar F. Codd ofereceu-nos uma colaboração revolucionária ao formular o modelo de dados relacional. Em 1979, Codd e o pesquisador britânico e consultor em teoria de banco de dados relacional Christopher Date (1941-) refinaram o modelo relacional, chegando ao que se denominou modelo relacional estendido.

A abordagem relacional representa uma forma de descrever o banco de dados por meio de conceitos matemáticos simples: a Teoria dos Conjuntos. Voltada principalmente a melhorar a visão dos dados pelos usuários, essa abordagem faz com que os usuários vejam o banco de dados como um conjunto de tabelas bidimensionais, originadas em linhas e colunas.

São conjuntos de dados vistos segundo um conjunto de tabelas, e as operações que as utilizam são feitas por linguagens que o manipulam, não sendo procedurais, ou seja, manipulando conjuntos de uma só vez.

O conceito principal vem da Teoria dos Conjuntos atrelado à concepção de que não é relevante ao usuário saber onde os dados estão nem como os dados estão (transparência).

Tabela 3.1 Dados de clientes

CodCliente	NomCliente	RuaCliente	CidadeCliente
1	Luis Sampaio	Rua A	Rio de Janeiro
2	Carlos Pereira	Rua B	Niterói
3	José Alves	Rua C	Rio de Janeiro
4	Luis Paulo Souza	Rua D	Niterói

Os usuários manipulam os objetos dispostos em linhas e colunas das tabelas, que possuem informações sobre o mesmo assunto, de forma estruturada e organizada.

Banco de Dados Relacionais

Tabela 3.2

NumReg	NomeFunc	DtAdmissão	Sexo	CdCargo	CdDepto
101	Luis Sampaio	10/08/2003	M	C3	D5
104	Carlos Pereira	02/03/2004	M	C4	D6
134	José Alves	23/05/2002	M	C5	D1
121	Luis Paulo Souza	10/12/2001	M	C3	D5
195	Marta Silveira	05/01/2002	F	C1	D5
139	Ana Luiza Magalhães	12/01/2003	F	C4	D6
123	Pedro Sergio Doto	29/06/2003	M	CC7	D3
148	Larissa Silva	01/06/2002	F	C4	D6
115	Roberto Fernandes	15/10/2003	M	C3	D5
22	Sergio Nogueira	10/02/2000	M	C2	D4

Tabela 3.3

CdCargo	NumCargo	VlrSalario
C1	Aux. Vendas	350,00
C3	Vendedor	800,00
C7	Diretor	2.500,00
C2	Vigia	400,00
C5	Gerente	1.000,00
C4	Aux. Cobrança	250,00

Para lidar com esses objetos, o usuário conta com um conjunto de operadores e funções de alto nível, constantes na álgebra relacional.

A Teoria Relacional possui premissas que definem uma tabela de dados:

► cada uma das tabelas é chamada de relação;

► o conjunto de uma linha e suas colunas é chamado de tupla;

► cada coluna da tabela tem um nome e representa um domínio da tabela;

► a ordem das linhas é irrelevante;

► não há duas linhas iguais;

► usamos nomes para fazer referência às colunas;

► a ordem das colunas também é irrelevante;

► cada tabela tem um nome próprio, distinto de qualquer outra tabela no banco de dados.

Vamos analisar algumas tabelas de dados para entender como estão organizados os dados em um banco de dados relacional. É importante que exercitemos a mente para enxergar dados dentro de uma tabela relacional sempre que nos referirmos ao nome dela, e não somente à estrutura de seus dados. Por exemplo, uma tabela de CDs para o nosso microcomputador.

Tabela 3.4 Informações sobre CDs

Número do CD	Data da gravação	Título do conteúdo	Responsável	Local onde está guardado
1	24/01/2001	Clipart	Samir	Estojo Verde
3	13/02/2000	IRRF 2000	Felipe	Caixa Docs.
2	14/12/2000	Backup textos	Felipe	Estojo Azul
4	25/01/2000	Fotos Gramado	Samir	Cx. Álbum 3

Este livro utiliza como nomenclatura o que existe de mais tradicional, que é chamarmos de tabelas e não de relações, assim como utiliza linhas em vez de tuplas.

Observe na Tabela 3.4 que os conceitos listados anteriormente em relação às tabelas relacionais estão destacados:

- A ordem das linhas é irrelevante, pois o CD número 2 vem após o CD de número 3. Se observar mais detalhadamente, você verá que o CD número 3 tem uma data anterior ao do CD número 2.
- Nenhuma linha se repete na tabela.
- A ordem: das colunas também não tem nenhum destaque ou importância, pois não estão em nenhuma ordem lógica.
- Todas as colunas têm um nome que identifica o seu conteúdo, ou melhor, o significado do valor de seu conteúdo.

Vamos observar a Tabela 3.5 para fixar esse entendimento:

Tabela 3.5 Dados de funcionários

Nome	Sexo	Matrícula	Departamento	Cargo	Salário
João Carlos	Masc.	373	TI – Operações	Operador	3.000,00
Carlos Brito	Masc.	872	TI – Programação	Programador I	3.500,00
Silvia Moraes	Fem.	963	TI – Análise	Analista Sist. II	5.500,00
Cláudia Tereza	Fem.	161	TI – Gerência	Secretária	1.500,00
Pedro Julio	Masc.	292	RH	Diretor	6.000,00
Pedro Julio	Masc	574	TI – Análise	Analista Sist. I	4.500,00

Vamos analisar estes dados. A coluna Matrícula não indica nenhuma ordem para as linhas, confirmando o conceito de que a ordem das linhas é irrelevante. Todas as colunas têm um nome referente ao assunto, o que é bem evidente. A disposição das colunas não tem nenhuma finalidade de classificação, tampouco indica ordem de leitura dos dados.

Banco de Dados Relacionais

Observe o exemplo seguinte, no qual modificamos a ordem das colunas, sem prejuízo nenhum do assunto ou da representatividade da Tabela 3.6.

Tabela 3.6 Funcionários

Salário	Nome	Sexo	Matrícula	Departamento	Cargo
3.000,00	João Carlos	Masc.	373	TI – Operações	Operador
3.500,00	Carlos Brito	Masc.	872	TI – Programação	Programador I
5.500,00	Silvia Moraes	Fem.	963	TI – Análise	Analista Sist. II
1.500,00	Cláudia Tereza	Fem.	161	TI – Gerência	Secretária
6.000,00	Pedro Julio	Masc.	292	RH	Diretor
4.500,00	Pedro Julio	Masc	574	TI – Análise	Analista Sist. I

O importante é que, toda vez que nos referirmos à Tabela 3.6, visualizemos os dados que ela contém, e simulando valores possíveis, pois assim vamos mentalizando e nos abstraindo em algum objeto que a tabela representa.

3.2 Principais características de uma relação

Vamos definir a concepção técnica de uma relação (tabela).

Tabela 3.7 Tabela relacional

NumReg	NomeFunc	DtAdmissão			Sexo	Telefone	CdDepto
		Dia	Mês	Ano			
101	Luis Sampaio	10	08	2003	M	2565-8974	D5
104	Carlos Pereira	02	03	2004	M	3131-4649	D6
134	José Alves	23	05	2002	M	2386-8897	D1
121	Luis Paulo Souza	10	12	2001	M	2241-5896	D5
195	Marta Silveira	05	01	2002	F	5693-5213 5694-8523 5694-8520	D5
139	Ana Luiza Magalhães	12	01	2003	F	4545-8899	D6
123	Pedro Sergio Doto	29	06	2003	M	4296-8853	D3
148	Larissa Silva	01	06	2002	F	4289-9675	D6
115	Roberto Fernandes	15	10	2003	M	2685-8132	D5
22	Sergio Nogueira	10	20	2000	M	2594-3122	D4

Atributo composto   Atributo multivalorado

Todos os atributos (colunas) de uma relação devem ser atômicos, isto é, indivisíveis em termos de valores e componentes. Isso significa que não existem colunas do tipo subgrupo; todas são itens elementares, não subdivididos em nenhuma hipótese e que também não é permitida a existência da múltipla ocorrência de valores (multivaloração) em nenhum de seus atributos (colunas).

É importante compreender que cada linha de uma tabela representa um objeto, um assunto que é descrito pelos valores de cada uma dessas colunas.

O esquema de uma relação (sua definição) pode ser interpretada como uma declaração, ou um tipo de afirmação.

O exemplo de uma tabela funcionário (como a Tabela 3.6) apresenta:

► Número de Registro (NUMREG), Nome do Funcionário (NOMEFUNC), Data de Admissão (DTADMISSÃO), Sexo (SEXO), Telefone (TELEFONE) e Departamento (CDDEPTO).

► Cada tupla (linha) da relação (tabela) deve ser interpretada como um fato ou uma ocorrência particular dessa afirmação.

Tabela 3.8

NumReg	NomeFunc	DtAdmissão	Sexo	Telefone	CdDepto
101	Luis Sampaio	10/08/2003	M	2565-8974	D5
104	Carlos Pereira	02/03/2004	M	3131-4649	D6
134	José Alves	23/05/2002	M	2386-8897	D1
121	Luis Paulo Souza	10/12/2001	M	2241-5896	D5
195	Marta Silveira	05/01/2002	F	5693-5210	D5
139	Ana Luiza Magalhães	12/01/2003	F	4545-8899	D6
123	Pedro Sergio Doto	29/06/2003	M	4296-8853	D3
148	Larissa Silva	01/06/2002	F	4289-9675	D6
115	Roberto Fernandes	15/10/2003	M	2685-8132	D5
22	Sergio Nogueira	10/02/2000	M	2594-3122	D4

Fato
Existe um funcionário de nome Luis Sampaio de NumReg="101, com data de admissão em '10/08/2003', do sexo 'masculino', com telefone '2565-8974 e CdDepto = "D5".

3.3 Domínio

Domínio representa o conjunto de valores atômicos admissíveis de um componente (coluna) de uma relação (tabela). Exemplo:

► Telefone: conjunto de 10 dígitos.

► CPF: conjunto de 7 dígitos.

► Idade_Empregado: $16 \leq$ idade ≤ 70.

► Departamentos: conjunto de departamentos de uma empresa.

A cada domínio está associado um tipo de dados ou formato. Exemplo:

► Telefone (ddd) dddd-dddd em que d = {0,1,2,...9}.

► IdadeEmpregado: número inteiro entre 16 e 70.

Um esquema de uma tabela R, definida por $R(A_1, A_2, ..., A_n)$, é um conjunto de atributos do tipo R = $\{A_1, A_2, ..., A_n\}$.

Cada atributo Ai é o nome de um papel realizado por algum domínio D na tabela R, ou seja, o nome de uma coluna na tabela R.

Restrições de domínios são estabelecidas determinando-se domínios de valores para cada coluna de uma tabela. Normalmente, são estabelecidos e definidos os valores que uma coluna de uma tabela pode ter, ou seja, o domínio da coluna. Permitem, por exemplo:

► verificar os valores inseridos em um banco de dados;

► testar consultas para garantir que as comparações tenham sentido;

► em geral, o domínio é especificado por tipos primitivos de dados, como **integer**, **float**, **char**, **date**, **time**, **money** etc.

Também podem ser descritos pela definição de subconjuntos de tipos primitivos ou de listas enumeradas, ou seja, lista de valores possíveis de existir na coluna.

Observando os conceitos até agora descritos, destacamos mais um detalhe:

► Nenhuma linha se repete também nesta tabela. Concorda?

O leitor poderia questionar: posso ter duas pessoas com o mesmo nome? Claro que sim. Isso é mais comum do que você possa imaginar, mas como eles têm matrículas em empresas diferentes, as linhas da tabela são obviamente diferentes.

Se o leitor for atuar como analista em órgãos públicos em nosso país, encontrará situações deste tipo: o mesmo servidor com duas matrículas. Isso parece uma anormalidade, porém é fato corriqueiro em administração pública.

Se cada linha da tabela representa um fato, não faz sentido descrevermos o mesmo fato mais de uma vez – motivo conceitual básico para definir que não existem duas linhas iguais em uma mesma tabela.

Quais outras características são importantes entender e utilizar em uma tabela relacional? Por exemplo, como garantir que as linhas não se repitam em uma tabela relacional? Essa garantia é conseguida pela propriedade e conceito de chave primária. Mas, efetivamente, o que é uma chave primária?

3.4 Chave primária

Em toda tabela existente em um banco de dados relacional, haverá sempre uma coluna ou um conjunto de colunas concatenadas, cujos valores são únicos na tabela, isto é, nunca se repete aquele valor em nenhuma outra linha da tabela.

Banco de Dados – Projeto e Implementação

Essa coluna ou esse conjunto de colunas concatenadas identifica uma única linha da tabela. Então, dizemos que essa coluna ou esse conjunto de colunas forma a **chave primária** da tabela.

Observe que falamos em uma coluna ou um conjunto de colunas concatenadas. O que analisamos é o valor de cada coluna ou desse conjunto para que não se repitam, ou não possam se repetir.

Ao definirmos uma chave primária, se não observarmos corretamente, podemos definir equivocadamente a chave primária de uma tabela.

Na Tabela 3.6, em que apresentamos de funcionários, ainda não havíamos definido sua chave primária, o que vamos efetivar neste ponto:

Tabela 3.9

Nome	Sexo	Matrícula	Departamento	Cargo	Salário
João Carlos	Masc.	373	TI – Operações	Operador	3.000,00
Carlos Brito	Masc.	872	TI – Programação	Programador I	3.500,00
Silvia Moraes	Fem.	963	TI – Análise	Analista Sist. II	5.500,00
Cláudia Tereza	Fem.	161	TI – Gerência	Secretária	1.500,00
Pedro Julio	Masc.	292	RH	Diretor	6.000,00
Pedro Julio	Masc	574	TI – Análise	Analista Sist. I	4.500,00

Qual coluna ou conjunto de colunas que, concatenadas, formam um identificador único para cada linha desta tabela?

Nome? Com certeza não, pois se repete. Sexo? Também se repete.

Departamento também não, e cargo e salário sozinhos também não fazem nada. Sobra, neste caso, a única coluna que não tem valores repetidos, que é matrícula.

Existe somente um valor de matrícula para cada linha, que não se repete, logo podemos determinar que matrícula é a chave primária da tabela funcionários.

Tabela 3.10

Matrícula
373
872
963
161
292
574

Vamos tentar observar uma tabela um pouco mais complexa, em que tenhamos de realizar um estudo maior para determinar a chave primária.

Vamos imaginar que temos uma tabela que apresenta registros de consumo de bebidas em um hotel.

Tabela 3.11 Consumo de bebidas

Bebida	Qtde	Valor Unitário	Local Consumo	Quarto	Data Consumo	Hora Consumo	Valor Total
Cerveja Long Neck	2	3	Restaurante	101	22/01/2001	14:30	6,00
Chopp	3	2	Bar	203	19/01/2001	11:00	8,00

44

Banco de Dados Relacionais

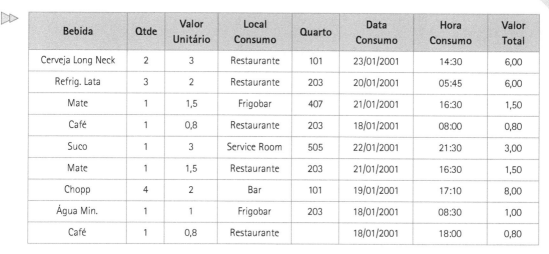

Bebida	Qtde	Valor Unitário	Local Consumo	Quarto	Data Consumo	Hora Consumo	Valor Total
Cerveja Long Neck	2	3	Restaurante	101	23/01/2001	14:30	6,00
Refrig. Lata	3	2	Restaurante	203	20/01/2001	05:45	6,00
Mate	1	1,5	Frigobar	407	21/01/2001	16:30	1,50
Café	1	0,8	Restaurante	203	18/01/2001	08:00	0,80
Suco	1	3	Service Room	505	22/01/2001	21:30	3,00
Mate	1	1,5	Restaurante	203	21/01/2001	16:30	1,50
Chopp	4	2	Bar	101	19/01/2001	17:10	8,00
Água Min.	1	1	Frigobar	203	18/01/2001	08:30	1,00
Café	1	0,8	Restaurante		18/01/2001	18:00	0,80

Observe com atenção esta tabela.

Que coluna ou conjunto de colunas poderíamos utilizar para definir como identificador único de cada linha? Poderíamos utilizar, por exemplo, a concatenação das colunas Bebida e Quarto do hotel?

Se observarmos com atenção, veremos que quando existe um segundo consumo da mesma bebida no mesmo bar, perde-se a característica de identificador único, pois o valor, por exemplo, Cerveja Long Neck_101, se repete.

Tabela 3.12

Bebida	Qtde	Valor Unitário	Local Consumo	Quarto	Data Consumo	Hora Consumo	Valor Total
Cerveja Long Neck	2	3	Restaurante	101	22/01/2001	14:30	6,00
Cerveja Long Neck	2	3	Restaurante	101	23/01/2001	14:30	6,00

Se acrescentarmos o local de consumo à concatenação das colunas referidas, também não obteremos a condição de identificador único, pois outro consumo da mesma bebida, pelo mesmo quarto, em datas diferentes, propiciaria a existência de duas ocorrências de linhas iguais.

Tabela 3.13

Bebida	Qtde	Valor Unitário	Local Consumo	Quarto	Data Consumo	Hora Consumo	Valor Total
Cerveja Long Neck	2	3	Restaurante	101	22/01/2001	14:30	6,00
Cerveja Long Neck	2	3	Restaurante	101	23/01/2001	14:30	6,00

Valores resultantes da concatenação de colunas:

Bebida+Local Consumo+Quarto

Cerveja Long NeckRestaurante101
ChoppBar203
Cerveja Long NeckRestaurante101
Refrig. LataRestaurante203
MateFrigobar407
CaféRestaurante203
SucoService Room505
MateRestaurante407
ChoppBar203
Água Min.Frigobar101
CaféRestaurante203

Chaves encontradas repetidas:

Cerveja Long NeckRestaurante101
Cerveja Long NeckRestaurante101

Vamos, então, tentar acrescentar uma coluna à concatenação que estamos tentando: a data de consumo.

Como teoricamente os consumos foram realizados em datas diferentes, podemos inserir a data na composição da chave primária.

Bebida+Local Consumo+Quarto+Data Consumo

Cerveja Long NeckRestaurante10122/01/2001
ChoppBar20319/01/2001
Cerveja Long NeckRestaurante10123/01/2001
Refrig. LataRestaurante20320/01/2001
MateFrigobar40721/01/2001
CaféRestaurante20318/01/2001
SucoService Room50522/01/2001
MateRestaurante40721/01/2001
ChoppBar20319/01/2001
Água Min.Frigobar10118/01/2001
CaféRestaurante20318/01/2001

Banco de Dados Relacionais

Dessa vez, não aparecem valores repetidos? Será que conseguimos efetivamente uma chave primária?

Voltando a analisar toda a tabela e seus dados, existe algum caso em que esses valores estejam repetidos?

Classificando as concatenações obtidas, podemos observar se existem repetições:

Bebida+Local Consumo+Quarto+Data Consumo

Água Min.Frigobar10118/01/2001
CaféRestaurante20318/01/2001
CaféRestaurante20318/01/2001
Cerveja Long NeckRestaurante10122/01/2001
Cerveja Long NeckRestaurante10123/01/2001
ChoppBar20319/01/2001
ChoppBar20319/01/2001
MateFrigobar40721/01/2001
MateRestaurante40721/01/2001
Refrig. LataRestaurante20320/01/2001
SucoService Room50522/01/2001

Observe o consumo do mate pelo quarto 407, o consumo de chopp do quarto 203 e o consumo de café também do quarto 203.

Para estes casos, houve dois consumos na mesma data.

Tabela 3.14

Bebida	Qtde	Valor Unitário	Local Consumo	Quarto	Data Consumo	Hora Consumo	Valor Total
Chopp	3	2	Bar	203	19/01/2001	11:00	8,00
Chopp	4	2	Bar	203	19/01/2001	17:10	8,00
Café	1	0,8	Restaurante	203	18/01/2001	08:00	0,80
Café	1	0,8	Restaurante	203	18/01/2001	18:00	0,80
Mate	1	1,5	Frigobar	407	21/01/2001	16:30	1,50
Mate	1	1,5	Restaurante	407	21/01/2001	16:30	1,50

Porém, os dois consumos de mate foram realizados em locais diferentes. Logo, o valor de nossa chave primária é diferente nas duas linhas em questão. O consumo de chopp do quarto 203 e o consumo de café do quarto 203 também foram realizados no mesmo local e na mesma data. Logo, não podemos utilizar esta concatenação como a chave primária dessa tabela. Então, vamos continuar a analisar o conteúdo da Tabela 3.14 para concluirmos mais adequadamente.

Analisando os valores apresentados na Tabela 3.14, percebemos que os dois consumos foram realizados no mesmo local, mesma data e pelo mesmo quarto, mas em horários diferentes. Agora chegamos a uma conclusão! Temos, então, mais uma alternativa para finalmente obtermos a chave primária.

Vamos concatenar mais uma coluna (coluna horário do consumo) e ver como fica o resultado desta concatenação.

Colunas Concatenadas
Bebida+Local Consumo+Quarto+Data Consumo+Hora Consumo

Água Min.Frigobar10118/01/200114
CaféRestaurante20318/01/200111:00
CaféRestaurante20318/01/200114:30
Cerveja Long NeckRestaurante10122/01/200108:45
Cerveja Long NeckRestaurante10123/01/200116:30
ChoppBar20319/01/200108:00
ChoppBar20319/01/200121:30
MateFrigobar40721/01/200116:30
MateRestaurante40721/01/200117:10
Refrig. LataRestaurante20320/01/200108:30
SucoService Room50522/01/200118:00

Os casos que temos de concatenação com repetição de valores foram eliminados, não existindo nenhuma linha repetida no resultado, ou seja, não existem dois valores iguais na tabela para o resultado da concatenação de colunas.

Logo, podemos definir como chave primária da tabela o conjunto de colunas concatenas pelo qual obtivemos este resultado:

> Chave Primária (Primary Key) =
> Bebida + Local Consumo + Quarto + Data Consumo + Hora Consumo

Veja a importância de darmos atenção ao possível conteúdo em uma tabela de banco de dados antes de determinarmos sua chave primária.

Vamos estudar outra característica importante da chave primária de uma tabela relacional.

3.5 Valores nulos e integridade de identidade

Para a apresentação deste tópico, é necessário o perfeito entendimento do significado de valor nulo. Vamos ilustrar abstraindo-nos em alguma realidade do dia a dia.

Qual objeto, no mundo, pode conter tudo o que se imaginar? Resposta: as bolsas femininas.

Este mundo "paralelo" faz com que as mulheres coloquem os mais variados objetos – dos mais simples aos mais inusitados – dentro das bolsas.

A pergunta que colocamos neste momento é: qual é o valor do conteúdo de uma dessas bolsas simplesmente olhando-a, sem abri-la e sem ter visto o que foi guardado em seu interior?

Figura 3.1

O leitor pode dizer:

– A bolsa deve ter uma carteira, um molho de chaves, batom... O que mais? Hum?

Pois é: você não sabe o que há lá dentro. Para você, o conteúdo da bolsa é desconhecido. É uma informação perdida, ou não disponível, logo, a sua resposta é nula. O valor do conteúdo da bolsa logo é nulo.

Vamos a outro exemplo. Ao observarmos a saída de um shopping, vemos muitas pessoas carregando sacolas de compras.

Pergunta-se: qual é o conteúdo daquelas sacolas para quem as observa, sem abri-las?

Você deve concordar comigo que o conteúdo é desconhecido, como no caso das bolsas. Você tem certeza de que existe alguma coisa dentro, porém não sabe o que é nem quanto custou.

O valor do conteúdo de cada sacola é, então, um valor nulo para nossa mente. Concluindo, valor nulo é um valor ausente, desconhecido para nós.

Figura 3.2

Por definição, todas as linhas de uma tabela têm de ser distinguíveis umas das outras, isto é, devem possuir um identificador único. Um identificador de chave primária nulo significa que existe uma ocorrência (linha) na tabela sem identificação única ou não distinguível.

Se uma tabela relacional tem uma chave primária, que é um valor único para cada linha da tabela, esse valor não pode, em hipótese alguma, estar nulo, ou seja, ser desconhecido.

Estendendo esse conceito, destacamos que nenhuma das colunas que participam da composição da chave primária pode ter valor nulo, pois o resultado da concatenação seria nulo em uma operação de concatenação de valores.

Imagine, então, a tabela utilizada como exemplo, na qual existisse uma linha cuja data e hora de consumo fossem não informadas ou não registradas, desconhecidas, isto é, fossem colunas com valor nulo como apresentado na Tabela 3.15.

Tabela 3.15

Bebida	Qtde	Valor Unitário	Local Consumo	Quarto	Data Consumo	Hora Consumo	Valor Total
Cerveja Long Neck	2	3	Restaurante	101	nula	nula	6,00
Cerveja Long Neck	2	3	Restaurante	101	23/01/2001	14:30	6,00

O resultado da concatenação de colunas, neste caso, seria:

Bebida+Local Consumo+Quarto+Data Consumo+Hora Consumo

NULO
Cerveja Long NeckRestaurante10123/01/200116:30

Qualquer valor concatenado com **nada** é igual a **nada**.

No caso das bebidas consumidas no hotel, isso quer dizer, por exemplo, que não poderíamos ter uma linha de consumo sem a existência de um valor para a data e a hora de consumo. Você não poderia localizar o consumo nem confirmá-lo.

O leitor poderia questionar:

– Considerando que só existe uma linha, cuja concatenação resultou em valor nulo, e esse valor nulo logicamente não se repete na tabela, por que não é válido como identificador único (afinal, ele é único na tabela)? Por que não pode ser chave primária?

A resposta é simples: um valor nulo não identifica absolutamente nada. É uma questão mais conceitual do que matemática.

Como recuperar a linha cuja identificação é nula? Como identificar uma pessoa cujo registro de nascimento é nulo, ou seja, desconhecido? Qual é o valor de um consumo que não podemos identificar quando ocorreu? Você aceitaria ser cobrado por um consumo em um hotel sem que ele fosse identificado?

Imagine esta situação:
O atendente do check-out do hotel informa-lhe:
– O senhor consumiu quatro bebidas no restaurante, mas não sabemos informar o dia nem a hora, porém o valor é de R$ 50,00.
Você pagaria a conta?
Se você pagar, vai permitir que isso se repita!
Logo, permitirá chave primária duplicada.

Figura 3.3

Se permitirmos valores nulos como chave primária, como garantir que não se repitam?

3.6 Regra de integridade de identidade

Concluímos que a identificação de uma linha de uma tabela não pode ser feita por um valor desconhecido, motivo pelo qual a chave primária de uma tabela não pode possuir nenhum elemento de sua composição com valor nulo.

3.6.1 Chave primária

Os seguintes atributos dizem respeito à chave primária:

▶ coluna ou concatenação de colunas;

▶ valor único na tabela;

▶ cada linha tem um valor diferente na chave primária;

▶ não existem valores nulos na chave primária.

Atributos cujos valores, no mundo real, podem ser duplicados não devem ser definidos como chaves de uma tabela (Nome).

Em geral, uma tabela pode ter mais de uma chave que possua a capacidade de identificação única das linhas da tabela. Nesse caso, cada uma dessas chaves da tabela é chamada de CHAVE CANDIDATA.

Uma das chaves é definida como primária e as outras ficam como chaves alternativas à chave primária.

Em geral, entre todas as chaves candidatas, escolhe-se para chave primária aquela com o menor número de atributos ou mais significativa conceitualmente na identificação de cada fato ou ocorrência (linha) de uma tabela.

3.6.1.1 Esquema de uma tabela

A definição de uma tabela relacional é realizada por um formato denominado esquema da tabela. Esse formato destaca a chave primária por um sublinhado no nome da coluna.

Para a tabela de funcionários que apresentamos, o esquema seria:

▶ Funcionário {<u>NUMREG</u>, NOMEFUNC, DTADMISSAO, SEXO, TELEFONE, CDDEPTO}

3.6.2 Chave estrangeira

Uma tabela relacional, como visto anteriormente, é uma estruturação dos dados por assunto, organizada em tabelas com linhas e colunas, e cada linha é a representação de uma ocorrência de um objeto, um assunto, descrita por valores em cada coluna. Dessas colunas, já sabemos que uma ou um conjunto delas forma o que definimos como o identificador único de cada linha, que é a chave primária da tabela.

Vamos agora apresentar outras propriedades que as colunas de uma tabela relacional podem ter e as regras dessas propriedades.

Banco de Dados – Projeto e Implementação

Continuando o estudo, vamos analisar mais características das colunas das tabelas em um banco de dados relacional e, para isso, utilizaremos um conjunto de tabelas em um banco de dados como apresentado em seguida.

Existem três tabelas nesse pequeno banco de dados. São as tabelas referentes aos produtos de nossa cozinha; neste caso, somente os alimentos. A Tabela 3.16 será chamada de Estoque de alimentos, a Tabela 3.17 será Fornecedores e a Tabela 3.18, Unidade de armazenamento.

Uma característica importante nas tabelas relacionais é que elas têm muitas vezes colunas comuns.

Tabela 3.16 Estoque de alimentos

Alimento	Quantidade	Data Validade	Fabricante	Unidade
Feijão	2	20/08/2004	2	1
Leite	3	12/07/2004	4	2
Açúcar	5	12/08/2004	1	1
Arroz	3	10/10/2004	6	1
Azeite	2	12/03/2004	5	6
Café	1	12/12/2004	3	1

Tabela 3.17 Fornecedores

Fabricante	NomeFab
2	Coral
4	CCPL
1	União
6	Tio João
5	Galo
3	Pilão

Tabela 3.18 Unidades de armazenamento

Unidade	Descricao
1	Kg
2	Litro
3	Peça
4	Envelope
5	Pote 500 g
6	Vidro 500 g

3.6.1.2 Esquema do banco de dados

- ► Estoque de Alimentos {ALIMENTO, QUANTIDADE, DATA VALIDADE, FABRICANTE, UNIDADE}
- ► Fornecedores {FABRICANTE, NOME FABRICANTE}
- ► Unidades de armazenamento {UNIDADE, DESCRICAO}

Observe que a Tabela 3.16 tem as colunas Número do Fabricante e Código da Unidade, que também existem, respectivamente, nas tabelas Fornecedores e Unidade de armazenamento.

Banco de Dados Relacionais

Esta é uma característica que, em primeiro lugar, tem como objetivo evitar que sejam inseridos na tabela de alimentos, por exemplo, valores relativos a um mesmo fornecedor de duas maneiras: Tio João e T. João, fazendo com que apresentássemos o mesmo produto como se fossem de dois fornecedores diferentes.

Isso ajuda a eliminar ou diminuir erros de entrada de dados nos sistemas, e a manter a consistência do banco de dados, pois utilizamos o número do fornecedor em lugar de, talvez, digitar o seu nome. Isso será objeto do Capítulo 8, que trata de normalização.

Mas, o que significa uma tabela ter coluna ou colunas que existe(m) em outra tabela do mesmo banco de dados?

Analisando as Tabelas 3.16 a 3.18 e o esquema do banco de dados, observamos que cada tabela tem uma chave primária. A Tabela 3.16 tem como chave primária a coluna Alimento. A Tabela 3.17 tem como chave primária a coluna Fabricante, e a Tabela 3.18 tem como chave primária a coluna Unidade.

O que significa quando temos um campo que é chave primária de uma tabela, que faz parte dos campos de outra tabela? Isso é o que denominamos **chave estrangeira**. É uma referência de um elemento de uma tabela a um elemento de outra tabela, uma relação entre as tabelas, uma ligação lógica entre elas.

Tabela 3.18 Unidades de armazenamento

Unidade	Descricao
1	Kg
2	Litro
3	Peça
4	Envelope
5	Pote 500 g
6	Vidro 500 g

Tabela 3.16 Estoque de alimentos

Alimento	Quantidade	Data Validade	Fabricante	Unidade
Feijão	2	20/08/2004	2	1
Leite	3	12/07/2004	4	2
Açúcar	5	12/08/2004	1	1
Arroz	3	10/10/2004	6	1
Azeite	2	12/03/2004	5	6
Café	1	12/12/2004	3	1

Tabela 3.17 Fornecedores

Fabricante	NomeFab
2	Coral
4	CCPL
1	União
6	Tio João
5	Galo
3	Pilão

Então, em nosso exemplo, a coluna Fabricante na Tabela 3.16 é uma chave estrangeira, assim como Unidade também é outra chave estrangeira na mesma tabela.

Uma tabela pode ter tantas chaves estrangeiras quantas forem as suas associações a outras tabelas.

Uma tabela pode ter um conjunto de atributos que contêm valores com o mesmo domínio de um conjunto de atributos que formam a chave primária de outra tabela. Esse conjunto se chama chave estrangeira.

Vejamos outro exemplo clássico e simples.

Tabela 3.19 Funcionário

NumReg	NomeFunc	DtAdmissão	Sexo	CdCargo	CdDepto
101	Luis Sampaio	10/08/2003	M	C3	D5
104	Carlos Pereira	02/03/2004	M	C4	D6
134	Jose Alves	23/05/2002	M	C5	D1
121	Luis Paulo Souza	10/12/2001	M	C3	D5
123	Pedro Sergio Doto	29/06/2003	M	C7	D3
115	Roberto Fernandes	15/10/2003	M	C3	D5
22	Sergio Nogueira	10/02/2000	M	C2	D4

Tabela 3.20 Departamento

CdDepto	NumDepto	RamalTel
D1	Assist.Técnica	2246
D2	Estoque	2589
D3	Administração	2772
D4	Segurança	1810
D5	Vendas	2599
D6	Cobrança	2688

Tabela 3.21 Cargo

CdCargo	NumCargo	VlrSalario
C1	Aux. Vendas	350,00
C3	Vendedor	800,00
C7	Diretor	2.500,00
C2	Vigia	400,00
C5	Gerente	1.000,00
C4	Aux. Cobrança	250,00

A coluna CdDepto na Tabela 3.19 é uma chave estrangeira, pois ela é chave primária na Tabela 3.20.

A coluna CdCargo na Tabela 3.19 também é uma chave estrangeira, pois ela é chave primária na Tabela 3.21.

Para fixar o aprendizado, vamos apresentar regras que norteiam o conceito de chave estrangeira em uma tabela.

Sempre que uma coluna de uma determinada tabela **A** (Funcionário) for uma chave primária em uma tabela **B** (Cargo), essa coluna (CodCargo) na tabela **A** é uma chave estrangeira em relação à mesma coluna (CodCargo) na tabela **B**.

Esse conceito estabelece uma regra em bancos de dados relacionais denominada integridade referencial.

3.7 Integridade referencial

Quando colocamos uma coluna como chave estrangeira em uma tabela, assumimos responsabilidade com o banco de dados.

As colunas pertencentes à chave estrangeira da tabela A devem ter o mesmo domínio das colunas pertencentes à chave primária da tabela B.

O valor de uma chave estrangeira em uma tabela A deve ser de chave primária da tabela B, ou então ser nulo.

Sintetizando, uma tabela contém uma chave estrangeira, então, o valor dessa chave só pode ser:

▶ Nulo – nesse caso pode, pois representa a inexistência de referência para uma linha da tabela.

▶ Igual ao valor de alguma chave primária na tabela referenciada.

Você pode perguntar como ficaria uma tabela chave estrangeira nula. Vejamos:

Tabela 3.22 Funcionário

NumReg	NomeFunc	DtAdmissão	Sexo	CdCargo	CdDepto
101	Luis Sampaio	10/08/2003	M	C3	D5
104	Carlos Pereira	02/03/2004	M	C4	D6
134	Jose Alves	23/05/2002	M	C5	D1
121	Luis Paulo Souza	10/12/2001	M	C3	D5
123	Pedro Sergio Doto	29/06/2003	M	Nulo	D3
115	Roberto Fernandes	15/10/2003	M	C3	D5
22	Sergio Nogueira	10/02/2000	M	C2	D4

Na linha de Pedro Sergio Doto, o valor para CdDepto está nulo, o que pode significar que ainda não está alocado a nenhum departamento ou foi deslocado de algum departamento. O que importa é que ele não tem um departamento assinalado, o que é uma situação válida.

O que não pode haver é um valor de chave estrangeira que não exista como chave primária de nenhuma linha da tabela referenciada, no caso, a Tabela 3.20.

Na definição de uma chave estrangeira, somente podemos nos referenciar a uma chave primária de uma outra tabela? Nem sempre isso é verdade.

Na criação de uma chave estrangeira, além de podemos nos referenciar a um campo chave primária de outra tabela, também podemos nos referenciar a uma coluna que tenha sido definida como única, uma chave candidata.

Qual é a razão da integridade referencial? O que ela implica?

3.7.1 Restrições para garantir a integridade referencial

Existe um conjunto de regras de operação para um banco de dados relacional que coloca restrições, regras nas operações de atualização das tabelas do banco de dados, de modo a garantir e a manter a integridade referencial.

3.7.1.1 PARENT DELETE RESTRICT: (deleção restrita)

Ao excluir (deletar) a tabela pai (parent), se ela possuir filhos relacionados (ou seja, se o departamento tiver funcionários), a exclusão é impedida (RESTRICT).

Isso evita que o banco de dados fique inconsistente, ou seja, linhas de Funcionário com valor de chave estrangeira inexistente como chave primária na tabela associada.

Outras opções para garantir a integridade de referências do banco de dados seriam excluir todos os filhos em cascata (CASCADE), fazendo com que todos os funcionários referenciem um departamento padrão, CdDepto=3 (Administração), por exemplo, ou fazer com que todos os funcionários fiquem sem departamento, CdDepto = NULL.

3.7.1.2 CHILD INSERT RESTRICT: (inclusão e linha restrita)

Ao inserir um funcionário, caso seja obrigatório já possuir departamento associado, verifica se ele está relacionado a um departamento existente na tabela Departamento, senão a operação será impedida (RESTRICT).

3.7.1.3 CHILD UPDATE RESTRICT:

Ao atualizar (UPDATE) a chave estrangeira de uma tabela (CHILD), verifica se existe uma linha da tabela associada que possua como chave primária o novo valor da chave estrangeira, senão essa operação será impedida (RESTRICT).

A opção Cascade (Cascata) é sempre perigosa de ser utilizada em banco de dados, pois existe o risco de perder todos os dados existentes em uma tabela ao se optar por apagar as linhas que estão associadas a determinada linha que será deletada da tabela, que possui a chave primária referenciada.

Vamos observar essa hipótese com uma simulação de tabelas. Suponha que a Tabela 3.23 tenha somente os funcionários do departamento de vendas (D5).

Tabela 3.23 Funcionário

NumReg	NomeFunc	DtAdmissão	Sexo	CdCargo	CdDepto
101	Luis Sampaio	10/08/2003	M	C3	D5
104	Carlos Pereira	02/03/2004	M	C4	D6
134	Jose Alves	23/05/2002	M	C5	D1
121	Luis Paulo Souza	10/12/2001	M	C3	D5
123	Pedro Sergio Doto	29/06/2003	M	Nulo	D3
115	Roberto Fernandes	15/10/2003	M	C3	D5
22	Sergio Nogueira	10/02/2000	M	C2	D4

Banco de Dados Relacionais

Tabela 3.24 Departamento

CdDepto	NumDepto	RamalTel
D1	Assist.Técnica	2246
D2	Estoque	2589
D3	Administração	2772
D4	Segurança	1810
D5	Vendas	2599
D6	Cobrança	2688

Se estabelecermos para a Tabela 3.24 a regra de Cascade, e apagarmos (deletar) a linha cuja chave primária é ="D5", o resultado será a tabela funcionário como apresentada em seguida:

Tabela 3.25

NumReg	NomeFunc	DtAdmissão	Sexo	CdCargo	CdDepto

A tabela ficará vazia, completamente sem linhas. O Cascade provoca que todas as linhas de tabelas associadas a essa chave primária sejam apagadas, para evitar que existam no banco de dados referências às linhas inexistentes em uma tabela.

Não é somente o caso de deleção completa da tabela que preocupa, pois trabalhamos com nossa tabela original de funcionários:

Tabela 3.26

NumReg	NomeFunc	DtAdmissão	Sexo	CdCargo	CdDepto
101	Luis Sampaio	10/08/2003	M	C3	D5
104	Carlos Pereira	02/03/2004	M	C4	D6
134	Jose Alves	23/05/2002	M	C5	D1
121	Luis Paulo Souza	10/12/2001	M	C3	D5
123	Pedro Sergio Doto	29/06/2003	M	Nulo	D3
115	Roberto Fernandes	15/10/2003	M	C3	D5
22	Sergio Nogueira	10/02/2000	M	C2	D4

Se executarmos a mesma operação de deleção da linha relativa a Departamento de Vendas (D5), essa tabela perderá todas as linhas que estavam associadas pelo valor de chave estrangeira ="D5", perdendo os dados de alguns funcionários:

Tabela 3.27 Funcionário

NumReg	NomeFunc	DtAdmissão	Sexo	CdCargo	CdDepto
104	Carlos Pereira	02/03/2004	M	C4	D6
134	Jose Alves	23/05/2002	M	C5	D1
123	Pedro Sergio Doto	29/06/2003	M	Nulo	D3
22	Sergio Nogueira	10/02/2000	M	C2	D4

As chaves estrangeiras baseiam-se em valores (dados) e são puramente lógicas, ou seja, não existem apontadores físicos.

3.8 Resumo de restrições de integridade relacional

Dada uma linha α de uma tabela A:

Restrição de inclusão

- Se ocorre uma inclusão da linha α;
- se algum atributo da chave primária da linha α for nulo;
- ou existe outra linha na tabela A com o mesmo valor da chave primária da linha α;
- então impede-se a inclusão de linha;
- senão, realiza-se a inclusão de linha.

Restrição de deleção

- Se ocorre uma exclusão da linha α;
- se algum atributo de outra tabela faz referência à chave primária da linha α;
- (existe uma chave estrangeira com o valor da chave primária de α);
- então, impede-se a inclusão de linha;
- ou realiza-se a deleção em cascata das linhas da outra tabela que referenciam o valor da chave primária de α;
- ou modifica-se (altera-se) para nulo o valor da chave estrangeira da outra tabela.

Banco de Dados Relacionais

Atividades de fixação

1. Dadas as tabelas de um banco de dados e as operações a serem realizadas, complete as tabelas resultantes:

Tabela R

A	B	C
3	5	2
3	4	1
5	5	4
6	7	8

Tabela S

B	C	D
4	2	9
5	1	3
7	8	3

Tabela R{A,B,C)
Tabela S{B,C,D)

a) Inclusão da linha {2,4,2} na tabela R.

Tabela R

A	B	C

Tabela S

B	C	D

b) Deleção da linha {4,2,9} da tabela S.

Tabela R

A	B	C

Tabela S

B	C	D

2. Dadas as tabelas de um banco de dados bancário, defina as chaves candidatas, as chaves primárias e as chaves estrangeiras existentes nas tabelas.

Cliente

CodCliente	NomCliente	RuaCliente	CidadeCliente
1	Luis Sampaio	Rua A	Rio de Janeiro
2	Carlos Pereira	Rua B	Niterói
3	Jose Alves	Rua C	Rio de Janeiro
4	Luis Paulo Souza	Rua B	Niterói

Conta-Corrente

CodAgencia	NumConta	CodCliente	Saldo
1	256589	1	1.200,00
3	328941	1	845,00
4	749621	3	512,00
2	856200	2	2.650,00
3	454501	4	800,00
2	468952	3	6.920,00
4	278156	1	10.000,00

Agência

CodAgencia	NomAgencia	CidadeAgencia
1	Rio Branco	Rio de Janeiro
2	Icaraí	Niterói
3	Leblon	Rio de Janeiro
4	Ipanema	Rio de Janeiro
5	Copacabana	Rio de Janeiro

Empréstimo

CodAgencia	CodCliente	NumEmprest	Valor
1	1	902230	500,00
3	1	902231	1.500,00
4	2	902240	1.200,00
2	3	902289	3.000,00
3	1	902255	850,00
1	3	902299	700,00
4	3	902212	400,00

3. Responda às questões seguintes:

a) O que acontece se deletamos a linha...

3	1	902231	1.500,00

... da tabela Empréstimo?

b) O que acontece se deletamos a linha...

3	Leblon	Rio de Janeiro

... da tabela Agência?

c) Como fica a tabela ContaCorrente se deletarmos a linha seguinte da tabela Cliente, considerando a manutenção da integridade referencial?

2	Carlos Pereira	Rua B	Niterói

4. Explique a diferença entre manter a integridade referencial por deleção em Cascata e manter por chaves estrangeiras nulas.

5. Uma tabela B pode ter duas chaves estrangeiras para uma tabela A?

6. O que significa uma chave estrangeira com valor nulo?

7. Uma chave alternativa pode ter valores repetidos na mesma tabela?

8. Quais dos esquemas de BD apresentados em seguida estão errados?

a) Cliente{<u>NOME</u>, IDADE, SEXO, TELEFONE, TELEFONE, RUA}

b) Cliente{<u>CODCLIENTE</u>, NOME, IDADE, SEXO, TELEFONE, ENDERECO, CIDADE}

c) Cliente{<u>CODCLIENTE</u>, NOME, IDADE, SEXO, TELEFONE, ENDERECO, CIDADE, CODSEXO} Sexo {NUMSEXO,<u>NOMESEXO</u>}

d) }Cliente{<u>CODCLIENTE</u>, NOME, IDADE, SEXO, TELEFONE, , ENDERECO, CIDADE, CODSEXO} Sexo {<u>CODSEXO</u>,NOMESEXO}

e) Todos.

f) Nenhum.

CAPÍTULO 4

Modelo Entidade-Relacionamento

A utilização da abordagem correta de uma metodologia orientada a banco de dados envolve a estruturação nos três níveis de visão de dados vistos anteriormente, ou seja, três etapas na execução de um projeto de um banco de dados:

- ► modelo conceitual;
- ► modelo lógico;
- ► modelo físico.

Isola-se, assim, a realidade a ser retratada em dados de suas implicações lógicas e físicas, determinando-se o momento para adequação do modelo a estes fatores.

É evidente que a realidade dos negócios de uma empresa é sempre diferente da realidade de outra empresa, mesmo que falem de ambientes similares. Existem particularidades que só dizem respeito ao funcionamento de um determinado ambiente.

Devido a essa não similaridade entre ambientes de mesma natureza, será sempre necessária a criação de um modelo específico para cada nova realidade observada. Fica bem clara, então, a necessidade de termos um modelo que permita construir vários outros modelos, o qual é chamado de metamodelo.

O metamodelo a ser utilizado deve ter a característica de poder modelar qualquer realidade, uma forma de trabalho bastante simples e características gráficas fáceis de construir e entender. O metamodelo que apresentamos neste livro é o Entidade-Relacionamento (ER).

O Modelo Entidade-Relacionamento (MER) foi definido por Peter Pin-Shan Chen, em 1976, baseia-se na percepção do mundo real como constituído por um conjunto de objetos básicos chamados entidades e relacionamentos, e define uma técnica de diagramação para modelos de dados, o Diagrama de Entidades e Relacionamentos (DER).

A **estrutura** lógica global de um banco de dados pode ser expressa graficamente por um diagrama de entidades (representadas por retângulos), por relacionamentos (representados por losangos) e pelos atributos de cada entidade ou relacionamento por meio de elipses (notação Peter Chen).

Apesar de ser uma forma gráfica de representar um banco de dados relacional, o MER possui elevado grau de semântica, que o torna mais simples, além de permitir uma comunicação mais otimizada entre os usuários e os profissionais de informática e desenvolvedores de sistemas.

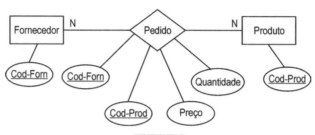

Figura 4.1

Dentro do que utilizamos como método de desenvolvimento, podemos tanto iniciar a análise por modelagem de eventos ou casos de uso quanto por modelagem de dados, para depois, com as entidades definidas, analisarmos os eventos que existem relativos a cada um desses objetos.

A UML prega a utilização da criação dos diagramas de casos de uso como primeira etapa de um processo metodológico de desenvolvimento de aplicações. Porém, é um cacoete derivado dos conceitos de análise estruturada e análise essencial, em que destaque e importância maior sempre foram dados aos processos e não aos dados.

Voltamos a lembrar que dados são sempre mais estáveis do que processos.

Observe que podemos mudar completamente um processo de faturamento, mas os dados relativos ao faturamento continuaram estáveis. Na pior das hipóteses, esses dados seriam reduzidos, mas não haveria uma mudança completa dos dados utilizados para esse processo.

Os diagramas de caso de uso fornecem um modo de descrever a visão externa do sistema e suas interações com o mundo exterior, representando uma visão de alto nível de funcionalidade intencional mediante o recebimento de um tipo de requisição de usuário. Entretanto, no caso de iniciarmos um desenvolvimento pela especificação de casos de uso, podem nos conduzir à criação de classes de dados redundantes ou não aderentes ao mundo real, o que obtemos sempre quando trabalhamos com modelagem de dados pura.

Já a modelagem de dados pode permitir a criação mais concisa de modelo de classes, já que um modelo de dados retrata com maior fidelidade uma realidade, ou seja, o mundo real.

A estabilidade do modelo de dados é obtida quando se investe quantidade de tempo nos aspectos conceituais de modelagem de dados, revertendo esse tempo em benefícios consideráveis durante a implementação da base de dados.

A técnica de MER proposta por Peter Chen está definida como uma notação orientada para o desenho de um modelo conceitual, pois permite a descrição desse esquema conceitual sem preocupação com problemas de implementação física ou de performance do banco de dados.

O DER descreve a estrutura conceitual e lógica geral de um banco de dados. Observa-se, então, que o objetivo da modelagem de dados é definir o contexto dos dados em que os sistemas funcionam. Por isso, o produto da modelagem deve ser o mais fiel possível ao mundo real e, além disso, possuir uma característica adicional muito importante: suas especificações não devem implicar e tampouco estarem limitadas a nenhuma implementação física em particular. Tudo aquilo que for proposto pela modelagem de dados deve ocorrer em um nível conceitual e lógico, de maneira a não viciar a análise pela restrição de pontos de vista técnicos da equipe de participantes do processo de análise. Os detalhes físicos vêm depois.

A abordagem de sistemas para bancos de dados relacionais tem como principal característica o alto nível em que ocorrem as definições necessárias à implantação de uma base de dados. Assim, a qualidade de um projeto como um todo é muito dependente da qualidade da modelagem de dados que o antecede.

É muito importante que exista uma metodologia simples, precisa e eficiente para a representação dos objetos modelados pelo analista, e que também seja de fácil transposição para os diversos SGBD disponíveis.

É isso que se obtém com a utilização do MER proposto por Peter Chen.

4.1 Elementos de um MER

Um modelo de dados ER é composto de três classes de objetos: entidades, relacionamentos e atributos.

As literaturas existentes nunca deixam claro como podemos entender entidades e relacionamentos. Uma vez que a maioria dos profissionais de análise de sistemas tem sua cultura baseada em sistemas procedurais, em que os dados são o resultado e não o meio, existe a necessidade de que se coloque mais enfoque didático no detalhamento da definição de entidades e relacionamentos.

As técnicas orientadas a objetos, hoje utilizadas no País e que alcançaram divulgação profissional prática, baseiam-se na análise dos procedimentos e têm enfoque principalmente direcionado aos casos de uso (*use case*) e em diagramas de classes excessivamente preocupados em retratar não só dados, mas processo em conjunto, ou nos casos de análise essencial em diagramas de fluxo de dados, o que provoca uma derivação de foco e possibilita uma larga margem de erro de conceituação do mundo real.

Essas técnicas estruturadas colocam as informações derivadas dos procedimentos em classes de dados (OO) ou depósitos de dados (A Essenc.), as quais, sintetizando-se, finalmente acabam sendo convertidas em tabelas de um sistema, pura e simplesmente.

Para que se efetue a migração dessa base cultural, é necessário que a regra básica – **procedimentos não nos interessam** – seja atendida nessa abordagem de levantamento.

Vamos estabelecer como preocupação somente a necessidade de retratarmos as informações existentes no negócio. Nosso objetivo primordial é entender o negócio, para o qual projetaremos um sistema a partir de seus dados.

Quando escrevemos **objetos conceituais**, não pretendemos inserir na orientação a objetos. Apesar de a modelagem conceitual de dados ser a base para o entendimento dessa nova abordagem tecnológica, o objetivo é ir até as raízes da conceituação de MER.

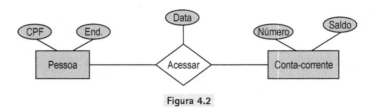

Figura 4.2

Quando Peter Chen formulou a proposta do MER, ele se baseou não na visão de um sistema de aplicação como princípio, mas na compreensão da realidade em que se situava o problema. Como vamos projetar um sistema se não entendemos o negócio para o qual será realizado?

Chen dedicou-se a destacar a importância de reconhecer os objetos que compõem esse negócio, independentemente de se preocupar com formas de tratamento das informações, procedimentos, programas etc.

4.2 Entidades

Entidades correspondem a quaisquer coisas do mundo real sobre as quais se deseja armazenar informações. São exemplos típicos de entidades: pessoas (físicas ou jurídicas), como funcionário, empresa, fornecedor e cliente; objetos materiais ou abstratos, como produto, veículo, disciplina projeto e eventos; ou fatos, como pedido, viagem, empréstimo e venda.

No MER, as entidades são representadas por meio de um retângulo com o nome representativo de cada uma delas (um substantivo no singular) ao centro.

Uma entidade normalmente tem várias manifestações dela mesma. Por exemplo: a entidade funcionário representa todos os funcionários da empresa, e não apenas um deles; a entidade produto representa todos os produtos com os quais a empresa trabalha etc.

Se fizermos uma comparação com a UML, funcionário é o objeto, o conjunto dos objetos funcionários forma a classe de objetos funcionário, que é a nossa entidade. Então, uma entidade corresponde a uma classe de objetos e as ocorrências dessa entidade são os objetos funcionários. Dizemos, então, que uma entidade possui ocorrências ou instâncias, e cada um dos funcionários descritos pela entidade funcionário é uma de suas ocorrências ou instâncias.

Entidade é a principal classe de objetos sobre a qual são coletadas informações. Ela normalmente denota pessoa, lugar, coisa ou fato de interesse de informações. É todo objeto concreto ou abstrato que tem existência própria, quando considerado o âmbito de um negócio. São coisas sobre as quais desejamos arquivar informações.

Define-se entidade como aquele objeto que existe no mundo real com uma identificação distinta e com um significado próprio. São as coisas que existem no negócio, ou ainda, descrevem o negócio em si.

A Figura 4.3 apresenta o ambiente de uma clínica médica correspondente à descrição de um minimundo.

Modelo Entidade-Relacionamento

Figura 4.3

Uma clínica médica necessita controlar as consultas médicas realizadas e marcadas pelos médicos a ela vinculados, acompanhar os pacientes atendidos e manter seu acompanhamento clínico. Para cada médico, a clínica mantém uma ficha com o número de CRM, seu nome, endereço, especialidade etc. Os pacientes têm cadastro com dados pessoais, como nome, endereço, data de nascimento, gênero etc. Toda consulta é registrada em fichário próprio, com as informações sobre médico e paciente, diagnóstico etc.

Quais são os objetos candidatos a entidades nesse ambiente em observação?

Observe com sua capacidade de abstração as coisas que existem no ambiente: médicos, pacientes, exames, consulta. Essas coisas que fazem parte do ambiente são entidades, pois podemos manter informações sobre elas, e são participativas na existência do ambiente. Cada uma delas tem significado próprio.

Se alguma coisa existente no ambiente negócio nos proporciona algum interesse em mantermos dados sobre essa coisa (informações armazenadas sobre ele), isso a caracteriza como uma entidade do negócio.

Cada entidade será, então, um elemento em nosso modelo conceitual de dados.

Uma entidade é a representação de uma classe de dados de um ambiente específico, um conjunto de informações de mesmas características. Cada ocorrência da coisa que representamos como uma entidade é chamada de instância e representa um conjunto particular desses dados.

Quando representamos classe de dados, atuamos em um nível de abstração de dados interpretado de acordo com o entendimento do meio, do ambiente em que nos localizamos e seus interesses e objetivos.

Figura 4.4

Uma instância de uma entidade não tem representação no DER, porém, devemos sempre visualizar em uma entidade a ocorrência de linhas de uma tabela relacional, uma vez que estamos realizando análise para o contexto lógico de banco de dados relacional.

Tabela 4.1 Médico e paciente

Médico

Data_da_Consulta	CRM_do_Medico	Identificacao_Paciente
22/04/1992	21113	João Pedro Lima
22/04/1992	21113	Clara Mathias
21/03/1991	14442	Luís Alberto Conde
31/03/1992	55555	Maria Luiza Andrade

Paciente

Endereco	Sexo	Idade
R. Silva Sá, 23/11	Masc.	33
R. Dias Melhores, 334/122	Fem.	18
Av. Arapanés, 4487/1915	Fem.	44
R. Botica do Ouvidor, 44/fundos	Masc.	29

Quando analisamos um ambiente, tiramos uma fotografia dele, que nos apresenta as entidades que participam ou estão naquele ambiente.

A representação gráfica de uma entidade em um DER é realizada por meio de um retângulo com o nome da classe de dados inserido em seu interior, conforme apresentamos na Figura 4.3.

Em uma visão simplista, entidade é similar a um arquivo de um sistema convencional, e é natural fazer essa correspondência: um conjunto de ocorrências de uma entidade corresponde a um arquivo e uma única ocorrência, que podemos denominar de linha, corresponde a um registro.

4.3 Relacionamentos

Relacionamento é a representação das associações existentes entre entidades no mundo real. Muitos relacionamentos não têm existência física ou conceitual, outros dependem da associação de outras entidades.

No mundo real, uma entidade raramente se apresenta isolada, tendo sua existência completamente independente de quaisquer outras. Normalmente, ocorre o contrário: é detectada a existência de uma associação entre as ocorrências de duas entidades distintas.

A conexão lógica entre duas ou mais entidades é definida como relacionamento, que é representado em um Diagrama Entidade-Relacionamento por meio de uma linha, unindo as entidades associadas, contendo ainda um losango com o nome do relacionamento (um verbo flexionado) ao centro.

Uma ocorrência em particular de um relacionamento é chamada de instância de relacionamento ou ocorrência. Um relacionamento é descrito em termos de grau, cardinalidade e existência.

O mais comum dos termos associados a um relacionamento é a indicação da cardinalidade entre as ocorrências das entidades relacionadas: um-para-um, um-para-muitos e muitos-para-muitos.

Como cardinalidade é um termo que não explicita muita coisa, utilizaremos a palavra conectividade, pois acreditamos que entender o conceito de conexão é mais simples. Alguma coisa se conecta a outra.

O nome do relacionamento normalmente é um verbo, pois é resultante de um fato que associa as entidades. Podemos dar dois nomes, digamos assim, a um relacionamento: um verbo para explicar o fato no sentido da entidade A para a entidade B, e outro verbo no sentido da entidade B para a entidade A, uma vez que a leitura de um relacionamento não possui um lado específico do modelo para ser realizada.

Figura 4.5

Entender relacionamentos e enxergar esses objetos (ter capacidade de enxergá-los), assim como sua participação no mundo real é fator primordial para o resultado de uma modelagem de dados com entendimento e retrato fiel do ambiente em análise.

Não devemos ter medo da provável complexidade de uma técnica e, sim, lembrarmo-nos de que nada mais é do que uma forma estruturada de representar as coisas que existem e ocorrem no mundo real, como sempre fizemos com papel e lápis desde a infância.

Dentro desse enfoque, relacionamento é um **fato**, acontecimento que liga dois objetos, duas coisas existentes no mundo real.

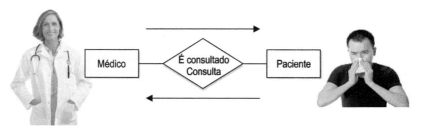

Figura 4.6

Considerando que estamos nos orientando para aplicações que serão desenvolvidas e administradas por um SGBD, poderíamos estender o conceito, principalmente para ambientes relacionais, como sendo relacionamento o fato que efetua a junção de duas ou mais tabelas de dados.

Vamos continuar a conceituação dos elementos de um modelo de dados ER, e depois voltamos ao entendimento e à identificação mais clara de relacionamento no mundo relacional.

4.4 Atributos

Atributos são as características de uma entidade que a descrevem detalhadamente.

Uma ocorrência específica de um atributo em uma entidade ou relacionamento denomina-se valor do atributo.

Os atributos representam propriedades elementares de uma entidade ou relacionamento. Cada atributo está associado a um domínio particular, que é um conjunto de valores válidos para o atributo.

Os atributos da entidade empregado, por exemplo, são normalmente a identificação do empregado, o nome, o endereço, o gênero, o telefone, o cargo e o salário.

A notação de Peter Chen apresenta o atributo como uma elipse, com o nome do atributo em seu interior e conectada à entidade a que pertence.

Figura 4.7

A simbologia utilizada por Rumbaugh em seu livro coloca uma lista de atributos dentro do retângulo da entidade, deixando sobre ele o nome da entidade. Essa é uma notação gráfica também interessante, entretanto, os produtos de software para modelagem de dados utilizam mais a notação IDEF1X e a notação da engenharia de informação, que veremos mais adiante neste livro.

Modelo Entidade-Relacionamento

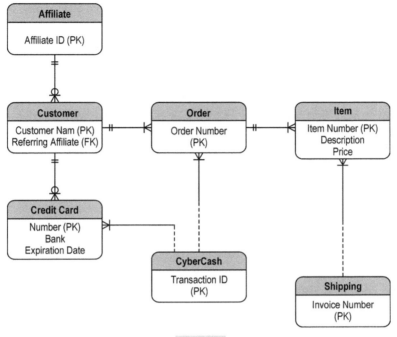

Figura 4.8

Existem dois tipos de atributo: identificadores e descritores.

Um identificador (chave) é usado unicamente para determinar a identificação de uma ocorrência de uma entidade. Em nosso ambiente relacional, equivale à chave primária. Observe que quando estamos executando o processo de abstração para identificar as entidades, não existem chaves primárias do tipo código.

Os atributos descritores (não chaves) são utilizados para descrever características não únicas de uma ocorrência particular da entidade. Por exemplo, no diagrama da entidade funcionário, o atributo chave, identificador de uma ocorrência de funcionário, é matrícula; endereço e nome são seus descritores.

Para ser uma entidade, todo objeto tem propriedades que são descritas por atributos e valores. Esses atributos e seus valores, juntos, descrevem as instâncias de uma entidade.

Tabela 4.2 Entidade: funcionário

Matricula	NomeFunc	DtAdmissao	Sexo
104	Carlos Pereira	02/03/2004	M
134	Jose Alves	23/05/2002	M
123	Pedro Sergio Doto	29/06/2003	M
22	Sergio Nogueira	10/02/2000	M

Vamos considerar que, em uma empresa, temos uma entidade, um objeto sobre o qual desejamos manter informações armazenadas, chamado funcionário.

O que descreve funcionário? Funcionário é descrito por um número de matrícula, um nome, sua data de admissão e seu gênero, como é representado na Tabela 4.2. Poderíamos, ainda, descrevê-lo com mais dados, como data de nascimento, valor de seu salário etc. Esses dados que caracterizam o objeto funcionário são os atributos inerentes à entidade funcionário.

Cada instância de funcionário, cada existência de um objeto da classe funcionário, será formada por valores nesses atributos. É o conjunto desses valores representados que devemos visualizar como uma linha de uma tabela de dados da entidade.

Os valores de determinados atributos, nas ocorrências dessa entidade, são sempre diferentes para cada instância, caracterizando que não existem objetos repetidos dentro de uma classe de objetos, isto é, dentro de uma entidade.

Esse atributo, cujo valor nunca se repete, sempre tem a função de atuar como identificador único da instância da entidade. Dentro da abordagem relacional de banco de dados, denomina-se essa propriedade como chave primária de uma tabela, conceito que vamos utilizar dentro de nosso contexto, quando realizarmos o modelo lógico de dados.

Esse conceito não foge de forma nenhuma do que acontece no mundo real, já que um objeto sempre possui uma forma de identificação unívoca.

Quando modelamos, independentemente de estarmos pensando em ambiente de banco de dados relacional, encontramos alguns atributos que são multivalorados, ou seja, acontecem mais de uma vez para cada ocorrência da entidade. Por exemplo, no caso de funcionário, poderíamos ter um atributo especialidades, ou habilidades, que seria mais de um para cada existência de funcionário.

Em um primeiro momento, vamos representar esses atributos em destaque com uma conexão de linha dupla com a entidade.

Apesar de afirmarmos a existência de atributos identificadores e descritivos, encontramos entidades que são derivadas de outras, tendo parte de seus atributos identificadores igual à de outra entidade.

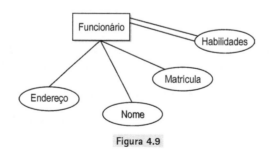

Figura 4.9

Essas entidades têm existência dependente, ou seja, somente existem se houver a entidade da qual possuem parte dos atributos identificadores. Exemplos claros desse caso são as entidades históricas em um negócio.

Modelo Entidade-Relacionamento

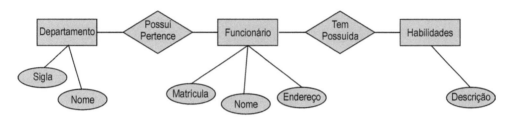

Figura 4.10

No caso da entidade funcionário, seria a existência de uma entidade história dos cargos ocupados por cada ocorrência de funcionário. Mas observe que isso é uma derivação, pois, inicialmente, esses cargos ocupados poderiam ser entendidos como um atributo multivalorado da entidade funcionário.

O objetivo é apresentar as formas de representação de um MER – representação que exemplifica entidades, relacionamentos e atributos.

Figura 4.11

4.5 Grau de relacionamento

O grau de um relacionamento é o número de entidades que participam dele.

 Existem três tipos básicos de grau de relacionamento – binário, ternário e e-nário –, que referem a existência de duas, três ou mais entidades envolvidas no fato que o relacionamento representa.

Um relacionamento binário acontece entre duas entidades, que é o fato mais comum de acontecer no mundo real.

Podemos ter também um relacionamento binário recursivo, construído por meio de conexões com a mesma entidade, acontecendo como se fossem duas coisas diferentes se relacionando na abstração, duas ocorrências da entidade se relacionando, se associando.

De um relacionamento ternário participam três entidades no mesmo fato. Um relacionamento e-nário é aquele do qual participam múltiplas entidades.

Essa teoria existe nos trabalhos de Peter Chen, porém, quando elevamos o nível de abstração, podemos observar que esse tipo de relacionamento não ocorre no mundo real. O que vamos estudar é a existência de relacionamentos dependentes de um relacionamento binário.

É impossível para o ser humano verbalizar um evento, um fato, um acontecimento de forma ternária. O que sempre interpretamos em uma realidade é um acontecimento como consequência de outro. Logo, não recomendamos nem vamos estudar relacionamentos ternários e múltiplos detalhadamente e, sim, com poucas apresentações, pois podemos perfeitamente explicá-los e utilizá-los por meio da teoria dos relacionamentos dependentes (agregações), como veremos mais adiante.

Figura 4.12 Relacionamento binário.

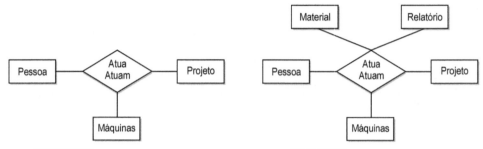

Figura 4.13 Relacionamento ternário. **Figura 4.14** Relacionamento e-nário.

Uma entidade pode estar envolvida em indeterminado número de relacionamentos, assim como podemos ter mais de um relacionamento entre duas entidades, se efetivamente as duas participam de fatos ou acontecimentos distintos, ou essas associações representam formas diferentes de associação entre as suas ocorrências.

4.6 Conectividade de um relacionamento

A conectividade descreve as restrições no mapeamento das associações existentes entre as ocorrências de entidades em um relacionamento. Os valores de conectividade estão sempre entre um ou muitos em um dos lados do relacionamento, da mesma forma que vimos no Capítulo 2 sobre abstração em modelagem de dados.

A ocorrência de uma entidade associa-se, conecta-se a uma ocorrência de outra entidade, ou a muitas ocorrências dessa outra entidade.

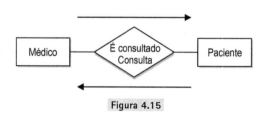

Figura 4.15

Modelo Entidade-Relacionamento

Tabela 4.3

CRM Médico	Nome Médico	Especialidade
21113	Luis Paulo Carvalho	Pediatria
21113	Pedro Estevão	Ginecologista
51024	Mauricio Abreu	Neurologia
76004	Simone Almeira	Cardiologia

Nome Paciente	Endereço Paciente	Sexo
Júlio Adamastor	R. Silva Sá, 23/11	Masc.
Carmem Milhor	R. Dias Melhores, 334/122	Fem.
Sandra Chu Li	Av. Arapanés, 4487/1915	Fem.
Álvaro Medeiros Sá	R. Botica do Ouvidor, 44/fundos	Masc.
Paulo Alengui	Trav. das Camélias, 661	Masc.

Observe que não é necessário que todas as ocorrências de uma entidade estejam associadas, conectadas a alguma ocorrência da outra entidade. Podem existir ocorrências em uma entidade que não possuem nenhum relacionamento com ocorrências da outra entidade.

Um relacionamento possui sempre essa característica básica chamada conectividade ou cardinalidade. A conectividade de um relacionamento consiste na especificação do sentido da associação entre as entidades envolvidas.

Figura 4.16

Por exemplo, lendo o relacionamento no sentido de funcionário para departamento, um funcionário pertence sempre a, no mínimo, um e, no máximo, um departamento, ou seja, é obrigatório que exista, para uma ocorrência específica da entidade funcionário, apenas uma ocorrência da entidade departamento associada.

Por outro lado, no sentido de departamento para funcionário, para um determinado departamento é possível que existam vários funcionários relacionados: mais de uma ocorrência da entidade funcionário refere-se à mesma ocorrência da entidade departamento. Dizemos, nesse caso, que a cardinalidade do relacionamento "Pertence" é de 1:N (um-para-muitos) – este é o grau de conectividade ou cardinalidade de um relacionamento.

Vejamos, então, as conectividades existentes em um modelo de dados.

4.6.1 Conectividade um-para-um

Quando, entre duas entidades, temos um relacionamento em que cada ocorrência da entidade A se associa ou relaciona com uma e somente uma ocorrência da entidade B e cada ocorrência da entidade B se relaciona com uma e somente uma ocorrência da entidade A, temos um relacionamento com conectividade um-para-um (1:1).

Figura 4.17

A representação no diagrama é realizada pela inserção do número 1 de cada lado do relacionamento, e deve ser lido da seguinte forma:

- um departamento é gerenciado por um e somente um funcionário;
- um funcionário gerencia um e somente um departamento.

Observe que colocamos dois verbos para explicar esse relacionamento, permitindo a leitura nos dois sentidos.

Vamos buscar outro exemplo de conectividade de um-para-um:

- um computador possui um e somente um teclado conectado a ele;
- um teclado está ligado a um e somente um computador.

Figura 4.18

No mundo real, e principalmente no ambiente de negócios de uma empresa, que normalmente é onde modelamos, são raros os casos de relacionamento de conectividade um-para-um, porém a Lei de Murphy sempre aparece.

4.6.2 Conectividade um-para-muitos

É a conectividade mais comum no mundo real e no mundo dos negócios, além de ser a mais utilizada na solução de modelo de dados. Ela acontece quando uma ocorrência da entidade A se associa ou conecta a mais de uma ocorrência da entidade B, visto que a ocorrência da entidade B está conectada a uma e somente uma ocorrência da entidade A.

Vejamos alguns exemplos:

- Um pedido de venda de um cliente tem vários produtos.

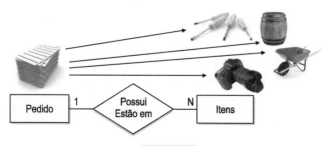

Figura 4.19

Modelo Entidade-Relacionamento

A análise e a interpretação de um relacionamento de um-para-muitos devem ser muito cuidadosas, pois é comum observarmos analistas interpretarem como um-para-muitos relacionamentos que, em verdade, são de muitos-para-muitos.

Observe a Figura 4.20, que apresenta dois domínios relativos a duas entidades.

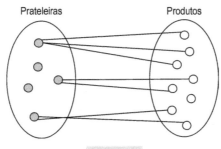

Figura 4.20

Vamos considerar que temos uma entidade prateleira em nosso escritório. Os nossos produtos são guardados nessas prateleiras.

Cada prateleira pode ter vários produtos e, como somos organizados, um produto sempre está somente em uma prateleira.

Sempre temos uma leitura em dois sentidos para validar que esse relacionamento seja efetivamente de um-para-muitos.

Cada ocorrência da entidade prateleira pode estar conectada a muitas ocorrências da entidade produto. Entretanto, cada ocorrência da entidade produto somente está conectada a uma e somente uma ocorrência da entidade prateleira.

Vamos analisar agora os relacionamentos que são de conectividade muitos-para-muitos, utilizando a mesma situação, porém considerando que somos muito desorganizados e colocamos um produto em mais de uma prateleira.

4.6.3 Conectividade muitos-para-muitos

Agora, nos dois sentidos de leitura, encontramos a conectividade de um-para-muitos. Uma prateleira possui muitos produtos e um produto pode estar em muitas prateleiras.

Quando encontramos nos dois sentidos de leitura a conectividade de um-para-muitos, temos, então, o que se denomina de conectividade muitos-para-muitos. Um relacionamento com essa conectividade é normalmente um fato, acontecimento de negócios no mundo real.

Vejamos mais alguns exemplos. Essa conectividade é muito comum em negócios. Uma nota fiscal tem muitos produtos, e um produto pode estar em muitas notas fiscais. Este é um fato corriqueiro em qualquer empresa.

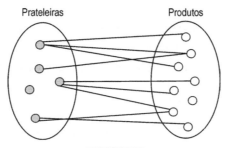

Figura 4.21

Neste caso, podemos afirmar que é um relacionamento muito-para-muitos, pois, antecipadamente, realizamos a leitura nos dois sentidos e encontramos nos dois a mesma conectividade de um-para-muitos.

Figura 4.22

Vamos abstrair e procurar no ambiente doméstico um relacionamento muitos-para-muitos. Pensando em uma pessoa fanática por Fórmula 1, vamos analisar esta situação: o campeonato de Fórmula 1 tem muitas corridas durante o ano. As equipes que disputam o campeonato possuem muitos carros, pilotos e mecânicos, e esses carros e pilotos participam normalmente de todas as provas do campeonato.

Que modelo de dados podemos obter deste fato?

Figura 4.23

Também, neste caso, nos dois sentidos de leitura, confirmamos a existência desse tipo de conectividade: cada carro de Fórmula 1 participa de muitos Grandes Prêmios (GP). De um GP participam muitos carros de Fórmula 1.

Figura 4.24

Nos dois sentidos obtivemos uma conectividade de um-para-muitos, que caracteriza um relacionamento de conectividade muitos-para-muitos.

4.7 Atributos em um relacionamento

Como estamos atuando no nível conceitual, temos a obrigação de observar que, nesse tipo de relacionamento de muitos-para-muitos, normalmente ocorre a presença de atributos.

No caso das corridas de Fórmula 1, temos um atributo que é a posição de chegada de um carro, o tempo que levou para completar a prova, quantas voltas realizou (pode ser que tenha abandonado), só para ilustrar alguns atributos.

Por que esses atributos são do relacionamento? Analisando, entendemos que o relacionamento representa o fato de um carro participar de um Grande Prêmio. Não são informações somente do GP, tampouco somente de um carro. São referentes à participação do carro em um GP, logo, são dados do relacionamento.

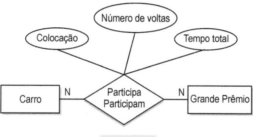

Figura 4.25

Atributos são normalmente assinalados em relacionamentos muitos-para-muitos. Nunca assinalamos atributos em relacionamentos um-para-um e em relacionamentos um-para-muitos porque, no sentido de leitura de um relacionamento desse tipo, sempre temos um lado que tem somente um elemento relacionado, e seria ambíguo colocarmos o atributo no relacionamento em vez de colocarmos na entidade. Por exemplo, no relacionamento entre funcionários e departamentos:

Figura 4.26

Poderíamos dizer que o atributo data de início de atividades pertence ao relacionamento, pois o funcionário começou a trabalhar em um departamento em determinada data. Como ele somente trabalha em um departamento e cada ocorrência de funcionário possui sua data de início em um departamento, essa data é um atributo de funcionário.

Se essa data se referisse à data de início de atividades do departamento, ela seria referente a uma ocorrência de departamento, assim, também não seria do relacionamento.

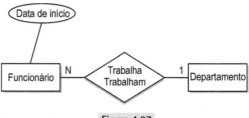

Figura 4.27

Sempre que temos relacionamentos de um-para-um ou um-para-muitos, os atributos que possam existir em decorrência do fato são elementos de descrição de uma das duas entidades.

4.8 Opcionalidade de relacionamento

Analisando o modelo funcionário e departamento, vamos verificar a validade de algumas afirmativas:

- Todo funcionário trabalha em um departamento?
- Todo departamento tem funcionários?

Com base nas duas afirmativas, podemos dizer que nem todo departamento necessita ter funcionários, logo, o relacionamento de departamento no sentido de leitura para funcionário é opcional. Isso quer dizer que podemos ter uma ocorrência de departamentos sem funcionários, ou seja, ainda não foram alocados funcionários para eles.

Como representar essa opcionalidade? Essa situação indica que a conectividade mínima é igual a 0 (zero). Um pequeno círculo no lado que existe a opcionalidade faz essa representação:

Figura 4.28

- em um departamento trabalha nenhum, ou muitos funcionários;
- um funcionário trabalha em, no mínimo, um departamento.

4.9 Condicionalidade de um relacionamento

Um relacionamento pode ser condicional ou ter restrições, ou seja, podemos ter um modelo em que uma entidade se relacione com outras duas, porém com cada uma exclusivamente. Vejamos uma situação para exemplificar:

Modelo Entidade-Relacionamento

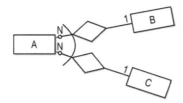

Figura 4.29

A entidade A se relaciona com a entidade B ou com a entidade C.

Isso quer dizer que cada ocorrência da entidade A pode se relacionar com uma ocorrência da entidade B ou, então, com uma ocorrência da entidade C, sendo esse relacionamento mutuamente exclusivo, isto é, não é possível existir um relacionamento com as duas ocorrências das entidades B e C.

Uma tarefa "indica" um projeto interno, senão ela "é para" um projeto externo.

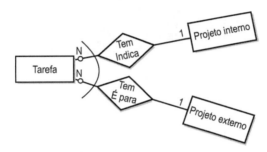

Figura 4.30 Relacionamento mutuamente exclusivo.

Quando estudarmos os conceitos de generalização e especialização de entidades, vamos entender melhor quando acontecem esses casos.

4.10 Relacionamentos reflexivos

São os relacionamentos que acontecem entre as ocorrências de uma mesma entidade. Normalmente, esses relacionamentos representam algum sentido de hierarquia. Por exemplo, a entidade funcionários representa todos os funcionários de uma empresa. Alguns desses funcionários gerenciam outros funcionários - este é um autorrelacionamento, pois ocorre dentro da mesma entidade.

Observe a representação:

Figura 4.31

Os relacionamentos reflexivos podem ter qualquer uma das três possibilidades de conectividade: um-para-um, um-para-muitos e muitos-para-muitos.

Quando utilizamos estruturas que representam algum tipo de composição de algo, a conectividade é muitos-para-muitos. Um computador, por exemplo, é entregue como composto por quatro produtos: monitor, CPU, teclado e mouse.

Vamos supor que temos uma entidade produto e, nas suas ocorrências, temos todos os produtos de nossa empresa, inclusive os que são compostos por outros produtos. Como representar essa composição? Por meio de um relacionamento reflexivo de muitos-para-muitos.

Figura 4.32

O relacionamento em si tem os atributos que identificam qual é o produto composto e qual é o produto que está participando de uma composição, assim como a quantidade com que ele participa. São ocorrências distintas na mesma entidade.

A pergunta que você deve fazer é se todos os componentes de um produto composto estão em uma ocorrência do relacionamento. A resposta é não. Cada componente forma uma ocorrência do relacionamento; logo, se um produto é formado por dez outros produtos, existirão dez ocorrências no relacionamento, indicando cada uma dessas ocorrências do produto composto e um dos componentes.

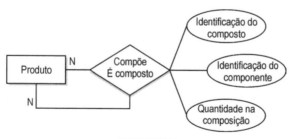

Figura 4.33

Peter Chen especifica a existência de um papel para cada elemento de entidade, participante de um relacionamento, mas é no autorrelacionamento ou relacionamento reflexivo que isso se torna mais evidente e necessário.

Usualmente, esses papéis são denominados **ALIAS**.

Modelo Entidade-Relacionamento

Tabela 4.4

Código Produto	Descrição	Código Composto	Código Componente	Quantidade Componente
3758	Parafuso	5532	3758	10
8596	Rosca	5532	4512	22
4512	Arruela	5532	8596	14
5532	Bloco	7626	3758	65
7626	Carburador	7626	4512	70

Para obter uma visão dos dados do relacionamento, vamos apresentá-lo no formato tabela.

Isso denota que o relacionamento reflexivo de conectividade muitos-para-muitos implica em uma estrutura de dados para ele, ou seja, ele possui dados da mesma forma que uma entidade.

Na estrutura de atributos do relacionamento existem dois papéis: o papel de produto composto e o papel de produto componente.

4.11 Resolução de relacionamentos muitos-para-muitos

A interpretação de um relacionamento muitos-para-muitos pode variar na análise do minimundo que estamos modelando. Entretanto, podemos conciliar esses casos por meio do que denominamos resolver o relacionamento muitos-para-muitos.

Todo relacionamento muitos-para-muitos pode ser entendido como uma entidade. Essas entidades denominam-se associativas, pois elas representam um fato, um relacionamento muitos-para-muitos.

Considerando os modelos vistos até o momento, as alternativas são as seguintes: no caso de autorrelacionamento, ou relacionamento reflexivo de muitos-para-muitos que apresentamos, a inclusão da entidade composição tem o mesmo efeito de representatividade que o relacionamento reflexivo.

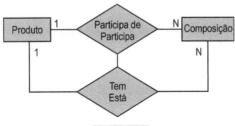

Figura 4.34

Observe a leitura do modelo:

- um produto (componente) participa de 'n' ocorrências de composição;
- cada ocorrência de composição participa de um produto (componente);
- cada produto (composto) está em 'n' ocorrências de composição;
- cada ocorrência de composição tem um produto (composto).

No caso de relacionamentos reflexivos como este, são substituídos por dois relacionamentos um-para-muitos.

Observe a Tabela 4.5, idêntica ao relacionamento para um melhor entendimento:

Tabela 4.5 Entidade associativa

Código Composto	Código Componente	Quantidade Componente
5532	3758	10
5532	4512	22
5532	8596	14
7626	3758	65
7626	4512	70

- o produto 5532 (composto) ESTÁ na entidade associativa mais de uma vez, logo, ele está relacionado "N" vezes com a entidade composição;
- cada ocorrência de composição TEM somente UM produto composto;

Tabela 4.6

Código Composto	Código Componente	Quantidade Componente
5532	3758	10
5532	4512	22
5532	8596	14
7626	3758	65
7626	4512	70

- o produto 3758 aparece mais de uma vez na entidade composição, logo, UM produto participa de "N" composição;
- cada ocorrência da entidade composição tem UM produto (componente).

Peter Chen usa um formato de diagramação para representar os papéis, o que deixa um pouco mais clara essa definição do modelo.

Modelo Entidade-Relacionamento

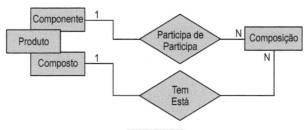

Figura 4.35

Vamos ver o caso do exemplo que apresentamos de nota fiscal e produtos:

Figura 4.36

Poderia ser resolvido também como:

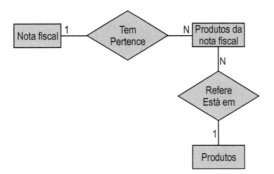

Figura 4.37

Agora, procure visualizar como são os dados da entidade produtos da nota fiscal:

Tabela 4.7

Nota Fiscal	Produto	Quantidade
2585999	Mouse	2
2585999	Teclado	5
2586000	Tela para monitor	10
2586001	CD-RW	20
2586001	Mouse	5

- toda ocorrência de produtos da nota fiscal tem um produto;
- todo produto pode estar em mais de um produto da nota fiscal;

- uma nota fiscal pode estar em mais de um produto da nota fiscal;
- toda ocorrência de produtos da nota fiscal tem uma nota fiscal.

Vamos exercitar um pouco a descoberta de entidades e relacionamentos, assim como descobrir os atributos das entidades e relacionamentos. Para esse exercício, vamos utilizar um minimundo, cuja descrição é:

Existem empresas identificadas pelo respectivo número de contribuinte (número do CNPJ). Adicionalmente, são caracterizadas por um nome e um segmento de negócio. Cada empresa tem uma sede e zero, uma ou mais filiais. Tanto a sede quanto as filiais têm um endereço e um único número de telefone cada uma. Os empregados das empresas são identificados por uma matrícula de empregado. São ainda caracterizados pelo respectivo nome, endereço e data de nascimento. Cada empregado trabalha apenas em um local (sede ou filial); no seu local de trabalho, existe um número de telefone direto.

Bem, vamos observar o que é candidato ou quais são as entidades existentes nesse contexto.

Seguindo um critério de que substantivos indicam entidades, temos neste caso:

- empresa;
- filial;
- número de contribuinte;
- número de telefone;
- endereço;
- empregados;
- matrícula de empregado;
- local de trabalho.

Nesta lista, temos dois substantivos compostos que indicam atributos de alguma entidade e não propriamente entidades, pois não têm existência própria: número de telefone e matrícula de empregado.

Analisando um pouco mais, podemos concluir que endereço é uma propriedade de algo, também não tem existência própria; logo, deve ser atributo de alguma entidade e não uma entidade. Local de trabalho também é composto e claramente caracteriza-se como uma propriedade de uma entidade e uma entidade em si.

Logo, existem três entidades neste contexto:

Figura 4.38

Vamos analisar os atributos de cada uma dessas entidades para que possamos entender do minimundo.

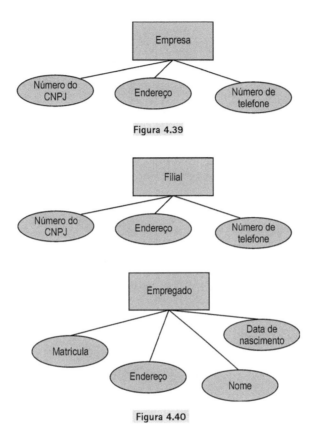

Figura 4.39

Figura 4.40

Após termos identificado as entidades que compõem o contexto do aplicativo que estamos projetando, a próxima etapa consiste na definição dos relacionamentos que existem entre as entidades e que interessam aos propósitos. No momento em que obtivermos o domínio dos relacionamentos e entidades, poderemos traçar um primeiro DER, que servirá de base para as etapas seguintes.

Uma vez que temos as entidades definidas para o caso, vamos analisar os verbos que existem no minimundo e quais fatos descritos podem caracterizar a existência de relacionamentos no modelo de dados.

"Cada empresa possui uma sede e zero, uma ou mais filiais."

Aqui, temos a visão de que existe um relacionamento entre empresa e filial, e ainda está indicada a conectividade (cardinalidade) desse relacionamento e sua opcionalidade.

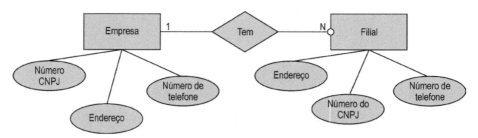

Figura 4.41

O diagrama agora já apresenta estas duas entidades com o seu relacionamento.

Seguindo, devemos analisar com quem a entidade empregado se relaciona, porém um detalhe até o momento chama a atenção: empresa e filial têm os mesmos atributos.

Não são uma única entidade? Ser filial ou sede não será um atributo, uma propriedade dessa entidade?

Figura 4.42

Vejamos se esta solução não é plausível:

- quando a empresa for sede, o atributo sede ou filial indicará um valor 'sede';
- quando for uma filial, o valor do atributo será 'filial'.

Dessa forma, conseguimos simplificar um pouco o nosso modelo, porém, como devemos saber quem é filial de quem, vamos colocar um relacionamento reflexivo no modelo.

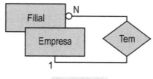

Figura 4.43

Voltando ao raciocínio de continuidade, qual é o relacionamento entre empregado e a entidade empresa?

> "Cada empregado trabalha apenas em um local (sede ou filial);
> no seu local de trabalho tem um número de telefone direto."

Modelo Entidade-Relacionamento

Logo, temos um relacionamento. Resolvendo, temos:

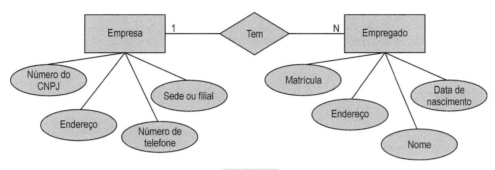

Figura 4.44

Porém, ainda falta alguma coisa para que este modelo fique correto:

"............................ no seu local de trabalho tem um número de telefone direto."

Esse atributo de o empregado ter um telefone em seu local de trabalho não está visível no modelo até o momento, pois não é o telefone da empresa. Logo:

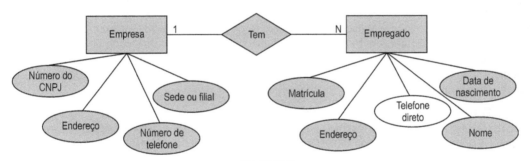

Figura 4.45

Vamos agora apresentar o modelo completo segundo a notação de Peter Chen.

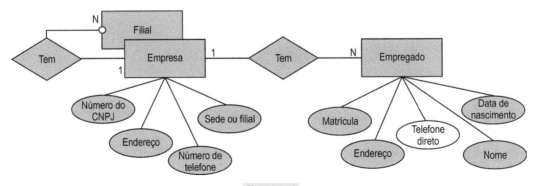

Figura 4.46

Ao analisarmos o contexto, devemos ter em mente uma forma de pensar ER. Logo, algo que não requeira pelo menos dois atributos para o descrever provavelmente não caracterizará uma entidade e, sim, um atributo de alguma outra entidade, ou será simplesmente uma variável do contexto.

É importante estabelecermos alguns princípios para que obtenhamos (a partir de levantamentos e entrevistas com os usuários e na construção do minimundo) as entidades de interesse para a aplicação que está em projeto.

O usuário sempre se refere a processo quando descreve uma realidade na qual estão situadas suas atividades.

Pense e lembre que o modelo de dados não é fluxograma; assim, não tem começo nem fim. Esteja atento a referências a substantivos, pois pode ser a indicação de uma entidade.

4.12 Entidade fraca ou dependente

É uma entidade que não possui existência própria individualizada no ambiente sem que seja dependente da existência de uma entidade dita forte à qual ela está relacionada.

A entidade fraca, no modelo lógico, não possui chave primária, pois é uma entidade subordinada. Para formarmos a chave primária de uma entidade fraca, utilizamos a chave primária da entidade forte, da qual ela é existencialmente dependente, mais o conjunto mínimo de atributos que possa identificar uma entidade em um conjunto de entidades fracas. Por exemplo, no relacionamento que apresentamos entre as entidades funcionário e histórico de cargos, podem ser modeladas, respectivamente, como entidades forte e fraca. Isso porque a entidade funcionário (matrícula, nome, endereço) tem, por natureza, atributos que são chaves candidatas e, por consequência, possui uma chave primária.

Já a entidade histórico de cargos (data, cargo) não possui um conjunto de atributos que possa identificar cada uma de suas instâncias. Assim, para montarmos a chave primária de histórico de cargos, usamos a chave primária da entidade funcionário, definindo a entidade histórico de cargos (matrícula, data, cargo).

4.12.1 Como reconhecer entidades na prática

Observe a seguir uma lista de perguntas úteis para identificar entidades em um contexto:

- ► Que coisas são trabalhadas?
- ► O que pode ser identificado por número, código?
- ► Essa coisa tem atributos? Esses atributos são relevantes, pertinentes?
- ► Essa coisa pode assumir a forma de uma tabela?
- ► É um documento externo (recibo, fatura, nota fiscal)? Se sim, é forte candidato à entidade.
- ► Tem significado próprio?

Modelo Entidade-Relacionamento

- Qual é a entidade principal do contexto? Dicas:
  - substantivos que não possuem atributos podem ser atributos de outras entidades;
  - adjetivos colocados pelos usuários normalmente indicam atributos de uma entidade;
  - verbos indicam prováveis relacionamentos;
  - advérbios temporais indicam prováveis atributos de um relacionamento.
- Procure sempre visualizar a entidade principal do contexto sob análise.
- Entidades cujo nome termine por "ento" ou por "ão" geralmente são procedimentos.

4.12.2 Como reconhecer relacionamentos

Após obter e identificar as entidades que compõem o contexto de aplicativo que estamos projetando, a próxima etapa consiste na definição dos relacionamentos que existem entre as entidades e que interessam aos nossos propósitos.

No momento em que obtivermos o domínio dos relacionamentos e das entidades, poderemos traçar um primeiro diagrama ER, que servirá de base para as etapas seguintes.

Dicas para reconhecer e inserir relacionamentos no modelo:

- O relacionamento é necessário?
- Ele é útil?
- É redundante?
- Se redundante, retirar?
- Qual é a sua finalidade? (Documentar)
- Verbos indicam possíveis relacionamentos.
- Analisar sempre as entidades aos pares.

Veja que a notação de Peter Chen é interessante e bastante expressiva, porém, quando temos modelos com grande quantidade de entidades e relacionamentos, o espaço ocupado no diagrama pela representação desse relacionamento torna o modelo sensivelmente confuso, com muitos cruzamentos de linha, e complicado de ser lido apesar da expressividade dos relacionamentos por meio de losangos.

As ferramentas CASE de mercado não disponibilizam esse tipo de notação para Diagramas de Entidade-Relacionamento. A maior parte delas utiliza a notação da engenharia de informações, mais conhecida e divulgada.

Vamos, então, apresentar nesse ponto como é essa notação, para que possamos seguir utilizando-a neste livro.

Chamada de notação da engenharia de informações ou notação James Martin, para a engenharia de informação (método de desenvolvimento de sistemas de informação) foi definida a seguinte notação gráfica para o que apresentamos até o momento:

Tabela 4.8 Comparativo entre notação Peter Chen e engenharia de informação

Conectividade	Engenharia de Informação	Peter Chen
1:1	———————	—◇—
1:N	———————<	1 —◇— N
N:N	>——————<	N —◇— N
Existência		
Obrigatório	————————H<	1 —◇— N
Opcional	>- - - - - -<	1 —◇— N○

É simples trabalhar com esse tipo de notação, principalmente se perdermos o foco na expressão do relacionamento, que pode ser escrita sobre a linha do relacionamento.

Mais importante do que descobrir e relacionar os atributos de cada entidade, é assinalar as entidades e seus relacionamentos independentemente de atributos quando trabalhamos com modelos conceituais.

Deixe para um segundo momento a análise de atributos.

Outro detalhe na engenharia de informação é que a notação, que é a entidade, é representada da mesma forma que a notação de Peter Chen, quando tratamos somente da entidade. Entretanto, quando modelamos a entidade de atributos, essa notação passa a ser muito parecida com a de Rumbaugh. Vejamos como fica o modelo com essa notação:

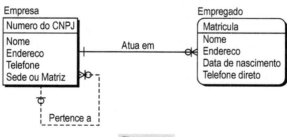

Figura 4.47

Para continuarmos a fixar o apresentado até este ponto do livro, vamos estudar outra situação de contexto e realizar o modelo de dados necessário à sua solução.

4.12.3 Distribuidora de filmes

Vamos projetar um modelo de dados que atenda às necessidades de controle dos cinemas e dos filmes em uma empresa de distribuição de filmes:

- A empresa de distribuição possui vários cinemas em diversas localidades.
- Cada cinema possui uma identificação única (código do cinema), um nome fantasia, um endereço completo (incluindo rua/avenida, bairro, município e estado) e sua capacidade de lotação.
- Os filmes podem ser dos mais variados tipos e gêneros.
- Os cinemas apresentam filmes durante a sua existência. Cada apresentação de filme tem uma data de início de uma data de fim de exibição, que corresponde ao último dia do filme em cartaz.
- Cada filme é registrado com um título original, e se for estrangeiro, possuirá também o título em português, o gênero, sua duração, sua impropriedade (faixa etária adequada) e seu país de origem, bem como informações sobre os atores que compõem seu elenco e seu diretor.
- Existirá um único diretor para cada filme.
- Um filme pode ser exibido simultaneamente em vários cinemas de diversas localidades.
- Os atores de um filme podem, obviamente, atuar em diversos filmes, assim como o diretor de um filme pode também ser ator nesse filme ou, mais ainda, ser ator em outro filme. Em cada filme, o ator representa um papel ou personagem. Um ator tem as seguintes características: nome, nacionalidade, gênero e idade.

Seguindo as dicas para identificação de entidades, temos, neste contexto, as seguintes entidades:

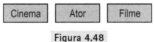

Figura 4.48

Observando os critérios no texto que define o minimundo, encontramos os substantivos:

- Cinema, Ator, Filme.

Estes elementos têm significado próprio, portanto, podem ser caracterizados como entidades. Filme tem uma série de atributos que o caracterizam, além do que podemos visualizar – existem muitas ocorrências de filme em nosso caso. Cinema, da mesma forma, já tem atributos próprios que o caracterizam, além de ser fácil imaginar a existência de diversos cinemas. O mesmo critério vale para ator.

Vamos analisar e descobrir os relacionamentos existentes por pares de entidades: cinema e filme têm algum relacionamento entre si? A resposta correta é sim, pois cinema exibe filme. Assim, temos um relacionamento existente entre cinema e filme.

Representando pela notação de Chen:

Figura 4.49

Porém, temos agora que determinar a conectividade desse relacionamento. Um cinema exibe quantos filmes? Quantos filmes você lembra que foram exibidos em um cinema perto de sua residência?

Um modelo de dados é espacial em relação a tempo. As entidades e os relacionamentos não são temporais; eles devem ser analisados em um espaço de tempo indeterminado. As ocorrências do relacionamento são temporais, mas o relacionamento não – ele é espacial. Logo, um cinema exibe muitos filmes, mas, lendo esse relacionamento no sentido contrário de filme para cinema, o que obtemos? Um filme é exibido em quantos cinemas? Em muitos, é claro! Então, um filme é exibido em muitos cinemas.

Isso faz com que nosso modelo seja o seguinte, conforme a notação de Peter Chen:

Figura 4.50

Ou na notação de engenharia de informação:

Figura 4.51

Agora, vamos analisar se existe algum relacionamento entre filme e ator. Como diz o texto:

"Os atores de um filme podem, obviamente, atuar em diversos filmes..."

Logo, o relacionamento de ator é com filme, pois, na vida real, sabemos que os atores não estão no cinema e, sim, nos filmes aos quais assistimos. Claro que eventualmente eles podem aparecer no cinema (vão assistir a uma estreia, por exemplo), mas não é nesse contexto que estamos trabalhando.

Então, temos:

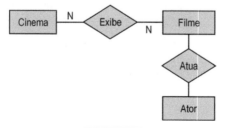

Figura 4.52

Modelo Entidade-Relacionamento

Devemos, agora, descobrir a conectividade entre a entidade ator e a entidade filme.

"Os atores de um filme podem, obviamente, atuar em diversos filmes..."

A afirmação do contexto é clara, e podemos concluir pela vida real que um filme também tem vários atores, apesar de existirem monólogos. Logo, nosso modelo agora fica com o seguinte conteúdo:

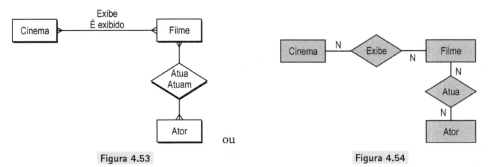

Figura 4.53   ou   Figura 4.54

Podemos, agora, analisar se existe mais alguma entidade nesse contexto. Seria diretor uma entidade?

"Existirá um único diretor para cada filme."

Com esta afirmativa, podemos concluir que cada ocorrência de filme tem uma informação de diretor e um diretor pode estar informado em mais de uma ocorrência de filme, já que sabemos, no mundo real, que vários filmes são dirigidos pelo mesmo diretor.

Isso caracteriza que diretor, até o momento, é um atributo de cada ocorrência de filme, não se caracterizando como uma entidade com significado próprio, pois ainda não conseguimos determinar atributos claros que o descrevam.

Vamos colocar atributos nesse modelo para deixá-lo mais legível.

Para cinema temos:

"Cada cinema possui uma identificação única (código do cinema), um nome fantasia, um endereço completo (incluindo rua/avenida, bairro, município e estado) e sua capacidade de lotação."

Figura 4.55

Para filmes temos:

"Cada filme é registrado com um título original, e se for filme estrangeiro, possuirá também o título em português, o gênero, sua duração, sua (faixa etária adequada) e seu país de origem, informações sobre os atores que compõem seu elenco e o seu diretor."

As informações sobre os atores de um filme, ou seja, quem participa do filme, podem ser colocadas no relacionamento entre os dois, uma vez que é um relacionamento de muitos-para-muitos.

Figura 4.56

Para ator temos:

"Um ator possui as seguintes características: nome, nacionalidade, gênero e idade."

Entretanto, podemos analisar a afirmativa seguinte e considerar que diretor tem os mesmos atributos de ator, pelo menos até o momento.

Figura 4.57

Concluindo o que apresentamos até este ponto do livro, esse seria o modelo obtido do ponto de vista conceitual. Esse modelo de dados deve ser considerado conceitual inicial, pois existem extensões do MER que podem ser aplicadas a ele.

Para que ele fique mais claro, vamos resolver os relacionamentos muitos-para-muitos.

"Cada apresentação de filme tem uma data de início e uma data de fim de exibição, que corresponde ao último dia do filme em cartaz."

Esta afirmação caracteriza atributos do relacionamento exibe. Logo, data de início e data de fim são atributos da entidade associativa exibe que vai substituir o relacionamento muitos-para-muitos.

Figura 4.58

Vamos analisar o relacionamento entre ator e filme, que também é muitos-para-muitos.

"Em cada filme, o ator representa um papel ou personagem."

Figura 4.59

Logo, temos um atributo que é do relacionamento entre ator e filme, que será agora da entidade associativa que denominaremos de elenco de filme.

Mas como temos de associar e saber quem é o ator e qual é o filme, vamos colocar um par desses dados em cada ocorrência de elenco para ficar claro quem é quem.

Modelo Entidade-Relacionamento

Nosso modelo, então, fica completo até o momento:

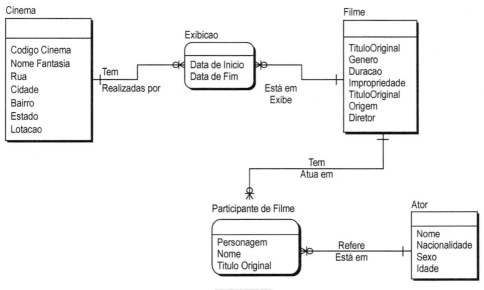

Figura 4.60

Esse modelo não pode ainda ser considerado definitivo, pois existem extensões ao MER proposto por Peter Chen, as quais podem ser aplicadas a esse modelo, deixando efetivamente mais claro e correto. No Capítulo 5, vamos estudar essas extensões.

Atividades de fixação

Realize o Diagrama Entidade-Relacionamento para os contextos apresentados.

1. Academia de ginástica

Os clientes podem frequentar quantas aulas desejarem. As aulas são identificadas por um número sequencial relativamente à modalidade e são caracterizadas por nível de dificuldade, professor e sala.

Figura 4.61

Os professores são identificados pelo nome, pelo sobrenome e pelo telefone. Sobre os alunos, são conhecidos o nome, a idade, o gênero, a instituição (caso pertença a uma instituição que o beneficie de desconto) e o telefone.

2. Empresa de transportes

Uma companhia de transportes é responsável por transportar encomendas de um conjunto de armazéns até um conjunto de lojas de uma cadeia. Atualmente, existem seis armazéns e 45 lojas.

Um caminhão pode transportar várias encomendas em cada viagem, identificada por um número de viagem, descarregando em diferentes lojas. Cada encomenda é identificada por um número e inclui a data da encomenda, o peso, o destino etc.

Os caminhões têm diferentes capacidades, relativas ao volume ou ao peso que podem transportar. A empresa de transportes conta com 150 caminhões e cada caminhão tem a capacidade de fazer três a quatro viagens por semana.

Pretende-se projetar um banco de dados, utilizado por ambas as empresas, que mantenha a informação sobre a utilização dos caminhões e a distribuição de encomendas, e que possa auxiliar na definição dos horários de distribuição.

Figura 4.62

3. Revenda de veículos

A concessionária AutoStand, que comercializa veículos novos e usados, deseja um banco de dados para gerir sua informação, que descreveu da seguinte forma:

Sobre o veículo:

- Matrícula (identificador).
- Marca e modelo (tabela).
- Data de matrícula.
- Tipo de veículo: esportivo, passeio, utilitário, transporte de mercadorias etc. (tabela).
- Cor (tabela).

- Localização: indicação do local do veículo (que pode ser um estande, um armazém ou uma oficina) (tabela).
- Data de entrada na AutoStand.
- Indicação de novo ou usado.
- Cilindrada.
- Potência.
- Quilometragem.

Figura 4.63

Sobre o cliente:

- Nome, endereço, localidade, telefone, CPF, RG.
- Classificação como regular ou frotista.
- Vendedor associado.

Sobre o fornecedor e proprietário anterior:

- Nome, endereço, localidade, telefone, e-mail, CPF, RG.

Sobre os tipos de custos:

- Custos associados ao veículo (funilaria, pintura, eletricista, combustível, transporte, despesas de legalização, despesas de importação, manutenção etc.)

Sobre os valores:

- Valor de compra do veículo.
- Indicação do valor pelo qual se pretende vender o veículo.
- Indicação dos custos atribuídos ao veículo (necessários para o cálculo do custo do veículo).
- Preço da venda, data da venda e condições.

É importante guardar as vendas efetuadas por cada vendedor com as respectivas datas e comissões sobre as vendas para cálculo do prêmio mensal dos vendedores. Os veículos novos são disponibilizados por um fornecedor e os veículos usados são comprados do seu proprietário anterior.

CAPÍTULO 5

Extensões do Modelo Entidade-Relacionamento

O modelo de dados Entidade-Relacionamento, proposto por Peter Chen, tem sido usado para a comunicação do usuário final, apresentando entidades e relacionamentos. Entretanto, quando usado para integrar diversos modelos conceituais com diferentes usuários finais, fica severamente limitado até que se utilize um conceito de abstração de dados denominado generalização.

5.1 Generalização – supertipos e subtipos

A generalização ocorre quando se define um subconjunto de relacionamentos entre duas ou mais classes de dados.

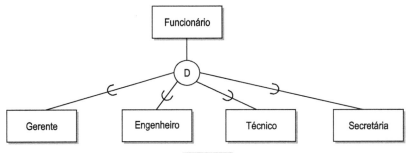

Figura 5.1

Quando analisamos a entidade funcionários, conforme o enfoque e o ponto de vista de cada grupo de usuários finais, observamos que essa classe de dados que definimos como a entidade funcionários é a generalização de outras classes, como gerentes, engenheiros, secretária, técnicos em sistemas etc.

Na realidade, a generalização ocorre quando entidades que possuem atributos em comum são generalizadas em alto nível como uma entidade só, como uma entidade genérica ou uma superclasse de dados. As entidades de nível mais baixo que fazem parte desse supertipo de entidade são denominadas subtipos e refletem a especialização de partes da entidade supertipo.

A simbologia para representar o relacionamento entre a entidade supertipo e a entidade subtipo é muito variada. Apresentamos a simbologia utilizando um pequeno círculo na intersecção das linhas que levam do supertipo até os subtipos, com uma indicação em seu interior.

Essa indicação visa distinguir quando a especialização é exclusiva, ou seja, no nosso exemplo, quando um funcionário é engenheiro, ele não é nenhum dos outros subtipos ou não pertence a nenhum deles.

Existem casos em que a especialização pode não ser exclusiva, existindo overlaping das entidades subtipos dentro da entidade supertipo.

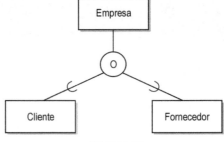

Figura 5.2

Observe que dentro do círculo da Figura 5.1 colocamos uma letra D, indicando disjoint (disjunção) subtipos, o que significa que são subtipos exclusivos, e na Figura 5.2 colocamos a letra O, que significa overlaping de subtipos.

Quando temos a situação de overlaping de subtipos, uma ocorrência da entidade supertipo no caso empresa, pode ser cliente ou fornecedora, dependendo do relacionamento com outras entidades existentes em um modelo de dados.

Na Figura 5.3, quando existe o relacionamento entre nota fiscal de entrada e a entidade empresa, ele é estabelecido com o subtipo fornecedor. Quando existe o relacionamento com pedido, é estabelecido com a entidade subtipo cliente.

Dessa forma, conseguimos apresentar uma semântica que possibilita ao usuário final entender e discutir o modelo de dados, mesmo existindo áreas de negócios distintas e com usuários finais distintos, com conceitos distintos.

Agora, vamos imaginar uma situação em que temos uma entidade de produto de software, e sabemos quais programas e manuais compõem cada pacote de produto de software.

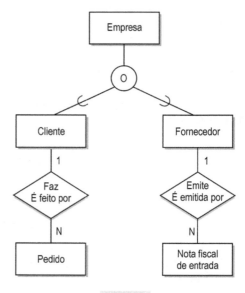

Figura 5.3

Como entender esse relacionamento ou essa generalização? Em primeiro lugar, não podemos denominar de generalização esse caso, pois a entidade programa e a entidade manual não possuem atributos em comum.

Algumas literaturas denominam de agregação de entidades, porém não vamos utilizar este termo, pois apresentaremos agregação no Capítulo 6, explorando seus conceitos.

Vamos denominar de composição, apesar de em abstrações termos estudado que quando uma classe de dados é composta de várias outras, estamos agregando coisas.

Analisando, então, temos que cada ocorrência de produto de software é composta de muitos programas e também de muitos manuais.

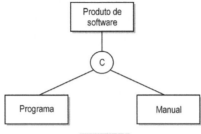

Figura 5.4

Veja que esse caso resolve-se simplesmente com dois relacionamentos. É importante destacar que o principal nesse momento é entender que estamos utilizando dois relacionamentos para desenhar a composição de um determinado produto, uma vez que os atributos de manual e programa são completamente diferentes neste exemplo.

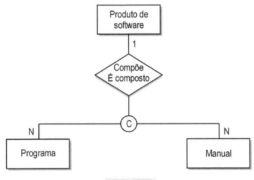

Figura 5.5

Utilizamos na Figura 5.5 o círculo de generalização com uma letra C, indicando tratar-se de uma composição de entidades relacionadas, mas em um DER devemos representar os relacionamentos na forma tradicional, exceto pela indicação de que os dois relacionamentos são obrigatórios.

Optamos, então, por uma simbologia mista, que permita expressar esse entendimento de forma simples.

Na realidade, existe só um relacionamento no modelo conceitual, pois as duas entidades têm o mesmo relacionamento com a entidade produto de software.

Não pense agora nos aspectos físicos dessa implementação para não atrapalhar seu raciocínio lógico e conceitual. Leia-se: produto de software é composto de muitos programas e muitos manuais. Essa é uma interpretação conceitual do Diagrama Entidade-Relacionamento e permite apresentar um diagrama de entendimento simples para o usuário final.

Vamos voltar ao exercício de cinemas que estávamos fazendo no Capítulo 4 para visualizarmos uma aplicação de generalização e especialização.

"Existirá um único diretor para cada filme."

"Os atores de um filme podem, obviamente, atuar em diversos filmes, assim como o diretor de um filme pode também ser ator nesse filme ou, mais ainda, ser ator em outro filme. Em cada filme, o ator representa um papel ou personagem. Um ator possui as seguintes características: nome, nacionalidade, gênero e idade."

A afirmativa de um diretor também poder ser ator permite que visualizemos a seguinte realidade:

"Pessoas podem atuar em filmes, nesse caso são atores, ou podem dirigir filmes, ou fazer os dois simultaneamente."

Logo, podemos aplicar a generalização e substituir a entidade ator do modelo anterior por uma entidade generalista pessoa.

A entidade pessoa relaciona-se com filme, criando o papel ator quando ela está associada pelo fato de atuar em um filme e relaciona-se com filme da mesma forma por outro fato, que é dirigir um filme, criando o papel (alias) diretor.

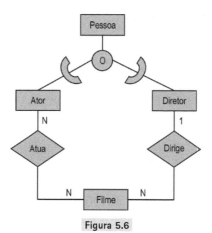

Figura 5.6

Então, sabemos que diretor e ator são papéis de uma mesma entidade, pessoa. Há uma generalização com *overlaping*, sobreposição de papéis.

Vamos olhar nosso modelo e ver como ele ficaria com esse tipo de solução no tocante a ator, diretor e filme.

Na representação de engenharia de informação, temos uma única entidade com dois relacionamentos distintos.

Dessa forma, agora estão unificadas em uma só entidade tanto as informações de atores como de diretores, já que os dois papéis podem existir em relação a um mesmo filme. Não são redundantes as informações de determinada pessoa que atua e dirige um filme, por exemplo.

Extensões do Modelo Entidade-Relacionamento

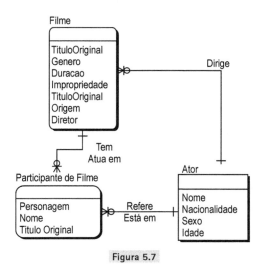

Figura 5.7

5.2 Relacionamentos ternários

São utilizados quando os relacionamentos binários não conseguem semântica para descrever uma associação de três entidades.

Não acreditamos muito profundamente nesta afirmativa, mas pode ser que um dia algum leitor venha em nosso socorro e apresente efetivamente uma utilização real para os relacionamentos ternários.

Em alguns casos, podemos dizer que até é possível a utilização e o acontecimento de algum fato ternário, mas como contraria totalmente o princípio da polarização binária da forma de pensar do ser humano, fica difícil aceitá-los.

Um exemplo apresentado em muitas literaturas é o que está ilustrado a seguir, entre técnico, projeto e notebook.

Vamos apresentar essa solução e a nossa, contestando a utilização de relacionamento ternário. A explicação para esse modelo, apresentada em outros livros, é que um técnico usa exatamente um notebook para cada projeto.

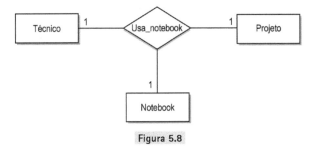

Figura 5.8

Cada notebook é utilizado por um técnico em cada projeto. Se o técnico estiver em outro projeto, vai utilizar outro notebook.

A afirmação invalida essa solução, pois teríamos um lado muitos nesse relacionamento.

Se imaginarmos que cada um dos projetos somente tem um técnico, pois são projetos individuais, estamos colocando o técnico em mais de um projeto, logo, o lado de projeto em relação a técnico seria muitos. E se um projeto somente tem um técnico e no projeto ele usa um notebook que somente é utilizado nesse projeto, o relacionamento correto de notebook seria com projeto. É um retrato binário da situação.

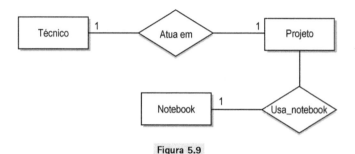

Figura 5.9

Se nós mantivermos a afirmação de que a relação entre técnico e projeto é de um-para-um, tanto faz ligarmos o notebook a um projeto ou a um técnico.

Acreditamos que é um erro de interpretação procurarmos montar estruturas ternárias ou múltiplas para retratar coisas de um ambiente que, por realidade, relacionam-se sempre binariamente.

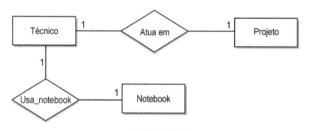

Figura 5.10

Como veremos no Capítulo 6, sobre agregação de relacionamentos, o que podemos ter é um relacionamento dependente da existência anterior de outro relacionamento.

A síntese do pensamento humano está na paridade de raciocínio e entendimento das coisas de nosso universo e do ambiente que analisamos. Sempre existem dois caminhos ou duas opções, além de que sempre é mais simples dividir para entender ou explicar.

Vamos apresentar outro exemplo oriundo de literaturas diversas, que mostra um relacionamento múltiplo ou ternário. É o relacionamento existente entre alunos, professores e disciplinas, clássico da literatura de modelagem de dados.

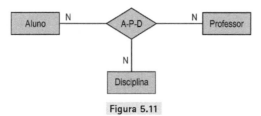

Figura 5.11

Observe que não conseguimos um verbo para explicitar o relacionamento. Como denominar um fato que acontece com três coisas simultaneamente?

Dentro da técnica de modelagem de dados, isso é considerado válido, apesar de o absurdo nada representar e ser efetivamente uma solução criada para visão física dos dados, sem preocupação conceitual de retratar o real.

Vamos começar a estudar a modelagem dos atributos das entidade e suas implicações nos relacionamentos que aprendemos até o momento. Considerando que estamos modelando relacionalmente, ou seja, para banco de dados relacional, passamos agora a tratar também no nível de modelo lógico de dados.

5.3 Modelagem de atributos (modelagem lógica)

Quando estamos trabalhando com entidades e relacionamentos, devemos manter os princípios relacionais e suas regras de integridade, a integridade de identidade e a integridade referencial, pois as nossas entidades vão se transformar em tabelas relacionais e devemos visualizá-las como tais no modelo lógico.

Agora, vamos iniciar a utilização também da notação gráfica para MER lançada por Gordon Everest, em 1986, que elimina o losango que representa o relacionamento e escreve sobre a linha que une as entidades a nomenclatura do relacionamento, além de utilizar os famosos "pés de galinha" para identificar a conectividade de cada lado de um relacionamento. Vamos manter ainda em conjunto a notação de Chen por ser, em alguns casos, mais claro o seu entendimento.

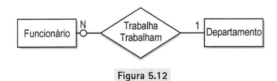

Figura 5.12

A razão para apresentarmos este outro tipo de notação justifica-se, como já citamos, pelas ferramentas CASE que dela se utilizam em sua maioria.

Outra característica desta notação é que, seguindo alguns preceitos de Rumbagh, os modelos apresentam no interior do retângulo da entidade a relação dos atributos que o descrevem, inclusive com suas chaves primárias em destaque. Na parte superior da caixa da entidade estão os atributos que compõem a chave primária e os outros atributos na parte inferior da caixa, sendo destacadas as chaves estrangeiras como FK (*foreign key*).

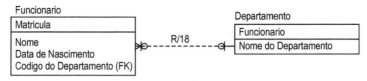

Figura 5.13

Observe que o mesmo modelo anterior agora possui somente uma linha pontilhada entre as duas entidades, explicitando o relacionamento.

Como utilizamos um software CASE para este exemplo e não demos nome ao relacionamento, o software inseriu um código (R/18) para representar tal relacionamento.

⇥○ Muitos / Mínimo = 0
⊶ Um / Mínimo = 0
⊢ Um / Mínimo = 1
⇥ Muitos / Mínimo = 1

Outra característica que se pode perceber é que, além das chaves primárias das entidades, o modelo apresenta as chaves estrangeiras, que realizam a efetivação lógica do relacionamento em banco de dados relacional, transformando o modelo conceitual em modelo lógico.

Esse símbolo de mínimo zero indica que o relacionamento é opcional no sentido em que apresenta o símbolo. O importante a destacar é que todas as entidades que modelamos não possuem chave estrangeira no mundo real. Ela é colocada para que se possibilite a efetivação lógica dos relacionamentos de acordo com os princípios relacionais.

Da mesma forma, nem todas as entidades que serão encontradas possuem chave primária evidente, sendo, muitas vezes, necessária a inserção de um atributo código, como realizamos em departamento.

É importante a modelagem de atributos de chave primária, pois eles nos fornecem as restrições lógicas do mundo real para a existência das ocorrências de uma entidade.

Em seguida, apresentamos um MER maior para exercitar seu entendimento, pois apresentamos o problema em si e a solução adotada com um MER.

5.4 O problema

Um negócio imaginário – que chamaremos de softball – compreende a participação de clubes de softball em diversos campeonatos, que são realizados por confederações.

Cada clube pertence somente a uma confederação, entretanto, participa de campeonatos de todas as confederações.

Nesse negócio, as pessoas são os jogadores ou os organizadores dos campeonatos.

Um campeonato tem muitos jogos. Um campeonato pode ser organizado por mais de uma confederação e, muitas vezes, elas podem realizá-lo em conjunto.

O mesmo modelo, visto sob a perspectiva da notação de Chen, ficaria como na Figura 5.14.

Interpretando o modelo, é importante que façamos a leitura dele.

Extensões do Modelo Entidade-Relacionamento

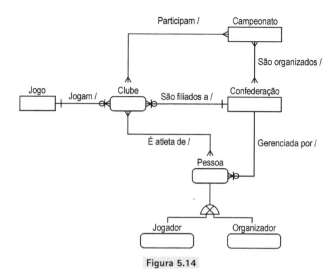

Figura 5.14

Utilizamos nesta solução os conceitos de generalização e especialização, inserindo uma entidade pessoa, que engloba tanto jogadores como organizadores, uma vez que permitimos que alguns dos jogadores também sejam organizadores de uma confederação.

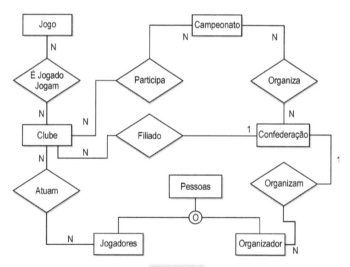

Figura 5.15

- Um jogador atua em muitos clubes.
- Um clube tem muitos jogadores.
- Um organizador organiza uma confederação somente.
- Uma confederação é organizada por muitos organizadores.
- Uma confederação organiza muitos campeonatos.
- Um campeonato é organizado por muitas confederações.

- Um clube é filiado a somente uma confederação.
- Uma confederação tem muitos clubes como filiados.
- Um clube joga muitos jogos.
- Um jogo é jogado por muitos clubes (máximo de dois clubes por jogo).
- Um clube participa de muitos campeonatos.
- Muitos clubes participam de um campeonato.

Uma crítica que o MER sofre é que as restrições de número máximo nos relacionamentos não são expressas. Existe uma notação que utiliza a expressão dos valores máximos e mínimos em cada lado do relacionamento, deixando essas restrições mais expressivas. Lamentavelmente, as ferramentas CASE mais conhecidas e utilizadas no mercado não implementam essas possibilidades.

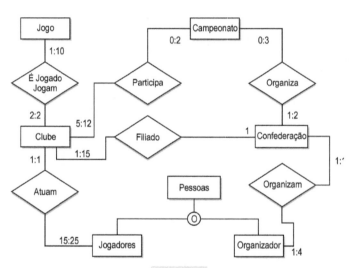

Figura 5.16

Agora, ficam claras as limitações em cada relacionamento:

- Um clube pode ter, no mínimo, 15 e, no máximo, 25 jogadores inscritos.
- Um jogador só pode estar inscrito em um e no máximo em um clube.
- Uma confederação é organizada por, no mínimo, um organizador e, no máximo, por quatro organizadores.
- Um jogo é jogado por, no mínimo, duas e, no máximo, duas equipes.
- Um clube participa de nenhum ou, no máximo, dois campeonatos.
- Um campeonato tem, no mínimo, cinco clubes e, no máximo, quinze clubes.
- Uma confederação organiza nenhum ou no máximo três campeonatos, que são organizados por, no mínimo, uma ou, no máximo, duas confederações.

Extensões do Modelo Entidade-Relacionamento

Vamos, então, ao modelo lógico desta solução, com a visualização dos atributos e das chaves primárias e chaves estrangeiras existentes no modelo.

É importante observar que o modelo de dados possui a identificação de chaves primárias e chaves estrangeiras que efetivam os relacionamentos em um ambiente relacional.

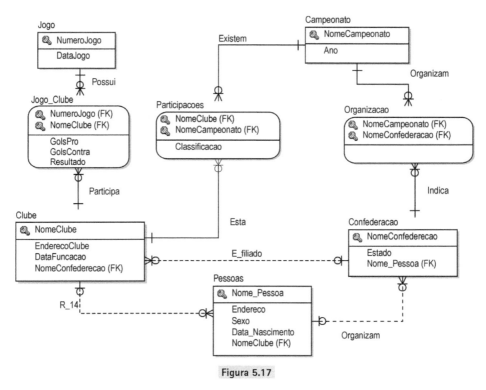

Figura 5.17

Apresentamos até este ponto a necessidade de incluirmos campos na estrutura de dados das entidades para que se efetuem os relacionamentos, ou seja, existem campos comuns para a ligação.

Quando um campo em uma entidade caracteriza-se por ser a chave de identificação única de ocorrências dessa entidade, denomina-se, como vimos no ambiente relacional, chave primária. Mas quando, em uma entidade, temos um campo, que é chave primária de outra entidade, temos a chave estrangeira.

Essa ligação realiza-se por comparação do valor da chave estrangeira de uma entidade com o valor da chave primária de outra entidade. Isso fornece uma expressão lógica, de comparação de valores, que explicita e estabelece uma regra para o relacionamento entre as duas entidades. Por exemplo:

- Nome do clube em clube = Nome do clube em pessoa

Esta é uma expressão de efetivação lógica de um relacionamento.

Se desejarmos saber o nome das pessoas que jogam em um clube específico, basta informarmos o valor do nome desse clube para que sejam selecionadas todas as ocorrências de pessoas, cujo campo NomeClube seja igual ao valor informado.

Esse é um processo de seleção, ou melhor, uma operação de projeção e seleção relacional sobre o relacionamento entre a entidade clube e a entidade pessoa.

π Nome_pessoa (CLUBE • Clube.NomeClube = Pessoa.NomeClube PESSOA)

Já estamos navegando em um modelo de dados! Mas vamos aprender isso especificamente em álgebra relacional.

Vamos observar as Tabelas 5.1 e 5.2, que simulam o conteúdo das duas entidades.

Tabela 5.1 Entidade: departamento

Código Departamento	Nome Departamento	Verba
01	Contabilidade	500,00
10	Vendas	1.000,00
21	Faturamento	250,00

Tabela 5.2 Entidade: funcionário

Código	Nome	Data Admissão	Código Depto.
0111	João	12/11/1990	01
0112	Antônio	12/12/1991	01
0271	Carlos	05/06/1991	10
0108	Eduardo	03/03/1990	10
0357	Luís	20/10/1991	10
0097	Vera	15/02/1992	21

Como estas tabelas, que representam as duas entidades, possuem chaves primárias e estrangeiras, conforme o modelo seguinte, podemos responder às questões:

Quais são os funcionários do departamento de vendas?

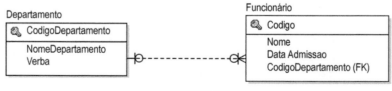

Figura 5.18

Primeiramente, devemos ver que código do departamento de vendas é igual a 10.

Em segundo lugar, é preciso saber quais funcionários que têm código de departamento igual a 10. Resposta: "Carlos, Eduardo e Luís." Logo, a existência no modelo lógico de chaves primárias e chaves estrangeiras possibilita a recuperação de informações e efetiva logicamente os relacionamentos.

Gostaríamos de salientar que a preocupação tem sido sempre nos orientar-mos para recuperar informações combinadas, não dando ênfase neste momento à inserção, manutenção ou deleção de dados, aspectos que vamos comentar adiante no livro, mas são elementos que auxiliam na descoberta do contexto e sua consoli-dação.

Para um bom trabalho de modelagem, devemos esquecer essas operações comentadas, preocupando-nos somente com os dados em si, não nos importando com procedimentos que serão inerentes ao sistema como um todo.

Na realidade, quando modelamos não pensamos em sistemas, mas em con-seguir obter o entendimento de um negócio ou problema, estruturando os dados desse problema com vistas ao seu domínio e à sua solução.

Para que se solidifiquem os conceitos de uma técnica, não é suficiente ape-nas a apresentação de um exemplo de situação e sua aplicabilidade; ao contrário, a massificação de casos analisados é que nos dá a possibilidade de ter segurança no conhecimento adquirido.

A visualização de uma massa de casos tem por objetivo, além da solidificação de uma cultura, propiciar diversidade de situações de análise.

Entendemos que quanto mais situações passarmos com esta publicação, uma fonte de consulta mais robusta o leitor terá para a sua vida profissional.

5.5 Quando os fatos podem confundir

O correto entendimento de uma informação depende muito da condição de interpretação dos fatos e da determinação da inerência do dado pelo analista de sistemas.

Saber interpretar o que um dado caracteriza, ou a quem esse dado se refere, é de suma impor-tância para o resultado correto do modelo de dados.

Vamos, então, analisar uma situação em que poderíamos ter interpretações errôneas da verda-deira caracterização que um dado efetua.

Em determinada empresa são realizados diversos projetos de engenharia que alocam os fun-cionários disponíveis de seu quadro funcional conforme a necessidade, ficando estes alocados a somente um projeto até o seu encerramento.

Uma vez alocado o funcionário a um projeto, deve ser registrada a data de início de suas ati-vidades, bem como o tempo em meses que ele vai ficar alocado. O MER que representa esse fato é o apresentado na Figura 5.19.

Figura 5.19

Lendo o diagrama que exprime o modelo de dados temos:

► Um funcionário é alocado a um projeto e um projeto aloca muitos funcionários.

Surge, agora, no tocante aos dois dados antes referidos (a data de início e o tempo de alocação), a dúvida de sua caracterização. Esses dados são inerentes ao fato alocação, logo, são campos, dados do relacionamento alocado? Não, essa afirmativa está errada.

Seriam, de fato, se um funcionário fosse alocado a mais de um projeto, mas como um funcionário é alocado a um projeto somente, esses dados são informações inerentes ao funcionário, pois possuem uma única existência para cada ocorrência de funcionário, que esteja relacionado com o projeto.

Da mesma forma que na entidade funcionário, para que se estabeleça o relacionamento com a entidade projeto, necessitamos do atributo Código_do_Projeto em sua estrutura.

Temos, assim, a seguinte estrutura de dados:

Tabela 5.3

Entidade	Atributos	Relacionamento
Funcionário	Matrícula do Funcionário Nome do Funcionário Endereço Código do Projeto (FK) Data de Início no Projeto Tempo Previsto de Alocação	Aloca N:1
Projeto	Código do Projeto Nome do Projeto	Aloca 1:N

Utilizamos o padrão FK (*foreign key*) para indicar uma chave estrangeira. Se a realidade colocada em análise fosse a de um funcionário que estivesse alocado a muitos projetos, ela seria uma informação do relacionamento entre funcionário e projeto; já que para cada associação do funcionário com um projeto, teríamos esses dados para caracterizá-la. Veremos mais adiante um estudo desse tipo de relacionamento.

A Figura 5.20 exibe o diagrama de instâncias para o relacionamento um-para-muitos entre funcionário e projeto.

Extensões do Modelo Entidade-Relacionamento

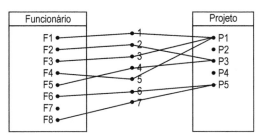

Figura 5.20

Propositalmente, colocamos no diagrama de instâncias ocorrências em ambas as entidades, que não participam de nenhum relacionamento, ou seja, não estão relacionadas.

O funcionário F7 não está alocado a nenhum projeto, assim como os projetos P4 e P2 não possuem nenhum funcionário alocado.

Com isso, queremos dizer que a condicionalidade, ou melhor, a opcionalidade de um relacionamento também tem seu grau de importância no contexto, pois permite que uma ocorrência de projeto seja inserida na entidade projeto sem que exista a necessidade, a obrigatoriedade de já possuir funcionários alocados antecipadamente, assim como a inserção de uma ocorrência em funcionário sem que ela esteja previamente relacionada com uma ocorrência em projeto.

Na vida real, essa situação ocorre exatamente dessa forma, pois, em 99% dos casos em análise e projeto, os relacionamentos são obrigatoriamente condicionais no mínimo para um dos lados do relacionamento.

Que existem ocorrências de funcionários que não estão alocados a nenhum projeto é fato concreto, mas como podemos visualizar esse fato?

Uma característica para efetivação lógica de um relacionamento um-para-muitos é o fato de ele necessitar da existência de chave estrangeira em uma das entidades.

 Tomamos como regra geral que, sempre que existir um relacionamento com cardinalidade de um-para-muitos, a referência lógica (chave estrangeira) estará colocada na entidade que possui o lado muitos da cardinalidade.

No exemplo, a ligação da entidade funcionário com a entidade projeto será possível de se efetuar pela inserção do atributo Codigo_do_Projeto (chave primária de projeto) na entidade funcionário.

E como devemos entender a opcionalidade do relacionamento com relação aos valores dos atributos? Para as ocorrências da entidade funcionário que não estiverem relacionadas com nenhuma ocorrência de projeto, o atributo também existirá, porém seu valor será NULO, isto é, uma informação desconhecida, inexistente.

Banco de Dados – Projeto e Implementação

Tabela 5.4 Funcionário

Matrícula	Nome	Código do Projeto	Data de Início no Projeto	Tempo de Alocação
1466	Pedro Antônio	P-25	12/12/1991	16 meses
2322	Luiz Paulo Diniz	P-18	05/01/1992	4 meses
7712	Carlos Estevão	NULO	NULO	NULO
4415	Sílvia Cristina	P-18	18/04/1992	5 meses

Tabela 5.5 Projeto

Código do Projeto	Nome do Projeto
P-18	Projeto Phoenix
P-25	Projeto Minerva
P-32	Projeto Corrup
P-55	Projeto Nova Ponte
P-203	Orçamento 95

É importante destacar que existem ocorrências que justificam a cardinalidade muitos-para-um, independentemente de existirem ocorrências com cardinalidade um-para-um no conjunto de informações em análise.

Na Tabela 5.4, existe um projeto que só é referenciado por uma ocorrência de funcionário. Somente o funcionário Pedro Antônio está com código de projeto P-25, mas, como podemos perceber, existe menos um caso de um projeto ter seu valor de Codigo_do_projeto referenciado em mais de uma ocorrência de funcionário, o que é suficiente para estabelecer essa cardinalidade de muitos-para-um entre funcionário e projeto.

A Tabela 5.5, agora analisada em conjunto com a Tabela 5.4, possibilita a visualização da parcialidade do relacionamento entre as entidades.

Na entidade projeto, existe uma ocorrência (projeto P-32) que não é referenciada por nenhuma ocorrência da Tabela 5.4, assim como a entidade funcionário possui uma ocorrência que tem valor nulo para os atributos relativos ao relacionamento com a entidade projeto: Código_do_ Projeto, Data_de_início e Tempo_de_Alocação são a ocorrências do funcionário Carlos Estevão.

Pelo apresentado nos exemplos, é preciso que tenhamos uma massa crítica de dados para simularmos as suas ocorrências no mundo real, para que a definição de cardinalidades seja realizada com segurança.

Agora, vamos estudar outra situação neste mesmo caso. A empresa agora informa que um funcionário pode atuar em mais de um projeto, ou melhor, está alocado a mais de um projeto simultaneamente.

Extensões do Modelo Entidade-Relacionamento

Vamos ver como ficaria o modelo de dados e qual alteração sofreria. Teríamos um relacionamento muitos-para-muitos, conforme o diagrama.

Figura 5.21

Como estudamos na definição de relacionamento com cardinalidade muitos-para-muitos, esse tipo de relacionamento tem a característica de possuir campos para representá-lo, informações que podem ser inerentes ao fato, ao evento, que é o relacionamento.

Para a efetivação lógica desse tipo de relacionamento, necessitamos de pelo menos dois atributos, que são as chaves primárias das entidades participantes do relacionamento.

Neste caso em estudo, Data_de_Início_no_Projeto e Tempo_de_Alocação_no_Projeto são informações relativas ao evento que une funcionário a projeto, e como pode existir mais de um evento desses para cada ocorrência de funcionário, assim como de projeto, esses dados passam a ser únicos para cada ocorrência do relacionamento, passando a serem múltiplos no contexto do modelo.

Como o número de ocorrências do relacionamento é indeterminado, não podemos mais mantê-los como atributos de funcionário, pois não saberíamos quantas ocorrências colocar desses atributos em funcionário, sendo necessário o desdobramento em múltiplos e indefinidos atributos. Logo, o relacionamento alocado passa a ter existência lógica, ou seja, possui dados ou pode ser transformado em uma entidade associativa, como já vimos em outros casos.

As estruturas de dados correspondentes ao modelo apresentado ficam delineadas da seguinte forma:

Tabela 5.6

Entidades	Atributos
Funcionário	Matrícula_Funcionário Nome_Funcionário
Projeto	Código_Projeto Nome_Projeto

Tabela 5.7

Relacionamento ou Entidade Associativa	Atributos
Alocado	Matrícula_Funcionário Código_Projeto Data_Início_no_Projeto Tempo_de_Alocação

Banco de Dados – Projeto e Implementação

Como se efetiva logicamente esse relacionamento? O relacionamento efetiva-se por meio de uma expressão relacional, que indica como deve ser feita a comparação entre os campos comuns às entidades, só que agora com uma característica diferente: a comparação é realizada entre campos das entidades e dos campos do relacionamento, formando uma expressão composta.

Expressão de relacionamento:

Funcionário.Matrícula-Funcionário = Alocado.Matrícula-Funcionário e
Alocado.Código-Projeto = Projeto.Código-Projeto

Esta expressão diz que o valor do campo matrícula na entidade funcionário deve ser igual ao valor do campo matrícula no relacionamento alocado, e que o valor do campo Código_do_Projeto no relacionamento alocado deve ser igual ao valor de Código_do_Projeto na entidade projeto, conjuntamente.

Quando isso acontecer com uma ocorrência de funcionário, uma ocorrência de alocado e uma ocorrência de projeto, estaremos relacionando as duas entidades que são funcionário e projeto.

Vamos visualizar tais fatos na simulação das tabelas relacionais que representam esta realidade.

Tabela 5.8 Funcionário

Matrícula	Nome	Data_Admissão
1466	Pedro Antônio	12/05/1990
2322	Luiz Paulo Diniz	18/06/1991
7712	Carlos Estevão	24/05/1990
4415	Silvia Cristina	05/05/1991
1216	Sandra Chi Min	01/02/1992
1401	Maurício Abreu	15/05/1992

Tabela 5.9 Projeto

Código_do_Projeto	Nome_do_Projeto
P-18	Projeto Phoenix
P-25	Projeto Minerva
P-32	Projeto Corrup
P-55	Projeto Nova Ponte
P-203	Orçamento 95

Vamos, então, simular relacionamentos muitos-para-muitos com estas duas tabelas de ocorrências das entidades, criando o relacionamento alocado, e suas possíveis ocorrências.

Extensões do Modelo Entidade-Relacionamento

Tabela 5.10 Alocado

Matrícula Funcionário	Código_do_Projeto	Data_Início_no_Projeto	Tempo_de_Alocação no_Projeto
1466	P-18	24/05/1990	24 meses
1466	P-25	12/11/1991	06 meses
1466	P-32	02/01/1992	12 meses
7712	P-18	10/06/1991	04 meses
7712	P-79	12/12/1991	12 meses
4415	P-18	15/01/1992	03 meses
1216	P-25	01/03/1992	05 meses

Vamos interpretar o mundo real pela tabela de ocorrências do relacionamento alocado:

► A ocorrência de funcionário com matrícula 1466 está alocada a três projetos, respectivamente, P-18, P-25 e P-32, isto é, um funcionário alocado a muitos projetos.

► A ocorrência de funcionário com matrícula 7712 também está alocada a muitos projetos (dois).

► Já as ocorrências de funcionário de matrícula 4415 e a de matrícula 1216 estão cada uma alocada a somente um projeto, pois só constam uma vez dentro do relacionamento com campos alocados.

Novamente, lembramos que ocorrências relacionando-se com cardinalidade um-para-um não invalidam a cardinalidade básica do relacionamento, uma vez que possuímos ocorrências que realizam a cardinalidade muitos-para-muitos.

É sempre muito importante que se efetue a leitura do modelo de dados em dois sentidos para compreensão perfeita da realidade. Agora, vamos analisar a situação por outro sentido de leitura do relacionamento:

► O projeto de código P-18 possui muitas ocorrências de funcionário a ele alocadas, ou seja, respectivamente, 1466, 7712 e 4415, assim como o projeto de código P-25 possui também muitas ocorrências de funcionário a ele relacionadas (1466 e 1216).

► Já os projetos P-32 e P-79 possuem somente uma ocorrência de funcionário a eles relacionada.

Observe que realizamos a leitura pura e simples da tabela que representa esse relacionamento, não considerando ainda as ocorrências das duas entidades que não figuram no relacionamento.

Essas ocorrências são irrelevantes para a interpretação do relacionamento.

CAPÍTULO 6

Agregação: Uma Extensão Especial

O Modelo Entidade-Relacionamento (MER), proposto por Peter Chen na década de 1970, sofreu posteriormente algumas adaptações e extensões, que visaram torná-lo mais completo e abrangente. Uma dessas extensões foi o conceito de agregação, introduzido para viabilizar a modelagem de algumas situações típicas envolvendo relacionamentos de cardinalidade N:N.

Existem momentos em que temos uma visão dos dados que nos deixa em dúvida sobre a forma como representar um fato que está relacionado a outro. Isso equivale a dizer que um relacionamento está relacionado a outro. Mas, conceitualmente, não existem relacionamentos entre relacionamentos – é uma inverdade conceitual. O que existe no mundo real são relacionamentos dependentes de outros, que somente existem após a ocorrência do outro, considerado fundamental.

O termo agregação tem sido utilizado pelas técnicas de modelagem de sistemas nos mais variados conceitos, porém o conceito lançado em modelagem de dados refere-se à visão de um relacionamento como um bloco, como alguma coisa que se relaciona com outra.

Chamamos também a atenção para o fato da existência de dependência entre os fatos, ou seja, um fato somente acontece após a existência do primeiro fato. Em muitos trabalhos de consultoria, observamos que o analista tem medo ou sente insegurança quanto à utilização de agregações em seus modelos de dados, seja porque existe a tendência de realizar diretamente o modelo físico ou lógico, com a visualização da entidade associativa, ou porque cometem erros ao utilizar o conceito.

Quando um paciente toma remédios, isso configura um tratamento. Tratamento existe sem que paciente tome remédio? Sim, pode ter existência própria.

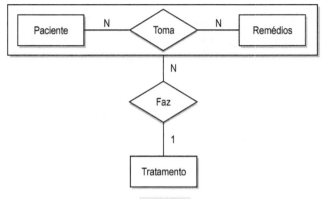

Figura 6.1

Tratamento pode ser, por exemplo, de diabetes, de cólica intestinal, de pressão alta etc.

Vamos imaginar, então, que temos vários tipos de tratamento.

Poderíamos afirmar que quando um paciente toma remédios, pode ter associado um tratamento, que não impede de existir um tratamento que não esteja associado ao fato de o paciente tomar remédios. Lembre-se de que nem todas as ocorrências de uma entidade devem estar associadas.

O resultado de modelo apresentado é uma aplicação certa de agregação, com uma dose maior de interpretação da realidade.

Vamos exemplificar com outras situações.

Um órgão público de planejamento possui alguns escritórios regionais estrategicamente distribuídos pelo interior de um estado, de maneira a facilitar o suporte aos inúmeros projetos desenvolvidos por seus funcionários. Tipicamente, os funcionários são alocados a projetos (muitas vezes simultâneos) que atingem várias regiões, e tornam-se relativamente comuns situações em que um funcionário ou uma equipe desempenha algumas tarefas em uma região, contando com os recursos locais do escritório mais próximo. Para isso, basta requisitar com antecedência os equipamentos necessários ao projeto. Como existem vários projetos em andamento ao mesmo tempo, com frequência ocorre que um dado recurso seja alocado por mais de um funcionário para projetos diferentes.

Suponha, agora, que existem dois funcionários (A e B) alocados em projetos distintos: A está alocado aos projetos 1 (Censo escolar) e 2 (Censo industrial), enquanto o funcionário B está alocado aos projetos 3 (Censo agropecuário estadual) e 2.

Para o projeto 1, o funcionário A alocou um veículo e um notebook disponíveis no escritório de uma região.

O funcionário B alocou o mesmo veículo para o projeto 3. Considere que, em princípio, não devemos ter problemas ligados ao compartilhamento do automóvel pelos dois funcionários, visto que o projeto 3, digamos, depende da conclusão do projeto 1.

Observe que são válidas, portanto, as seguintes afirmações:

- Um funcionário pode estar alocado a mais de um projeto.
- Um projeto pode ser desenvolvido por mais de um funcionário.

Agregação: Uma Extensão Especial

- Um funcionário pode requisitar um recurso para utilização em um projeto.
- Um recurso pode ser utilizado por mais de um funcionário, geralmente em projetos diferentes.

Figura 6.2

Para associarmos um recurso a um funcionário, devemos levar em conta que é importante que esteja disponível a informação referente também ao projeto para o qual o recurso será utilizado. Dessa forma, não devemos relacionar recurso nem unicamente a funcionário nem unicamente a projeto, mas a ambos. Em termos mais práticos, seria o caso de associarmos a entidade recurso ao relacionamento alocado que possui atributos, pois é muitos-para-muitos. Entretanto, o MER não permite esse tipo de ligação direta com um relacionamento com atributos, pois conceitualmente não existe relacionamento entre relacionamentos.

Aqui entra um parâmetro novo em nossa análise de uma realidade. Se observarmos o mundo real, a utilização de um recurso somente acontece QUANDO existe o fato de um funcionário estar alocado a um projeto, ou seja, um par do relacionamento descrito.

Este QUANDO coloca condicionalidade à existência da associação à entidade recurso. Interpretando mais abrangentemente:

- Quando e somente quando funcionário alocado a projeto, requisita um recurso.
- Então, funcionário alocado a projeto é um bloco do modelo, que neste momento é interpretado como uma coisa única que se relaciona com a entidade recurso.

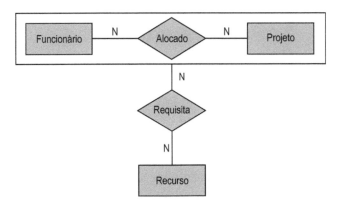

Figura 6.3

Esta é a representação conceitual de uma agregação. Algumas literaturas exibem uma representação que é uma mistura desta com entidades associativas.

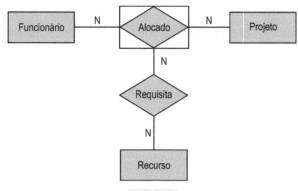

Figura 6.4

6.1 Hotel

Vamos estudar outro caso e explorar mais situações de agregação.

Destacamos aqui que é necessário que os analistas de sistemas modelem sempre em um primeiro nível conceitual, sendo preciso, para isso, utilizar a capacidade máxima de abstração. É pela visão perceptiva do ambiente que está sendo modelado que conseguimos atingir modelos mais consistentes, que retratem o mundo real.

Considere um modelo de dados como o da Figura 6.5, que retrata o ambiente de um hotel.

Figura 6.5

A leitura do modelo diz que um cliente do hotel pode ocupar muitos quartos e um quarto pode ser ocupado por muitos clientes.

Às vezes, quando apresentamos este modelo, os alunos questionam esta espacialidade do modelo de dados.

As afirmativas anteriores estão corretas, porque o relacionamento entre cliente e quarto é uma relação espacial, não temporal.

Um cliente em relação ao objeto quarto tem um relacionamento de conectividade muitos-para-muitos, porque ele pode vir muitas vezes ao hotel e ficar sempre em quartos diferentes. O quarto de hotel pode ser ocupado por vários clientes diferentes em momentos diferentes.

A noção de tempo está dentro do relacionamento. Cada ocorrência do relacionamento possui informações sobre uma estadia, registro de datas, horas etc.

Seguindo a leitura deste pequeno modelo, coloca-se a seguinte questão: o cliente do hotel utiliza vários serviços disponíveis, alguns com consumo de produtos, como frigobar e restaurante, e outros serviços comuns, como diária, por exemplo, que é um dos serviços do hotel.

Agregação: Uma Extensão Especial

Como relacionar essas coisas chamadas serviços e produtos com o fato de um cliente hospedar-se no hotel (cliente hospeda-se em quarto)?

Figura 6.6

Em primeiro lugar, devemos entender que tudo o que acontece a seguir é dependente de cliente hospedar-se em quarto de hotel; logo, todo relacionamento será com essa visão agregada de parte do modelo.

Serviços é uma coisa sobre a qual interessa manter informações, tem significado próprio, caracteriza uma entidade a mais em nosso modelo. Assim, temos de estudar e entender como isso é no mundo real. No mundo real, os serviços são utilizados quando cliente hospeda-se em quarto de hotel, assim, a entidade serviços se relaciona com o bloco superior.

Interpretamos o bloco cliente hospeda-se quarto hotel e relacionamos com a entidade serviços.

Agora, vamos entender a conectividade que existe entre as ocorrências de serviços e o bloco cliente no hotel.

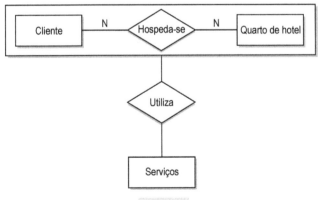

Figura 6.7

Antes, porém, vamos visualizar como seriam os dados em uma estruturação de tabelas destas entidades até o momento.

Banco de Dados – Projeto e Implementação

Tabela 6.1 Cliente

CodCliente	NomCliente	RuaCliente	CidadeCliente
1	Luis Sampaio	Rua A	Rio de Janeiro
2	Carlos Pereira	Rua B	Niterói
3	Jose Alves	Rua C	Rio de Janeiro
4	Luis Paulo Souza	Rua B	Niterói

Tabela 6.2 Quarto

NumQuarto	Andar	Tipo Quarto
101	1	Single
102	1	Double
301	3	Single Luxo
401	4	Single Luxo
1402	14	Suíte Presidencial

O relacionamento hospeda-se possui atributos, uma vez que é um muitos-para-muitos.

Tabela 6.3 Hospeda-se

CodCliente	NumQuarto	DataEntrada	DataSaida
1	101	21/12/2003	22/12/2003
2	102	15/02/2004	17/02/2004
3	301	10/01/2004	18/02/2004
4	101	11/01/2004	30/01/2004
2	401	15/02/2004	16/02/2004
3	1402	25/12/2003	03/01/2004
1	102	15/03/2004	01/04/2004

Acompanhe a Tabela 6.11 para que fique claro o que ela representa.

Tabela 6.4 Serviços

CodServico	Nome Servico
1	Frigobar
2	Restaurante
5	Serviço de Quarto
7	Sauna
10	Diária

Agregação: Uma Extensão Especial

Um cliente hospeda-se em quarto utiliza quantos serviços? Muitos, é claro.

Um serviço é utilizado por quantos clientes que se hospedam em quarto de hotel? A resposta também é muitos, assim, temos um relacionamento muitos-para-muitos entre serviços e clientes que se hospedam em quarto de hotel.

Esse é mais um relacionamento que deve ter atributos, pois devem estar registradas nesse relacionamento as datas de utilização, a hora e o valor do serviço.

Tabela 6.5 Utiliza

CodCliente	NumQuarto	CodServico	Data	Hora	Valor
1	101	1	21/12/2003	15:30	50,00
2	102	5	15/02/2004	18:00	75,00
3	301	10	10/01/2004	12:00	150,00
4	101	1	11/01/2004	8:00	8,00
2	102	10	15/02/2004	12:00	220,00
3	1402	2	25/12/2003	21:45	150,00
1	102	10	15/03/2004	12:00	90,00
2	401	5	16/02/2004	22:00	18,00
3	1402	2	31/12/2003	19:00	1.500,00

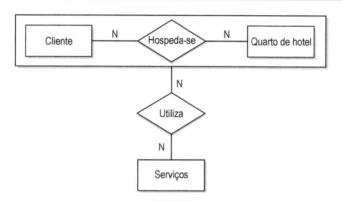

Figura 6.8

Logo, você vai se perguntar: mas os produtos não são atributos do relacionamento utiliza?

Antes de respondermos, vamos analisar um pouco mais a realidade. Quando produtos são consumidos? Os produtos são consumidos normalmente quando se utiliza algum serviço do hotel. No restaurante, no bar, no frigobar e, principalmente, o fato de estar no hotel, pois a diária é o valor cobrado por cada dia de estada e também é um serviço, o serviço de hospedagem propriamente dito.

Então, produto está relacionado com o relacionamento utiliza? Claro, pois nada impede ou limita o número de agregações em um modelo de dados. Elas podem ser superpostas sem nenhum problema, pois estamos retratando uma realidade.

Leia o modelo solução apresentado, interprete-o e procure visualizar o mundo real para validá-lo. Lembre-se de que deve ser lido da mesma forma que foi construído: em camadas superpostas.

Os relacionamentos são opcionais neste caso, e como apresentamos anteriormente, não é possível explicitar no modelo na notação de Chen as regras da opcionalidade quanto à sua temporalidade.

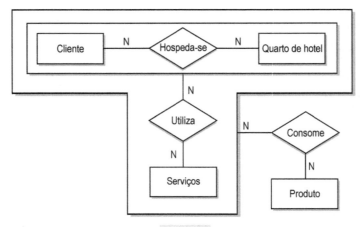

Figura 6.9

O utiliza é um relacionamento de muitos-para-muitos, pois uma ocorrência de serviço pode ser utilizada por muitas ocorrências de cliente hospeda-se em quarto.

Agregação é o bloco cliente hospeda-se em quarto, um fato multirrelacional nos dois sentidos de leitura. O fato dependente é utiliza, pois ele somente existe, ou melhor, acontece, quando o primeiro fato já existe.

Após agregarmos cliente hospeda-se em quarto e relacionarmos com serviços, vamos agregar este fato (utiliza) com o anterior (hospeda-se) e tratar o fato composto como um único bloco, uma única coisa, e relacioná-lo com o consumo de produtos.

Lendo o modelo final, temos: cliente hospeda-se em quarto. Quando se hospeda, utiliza serviços. Quando utiliza serviços, consome produtos.

Observe que os três relacionamentos muitos-para-muitos possuem dados.

Hospeda-se pode ter os dados de data de chegada do hóspede, data de saída, além de informações padrão Embratur etc.

Utiliza tem informações sobre quando foi utilizado o serviço, conforme apresentamos na Tabela 6.5.

Agregação: Uma Extensão Especial

Consome indica as quantidades de produtos consumidas pelo serviço utilizado. Vejamos as Tabelas 6.6 e 6.7, que representam produto e consumo.

Tabela 6.6 Produto

CodProduto	Descrição	Valor Unitario
1	Coca-Cola	R$ 2,00
5	Cerveja Long Neck	R$ 3,50
52	Mate	R$ 1,50
84	Café	R$ 1,00
21	Suco	R$ 3,00
16	Água Min.	R$ 1,80
85	Steak T-Bone	R$ 25,00
12	Camarão Empanado	R$ 32,00
9	Cheesburger	R$ 12,00
1	Castanhas de Caju	R$ 15,00
7	Vinho Tinto Importado	R$ 80,00
25	Sobremesas	R$ 10,00
99	Ceia Fim de Ano	R$ 900,00
59	Champagne Importado	R$ 200,00

Tabela 6.7 Consumo

CodCliente	NumQuarto	CodServico	Data	Hora	CodProduto	Quantidade	Valor Total
1	101	1	21/12/2003	15:30	52	1	1,50
1	101	1	21/12/2003	15:30	5	5	17,50
1	101	1	21/12/2003	15:30	1	2	30,00
4	101	1	11/01/2004	8:00	5	2	7,00
4	101	1	11/01/2004	8:00	84	1	1,00
2	102	5	15/02/2004	18:00	85	3	75,00
3	1402	2	25/12/2003	21:45	7	1	80,00
3	1402	2	25/12/2003	21:45	85	2	50,00
3	1402	2	25/12/2003	21:45	25	2	20,00

CodCliente	NumQuarto	CodServico	Data	Hora	CodProduto	Quantidade	Valor Total
2	102	5	16/02/2004	22:00	5	4	14,00
2	102	5	16/02/2004	22:00	21	1	3,00
2	102	5	16/02/2004	22:00	84	1	1,00
3	1402	2	31/12/2003	19:00	7	6	480,00
3	1402	2	31/12/2003	19:00	99	1	900,00
3	1402	2	31/12/2003	19:00	25	2	20,00
3	1402	2	31/12/2003	19:00	59	1	200,00

Para entendermos agregação, é necessário modelar o ambiente sem pensar em procedimentos e não pensar no banco de dados físico.

Para fins de esclarecimento, apresentamos o modelo de tabelas para a implantação desse modelo do hotel, mas somente para você conseguir visualizar os dados e sua organização em um modelo de dados conceitual, pois não devemos modelar diretamente para o ambiente físico, pois retira a capacidade de visualizar abstrações e modelar corretamente o mundo real.

Observe que nas tabelas referentes ao modelo, os relacionamentos aparecem como tabelas também, pois se possuem dados, logo são tabelas relacionais. Como são relacionamentos muitos-para-muitos, as chaves estrangeiras também estão neles, pois são as efetivações lógicas dos relacionamentos.

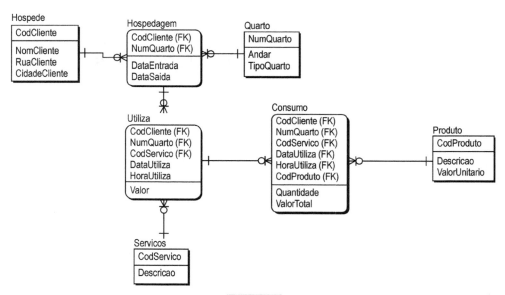

Figura 6.10

Com colunas comuns, podemos realizar junções de tabelas para a recuperação de informações do negócio.

6.2 Explicação adicional sobre as chaves

Quando partimos para um modelo de dados em que inserimos chaves primárias e chaves estrangeiras, estamos realizando modelos lógicos, pois fazemos a efetivação dos relacionamentos voltados para regras do modelo relacional, com o uso de colunas comuns entre tabelas associadas a um fato ou por um fato.

Vamos continuar a estudar mais agregações.

Uma pergunta importante: uma agregação pode estar relacionada à outra agregação? Pode, pois são dois objetos que se relacionam no mundo real, logo, é possível. Vamos estudar rapidamente um caso com esse tipo de aplicação de modelo.

6.3 Clínicas médicas

Vamos expor a situação e o modelo de solução para este caso.

Uma clínica médica é uma empresa que realiza atendimentos médicos nas mais diversas especialidades e situa-se em determinados endereços, que denominaremos local. Em cada endereço, uma clínica médica atende uma e somente uma especialidade médica.

As clínicas médicas têm médicos contratados, que atendem somente a uma especialidade médica na clínica na qual são contratados. Uma especialidade médica pode ser exercida por vários médicos, mas um médico pode exercer somente uma especialidade em uma clínica médica.

Um médico somente pode ser contratado por uma clínica.

Uma clínica pode disponibilizar atendimento na mesma especialidade ou especialidades diferentes em locais diferentes.

Um único local e suas instalações podem ser compartilhados por duas ou mais clínicas médicas por meio de um contrato de compartilhamento.

Por exemplo, uma clínica atende na parte da manhã em determinado local, e outra clínica atende nesse local na parte da tarde, ou então as salas do local são divididas no mesmo horário ou turno.

Sempre que atende a um paciente, o médico preenche um receituário por paciente atendido, que pode conter de ZERO a N (muitos) remédios, e no mínimo uma prescrição médica ou um atestado, portanto, sempre é obrigatório o preenchimento. Todos os pacientes são registrados independentemente da clínica que os atendeu.

Um mesmo paciente em datas diferentes pode ter receitas com o mesmo remédio, com médicos diferentes ou com o mesmo médico.

O código e o nome dos remédios são padrões internos do sistema, obedecem ao critério de formulação genérica, portanto, podem ser supridos por qualquer laboratório farmacêutico. São controlados pela sua substância ativa e não por marca. Um remédio só pode ser receitado uma única vez na mesma data para o mesmo paciente.

Vamos analisar este modelo, tentando isolar as partes do negócio para facilitar a nossa conquista do modelo de negócio.

O primeiro bloco de modelo que vamos analisar talvez seja o centro do negócio de clínicas médicas: o atendimento, a consulta de pacientes.

Um médico atende muitos pacientes.

Um paciente consulta com muitos médicos

Logo, nosso relacionamento no centro do negócio está correto como na Figura 6.11.

Figura 6.11

Entretanto, dependendo da interpretação do ambiente e da capacidade de abstração do analista, também é válida a interpretação de que existe um objeto consulta neste contexto.

Assim, devemos nos preocupar em entender como são os relacionamentos entre as entidades do contexto: médico, paciente e consulta.

▶ Um médico faz muitas consultas.

▶ Cada consulta tem um e somente um médico.

▶ Um paciente tem muitas consultas.

▶ Cada consulta tem um e somente um paciente.

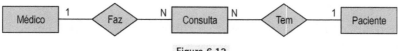

Figura 6.12

Esta também é uma interpretação válida para este problema. Bem, vamos quebrar outro bloco para o modelo.

"Uma clínica médica, que é empresa, realiza atendimentos médicos nas mais diversas especialidades e situa-se em determinados endereços, que denominaremos local."

Temos, então, a entidade clínica e a entidade local, e existe um relacionamento entre as duas entidades.

Figura 6.13

Analisando as afirmativas seguintes sobre clínicas e locais:

"Um único local e suas instalações podem ser compartilhados por duas ou mais clínicas médicas por meio de um contrato de compartilhamento."

Então, um local pode ter mais de uma clínica.

Podemos concluir que uma clínica situa-se em muitos locais e em um local situam-se muitas clínicas? Ainda não. Até o momento, podemos concluir somente que um local pode ter mais de uma clínica.

"Uma clínica pode disponibilizar atendimento na mesma especialidade ou especialidades diferentes em locais diferentes."

"Uma clínica médica... situa-se em determinados endereços, que denominaremos local." "Porém, em cada endereço uma clínica médica atende uma e somente uma especialidade médica."

Analisando estas três assertivas, podemos afirmar que uma clínica pode situar-se em muitos locais de atendimento.

Temos agora a conectividade deste relacionamento, que é muitos-para-muitos também.

Figura 6.14

Da mesma forma, podemos visualizar ou entender as associações sem o uso de agregação, simplesmente pelo entendimento de que existe um objeto contrato que associa clínica e local.

Figura 6.15

O leitor deve estar perguntando: onde foram colocados os remédios e as especialidades? Sim, porque estão caracterizados pelo critério e pelas dicas como entidades.

Calma, chegaremos lá.

Existem afirmativas, neste caso, que estabelecem relações entre médicos e clínicas e, ainda por cima, destaca-se especialidade como algo relevante. Senão, vejamos:

"As clínicas médicas têm médicos contratados, e estes atendem somente uma especialidade médica na clínica pela qual estão contratados."

"Porém, em cada endereço (a clínica) atende uma e somente uma especialidade médica."

"Um médico somente pode ser contratado por uma clínica."

Logo, temos relações entre médicos, clínicas e especialidades e entre especialidades e clínicas:

► Todo médico tem uma e somente uma especialidade quando está associado, contratado por uma clínica, que é a especialidade em que ele vai atuar nessa clínica.

► A clínica em um local atende uma e somente uma especialidade.

► Um médico só pode estar relacionado a uma clínica.

Como o médico só pode atuar em uma especialidade na clínica que o contratou, e somente pode estar vinculado a uma clínica, interessa-nos apenas a especialidade em que ele atua na clínica.

Vejamos a solução para a primeira afirmativa:

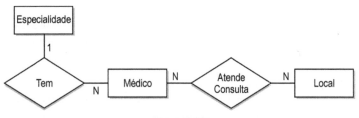

Figura 6.16

Um médico tem uma e somente uma especialidade, e uma especialidade tem muitos médicos.

Continuando o modelo: quem mais tem especialidade? A clínica? O local? A resposta correta é que a clínica, no local, tem especialidade.

"Porém, em cada endereço (a clínica) atende uma e somente uma especialidade médica."

Logo, podemos usar mais uma agregação no modelo.

O conjunto, bloco de agregação "clínica situa-se local" relaciona-se com especialidade. "Uma clínica situa-se local" atende a uma especialidade, e uma especialidade é atendida em muitos "uma clínica situa-se local".

O relacionamento de especialidade com o bloco é feito com a agregação apresentada.

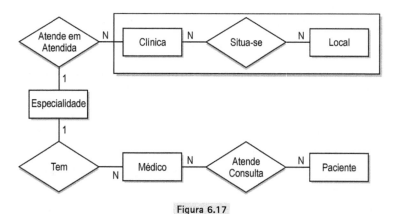

Figura 6.17

Agregação: Uma Extensão Especial

Continuando com as alternativas de interpretação, se estamos com o modelo aberto anteriormente sem agregação, como efetivar esses relacionamentos?

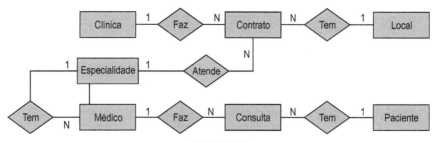

Figura 6.18

O diagrama apresenta o relacionamento de especialidade com o equivalente da agregação anterior, que é a entidade associativa contrato. O relacionamento de especialidade com médico é idêntico ao modelo com agregação.

Vamos analisar e estudar agora o que fazemos com os remédios citados neste caso:

"O código e o nome dos remédios são padrões internos do sistema, obedecem ao critério de formulação genérica, portanto podem ser supridos por qualquer laboratório farmacêutico. São controlados pela sua substância ativa e não por marca."

Logo, remédio é uma entidade, pois tem significado próprio e dados que o descrevem.

Analisando outra afirmativa do problema:

"Sempre que atende a um paciente, o médico preenche um receituário por paciente atendido, que pode conter de zero a N (muitos) remédios, e pelo menos uma prescrição médica ou um atestado, portanto, sempre é obrigatório esse preenchimento. Todos os pacientes são registrados independentemente da clínica que o atendeu."

Isso denota que existe um relacionamento entre remédio e o atendimento de um médico a um cliente, a consulta propriamente dita.

Como temos um relacionamento de muitos-para-muitos entre médico e paciente, e representa o fato da consulta, podemos realizar uma agregação e relacioná-la com remédios, pois quando existe consulta (agregação) são receitados de zero a N remédios.

No modelo apresentado na Figura 6.19, apresentamos as ligações entre remédios e a agregação e a ligação entre especialidade e médico.

O objetivo é destacar que um relacionamento ocorre entre uma entidade e um bloco, uma agregação, enquanto outro (especialidade tem médico) ocorre entre duas entidades diretamente.

Observe no modelo que a linha que une o relacionamento tem e a entidade médico é contínua até a caixa da entidade, enquanto a linha do relacionamento entre remédio e o fato consulta é contínua até a caixa que representa, destaca a agregação.

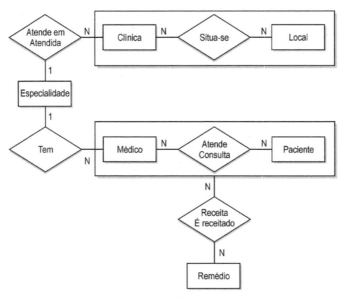

Figura 6.19

Será que agora nosso modelo está completo? Não representamos ainda neste modelo a associação, o relacionamento entre médico e clínica.

"As clínicas médicas têm médicos contratados, e estes atendem somente uma especialidade médica na clínica pela qual são contratados. Uma especialidade médica pode ser exercida por vários médicos, mas um médico pode exercer somente uma especialidade em uma clínica médica."

"Um médico somente pode ser contratado por uma clínica."

Logo, devemos ainda inserir mais um relacionamento no modelo obtido até o momento:

- Um médico atende em uma clínica.
- Uma clínica pode ter muitos médicos atendendo.

O relacionamento é entre as entidades médico e clínica.

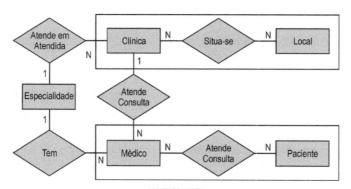

Figura 6.20

Agregação: Uma Extensão Especial

Nesse ponto, destaca-se a seguinte questão: neste modelo, como podemos descobrir onde o médico atende ao paciente? Do jeito que está, não existe nenhum caminho de navegação que possibilite chegar a uma resposta.

Se obtivermos os dados do paciente, do médico e da consulta, podemos identificar uma especialidade. Seguindo por especialidade, vamos obter mais de uma clínica, sem falar nos locais múltiplos que podemos encontrar para cada clínica. Se navegarmos por médico e clínica, também vamos encontrar muitos locais.

Como resolver então o problema do modelo? A solução vem de um relacionamento entre duas agregações neste modelo.

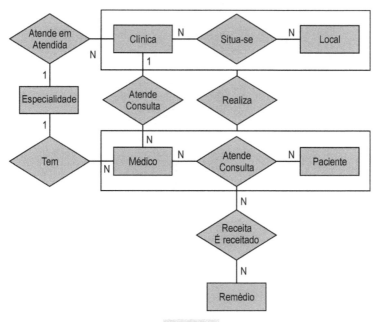

Figura 6.21

Observe a ligação do relacionamento com os dois blocos que representam a agregação. Este mesmo modelo, no momento em que formos utilizar uma ferramenta de modelagem, como estas estão direcionadas para bancos de dados relacionais e não implementam o conceito de agregação nos seus templates de modelagem lógica, causará a necessidade de utilizar tabelas associativas no lugar de relacionamento muitos-para-muitos.

Vamos mostrar agora o mesmo modelo lógico de duas formas diferentes: sem os relacionamentos muitos-para-muitos com agregações, realizado em uma ferramenta CASE, e o modelo a partir dos exemplos de entendimento do minimundo sem agregações que já vínhamos apresentando neste caso.

Todos os modelos apresentados satisfazem as necessidades explicitadas para o minimundo.

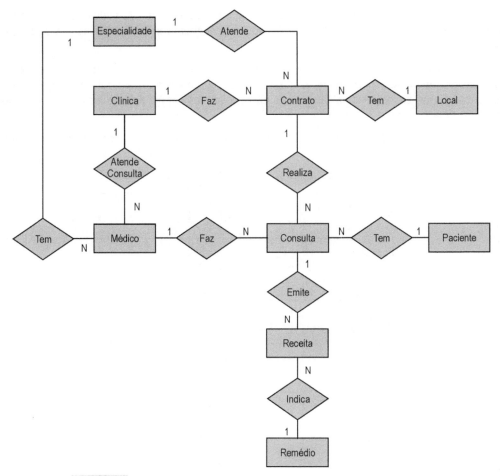

Figura 6.22 Modelo com notação de Chen sem relacionamentos muitos-para-muitos.

O modelo seguinte é gerado em uma ferramenta CASE com a especificação dos atributos de todas as entidades.

Como detalhe, não estamos apresentando os nomes das entidades para que o leitor exercite e identifique cada uma das nossas entidades e relacionamentos.

Observe que os três relacionamentos muitos-para-muitos que se transformaram em entidades possuem um número acentuado de atributos, principalmente em suas chaves primárias, pois herdam as chaves primárias, constituindo-se em chaves estrangeiras dentro das próprias primárias, das entidades relacionadas.

Agregação: Uma Extensão Especial

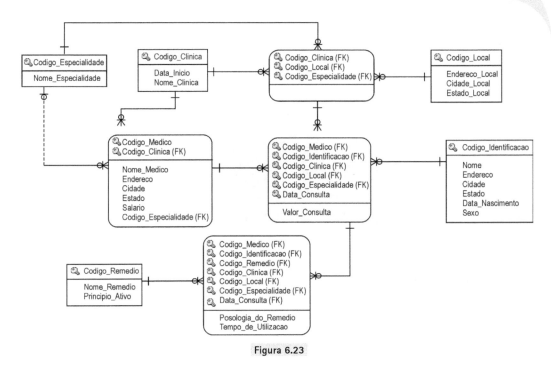

Figura 6.23

O que desejamos mostrar é que a utilização de agregação é um fato natural na maioria dos modelos de dados. Sempre temos algum fato que se relaciona com outra entidade ou com outro fato.

Em empresas industriais, é um fato muito comum, como vamos demonstrar no próximo exemplo, que trata de uma fábrica de produtos sob encomenda.

6.4 Fábrica

Vamos analisar outra situação de agregação bem prática, em uma indústria que fabrica seus produtos sob encomenda, ou seja, não existe estoque, os pedidos de produtos são recebidos e tabulados. Existe, então, a emissão de muitas ordens de produção. A ordem de produção depende da quantidade de cada produto solicitado nos pedidos, executada para atender vários pedidos ou somente um.

Considerando que as ordens de produção executam a fabricação de somente um produto cada vez, podemos ter várias ordens de produção sendo executadas para atender cada pedido.

Figura 6.24

Vamos iniciar a nossa interpretação da realidade pela relação existente entre pedido e produto, apresentada em literaturas que ensinam sobre modelo de dados Entidade-Relacionamento. A Figura 6.25 mostra este relacionamento.

Figura 6.25

- Um pedido solicita um ou vários produtos.
- Um produto é solicitado por um, vários ou nenhum pedido.

Novamente, destacamos que esse relacionamento é opcional no sentido de produto para pedido, pois podemos ter ocorrências de produto que não estejam solicitadas por nenhuma ocorrência de pedido. Somente não podemos dizer quando e como isso ocorre na vida real.

E como relacionamos a ordem de produção comentada com o fato? Se você acompanhou este livro até este ponto, já sabe o resultado da questão proposta. Ordem de produção se relaciona com a agregação formada por pedido solicita produto.

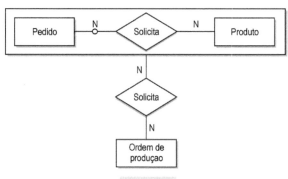

Figura 6.26

Agregação: Uma Extensão Especial

Este relacionamento é muitos-para-muitos.

Como? Vamos ler o modelo e entender a realidade.

Quando um pedido solicita produtos, então, é atendido por uma ou várias ordens de produção.

Uma ordem de produção atende um ou vários pedidos que solicitam produtos. Por que não relacionar a ordem de produção diretamente com pedido? Porque a ordem de produção vai atender à solicitação de produtos especificados no relacionamento entre pedido e produto e não ao pedido todo.

Onde está a informação sobre os produtos em cada pedido? Está no relacionamento, que possui campos, dados.

Observe o modelo com atributos básicos nos relacionamentos e exercite sua leitura de um modelo de dados.

Existe uma regra para todo vendedor: você só vende aquilo que compraria.

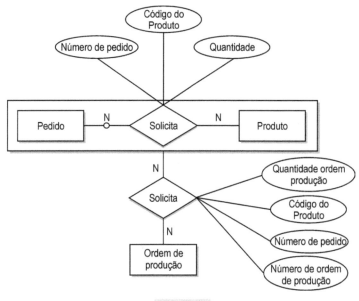

Figura 6.27

Você só aprova o modelo de dados que entende.

6.5 Regras para identificar e utilizar agregação

Mesmo apresentando exemplos, sabemos que no dia a dia dos analistas de sistemas a atividade de modelar dados é realizada sob intensa pressão de gerentes e usuários. Assim, necessitamos passar aos leitores algumas regras e dicas para identificar rapidamente as possibilidades de existência de agregações nos modelos de dados em construção.

Regra 1

Somente podem existir agregações em relacionamentos de muitos-para-muitos.

Um relacionamento muitos-para-muitos sempre representa um fato, um acontecimento entre duas coisas, duas entidades. Ora, na vida real, sabemos que quando algo acontece, podem existir coisas ou fatos que são decorrentes do acontecido.

Por exemplo, na vida real:

Acidentes de trânsito

Acidentes ocorrem em vias de circulação, sejam estradas, ruas ou avenidas, e envolvem sempre veículos e pessoas.

Modelando isso, sabemos que acidente é um fato, e poderíamos afirmar que: veículos acidentam-se em locais.

Figura 6.28

Como nosso trânsito é muito caótico, em um local podem ocorrer muitos acidentes com muitos veículos. Um veículo pode sofrer muitos acidentes em vários locais.

Já temos, nesse momento, a regra número 1 satisfeita: é um relacionamento de muitos-para-muitos entre veículos e locais.

Figura 6.29

Regra 2

Sempre que obtivermos em um modelo de dados um relacionamento muitos-para-muitos, devemos questionar, ou melhor, dirigir nossa análise para o que existe nesse mundo real que seja decorrente do fato representado.

Se existir alguma coisa associada, decorrente do fato, estamos já com a definição de que algo se agrega ao relacionamento definido.

Senão, vejamos o exemplo real.

Quando veículo acidenta-se em local, o que acontece? O que nos interessa saber?

O que perguntaríamos logo que obtivéssemos essa informação?

– Houve vítimas fatais? Quantas?

– Foi imprudência ou excesso de velocidade?

– Já registraram a ocorrência? Já chamaram socorro?

– Os motoristas têm seguro?

Observa-se que existiriam, na vida real, muitas questões que naturalmente nos levariam a encontrar alternativas de coisas relacionadas ao fato.

Vamos analisar somente uma: a primeira pergunta, sobre vítimas. Quando veículo acidenta-se em local, existem vítimas. Vítimas participam de veículo acidenta-se em local.

Com base nas afirmativas, podemos desenhar um modelo de dados com agregação como solução, como na Figura 6.30.

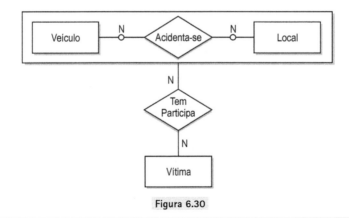

Figura 6.30

Regra 3

A última regra é determinarmos a conectividade do relacionamento entre a entidade e a agregação.

Por que isso é importante para colocarmos como regra? Porque, em certos casos, a conectividade vai nos apresentar ou fazer entender que a "coisa" é um atributo do relacionamento e não uma entidade, o que elimina a utilização da agregação.

No caso, quando um veículo acidenta-se em local, pode existir uma ou várias vítimas. E uma vítima é vítima de um acidente, ou pode também ser muito azarada e aparecer como vítima em muitos acidentes.

Se existir conectividade desta forma, temos um relacionamento entre a entidade vítimas e o bloco de modelo veículo acidenta-se em local do tipo muitos-para-muitos.

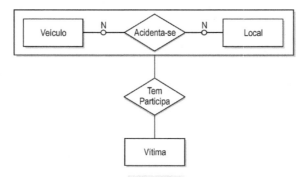

Figura 6.31

E como colocamos as outras perguntas feitas? Vejamos:

Imprudência ou excesso de velocidade dá a entender que toda vez que houver um acidente existe uma causa.

Descobrimos mais um objeto: as causas possíveis de um acidente.

Mas pode haver mais de uma causa em um acidente? Claro que sim, pois se o acidente for entre dois veículos, pode ser que um estava em excesso de velocidade, o motorista alcoolizado, e o outro participante foi imprudente, pois entrou em uma via preferencial.

Logo, podemos ter outra entidade relacionada com a agregação: a entidade causas de acidentes de trânsito. Está achando o nome muito grande? Isso não deve ser importante ao modelar dados, o importante é expressar a realidade.

Veja adiante a Figura 6.32, que apresenta mais uma entidade relacionada com a agregação. Duas entidades relacionadas a uma agregação. Lembre-se que os relacionamentos de muitos-para-muitos são representados por tabelas associativas que fazem o mesmo papel do relacionamento.

Agregação: Uma Extensão Especial

Fica fácil a implementação de um aspecto conceitual na forma de tabelas relacionais, porém, é de grande importância no entendimento de uma realidade trabalharmos com esse recurso de agregação.

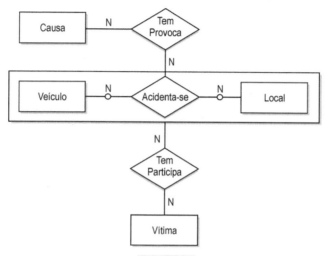

Figura 6.32

Recomendamos que os analistas procurem sempre modelar no nível de abstração que é o modelo conceitual, para, somente após entender e expressar a realidade, elaborar o modelo lógico e o modelo físico.

As regras que lançamos para descobrir e utilizar agregações servem como orientação para que o leitor possa trabalhar os dados em um nível mais alto de abstração e facilitar o direcionamento de sua visão e observação de um ambiente que está sendo modelado.

A regra número 1 apresenta a condição básica para a existência de uma agregação, porém nada indica que sempre que houver um relacionamento de muitos-para-muitos haja uma agregação.

Agregação é enxergar um bloco de modelo que possui um relacionamento de muitos-para-muitos como uma entidade, relacionado com outras entidades, ou então relacionado com outro bloco de modelo, isto é, com outra agregação.

 Destacamos que **nunca existe agregação quando da existência de relacionamentos um-para-muitos**. Nunca, não esqueça!

Vamos, agora, apresentar uma situação de relacionamento um-para-muitos e discutir porque nunca existe a aplicação do conceito de agregação para estes casos.

Uma situação típica de vendas:

Vendedor emite pedido, como na Figura 6.33.

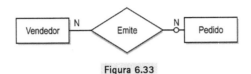

Figura 6.33

Este relacionamento tem a cardinalidade de um-para-muitos, ou seja, cada ocorrência de vendedor pode ter emitido vários pedidos. Por seu lado uma ocorrência de pedido foi emitida por uma e somente uma ocorrência de vendedor.

Vamos então procurar se existem coisas associadas ao fato de vendedor emite pedido.

Supondo que afirmem que quando vendedor emite pedido implica em ter cliente.

Quem tem cliente? Pedido ou vendedor.

Só existe cliente quando vendedor emite pedido? Não, a verdade é que cliente é uma informação, um atributo do pedido e não da relação entre as duas entidades.

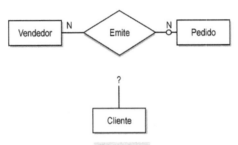

Figura 6.34

Na vida real, se prestarmos atenção ao que acontece, veremos que as informações são de uma entidade ou de outra, ou ainda caracterizam outra entidade que se relaciona com uma das duas em análise, mas não com o fato representado pelo relacionamento entre elas.

Vejamos na Figura 6.35 a solução correta.

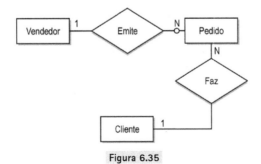

Figura 6.35

Agregação: Uma Extensão Especial

Cliente, vendedor e pedido.

No mundo real, um cliente faz um pedido a um vendedor, que o emite, ou melhor, que o encaminha à empresa. Logo, temos as três entidades como apresentadas no modelo da figura. Lendo o modelo, vamos encontrar as mesmas afirmações do mundo real.

- Cliente faz pedido.
- Vendedor emite pedido.

E a relação, ou melhor, relacionamento entre vendedor e cliente. Vendedor atende cliente.

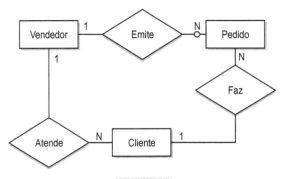

Figura 6.36

Cuidado com vendedor atende cliente, pois, dependendo das regras de negócio da empresa, isso não existirá.

Se a regra de negócio for que os vendedores da empresa não têm exclusividade sobre os clientes, isto é, mais de um vendedor pode atender um mesmo cliente, esse relacionamento perde a sua razão de ser.

Neste caso, somente por meio da entidade pedido podemos saber que vendedor atendeu a um determinado cliente. Essa solução da Figura 6.36 parece ter dois relacionamentos redundantes, porém são dois caminhos alternativos para pedido e cliente em relação a vendedor.

6.5.1 Agregação reflexiva

Este é um dos casos mais trabalhosos de visualização de realidades.

Vamos colocar exemplos bem reais, assim como uma brincadeira simulada, para que você possa gravar, mentalizar os caminhos de solução.

Vamos iniciar este estudo com uma pequena brincadeira: suponha que em uma cidade, de poucos habitantes, resolvemos fazer um controle das pessoas que namoram.

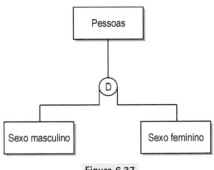

Figura 6.37

Temos a entidade pessoas da cidade na qual estão, por assim dizer, todos os habitantes, seja do sexo masculino, seja do sexo feminino.

Considerando que uma ocorrência do sexo masculino pode namorar com mais de uma do sexo oposto, e que uma ocorrência do sexo feminino também pode namorar com mais de uma pessoa do sexo oposto, temos um relacionamento reflexivo de cardinalidade muitos-para-muitos.

Observe que estamos lidando com duas visões de dados da entidade pessoa: a visão ocorrências do sexo masculino e a visão ocorrências do sexo feminino. Temos dois subtipos distintos neste caso.

Veja a Figura 6.38, que apresenta este relacionamento.

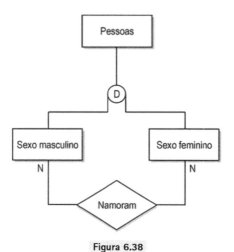

Figura 6.38

Observe duas representações gráficas, uma com o entendimento generalista e outra com visões de dados (especializações) colocadas como subtipos, o que vai facilitar o entendimento da realidade.

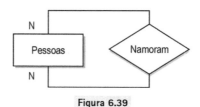

Figura 6.39

Mas vamos seguir para obter o resultado de entendimento que buscamos. Na referida cidade pequena, todo mundo que namora usa uma aliança de compromisso.

Analisando o modelo obtido até este instante, podemos colocar a questão: as pessoas quando namoram usam uma aliança?

Sim, elas utilizam.

Agregação: Uma Extensão Especial

Bem, a nossa entidade aliança então se relaciona com o quê?

A questão que colocamos tem como resposta: aliança se relaciona com a agregação resultante do relacionamento entre duas visões de dados da entidade pessoas.

Observe o resultado no Diagrama Entidade-Relacionamento.

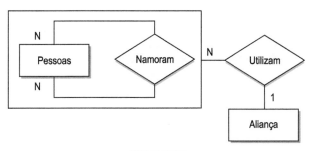

Figura 6.40

Pessoas e aliança.

Lendo o modelo, temos: pessoas do sexo masculino namoram com várias pessoas do sexo feminino, e pessoas do sexo feminino igualmente namoram com várias pessoas do sexo masculino. Continuando.

Quando pessoas namoram com pessoas, elas utilizam uma aliança.

Este relacionamento, da agregação namora com aliança, é de muitos-para-um, pois uma relação só pode ocorrer cada vez em um lugar.

Certamente, este exemplo não sairá mais da sua memória, pois quando ele é apresentado, o resultado de fixação é muito alto. O resultado é bom para entender!

Este modelo retrata uma realidade. O problema é, se implementado, como se obteriam os dados para os relacionamentos se efetuarem? Difícil, não acha?

Vamos, agora, para um exemplo muito utilizado em ambiente industrial: a questão dos produtos compostos e produtos componentes.

A Figura 6.41 apresenta o modelo de relacionamento reflexivo que vamos estudar e agregar.

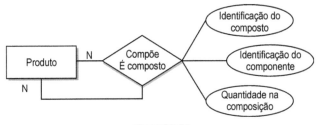

Figura 6.41

6.6 Produto composto e componente

Em uma entidade produto, suas ocorrências são compostas de produtos completos e componentes.

Um produto acabado é composto de vários componentes.

Um componente participa da composição de vários produtos acabados.

Esses fatos estão retratados no modelo de dados da Figura 6.42 na forma de subtipos, com um relacionamento muitos-para-muitos entre eles.

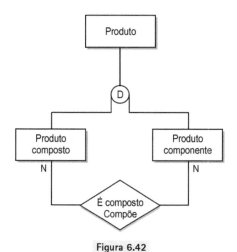

Figura 6.42

Este relacionamento possui os dados de quantidade de cada componente na composição do produto acabado.

Tabela 6.8   Produto

Código Produto	Descrição
3758	Parafuso
8596	Rosca
4512	Arruela
5532	Bloco
7626	Carburador

Agregação: Uma Extensão Especial

Tabela 6.9 É composto – Compõe

Código Composto	Código Componente	Quantidade Componente
5532	3758	10
5532	4512	22
5532	8596	14
7626	3758	65
7626	4512	70

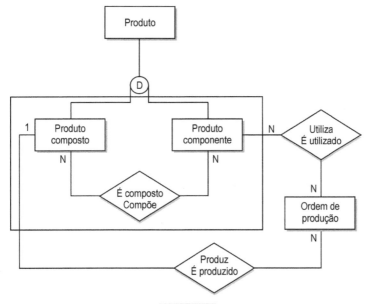

Figura 6.43

Quando há uma ordem de produção para produzir uma quantidade determinada de um produto acabado, essa ordem provoca a retirada, dos estoques da empresa, das quantidades necessárias de cada componente.

Essa retirada é realizada para atender uma ordem de produção, que produz somente um item acabado, o qual tem componentes.

Essa requisição de componentes é visualizada pelo relacionamento entre ordem de produção e uma agregação, que é o relacionamento entre o subtipo produto acabado e produto componente, o relacionamento compõe/é composto, conforme apresentamos no DER.

Dessa forma, permite-se que se associe a quantidade necessária de cada produto componente para ser utilizada em uma ordem de produção determinada.

Vamos inserir a demonstração das tabelas que representariam com dados este relacionamento utiliza e a ordem de produção para melhor entendimento.

Tabela 6.10 Ordem de produção

NumOrdProd	ProdutoOrdem	Qtde	Data Ordem
200152	5532	2	20/02/2004
200155	7626	2	21/03/2004

Tabela 6.11 Utiliza / É utilizado

NumOrdProd	ProdutoOrdem	Componente	Qtde Requisitada
200152	5532	3758	20
200152	5532	4512	44
200152	5532	8596	28
200155	7626	3758	130
200155	7626	4512	140

A Tabela 6.10, que representa o relacionamento entre ordem de produção e a agregação, possui como chave estrangeira a concatenação das colunas ProdutoOrdem, que é o produto composto a ser fabricado, e a coluna Componente, que é o produto componente que participa desse produto a ser fabricado.

Voltando ao caso que estávamos estudando no MER, de cinemas e filmes, vamos concluir o contexto, inserindo uma assertiva que não colocamos para poder utilizar os recursos de agregação.

6.7 Distribuidora de filmes – continuação

Vamos considerar agora, adicionalmente, que desejamos controlar o público que assiste aos filmes exibidos nos cinemas.

Queremos saber por horário de sessão (se na sessão das 14 ou das 22 horas, por exemplo) e as datas em que ocorreu maior público.

Entrou um objeto, neste contexto, que não existia anteriormente: a sessão de cinema.

Se lhe perguntarem quando você foi ao cinema pela última vez, você certamente responderá que foi talvez ao cinema A, passando o filme B, no dia tal, na sessão das X horas.

Bem, olhando por cima, já sabemos que sessão tem informação sobre dia e horário, além de indicar um filme e um cinema. Ou seja, existe um objeto sessão, só que devemos considerar que não é um objeto com existência independente, pois não existe sessão sem filme e tampouco sessão sem cinema. Logo, sessão somente existe quando cinema exibe filme.

A expressão, quando aqui colocada, resulta que temos uma aplicação de agregação entre uma entidade sessão e o conjunto, bloco de modelo cinema passa filme, que já havíamos modelado.

Agregação: Uma Extensão Especial

Vamos ver como fica o modelo de dados agora.

Antes, vamos colocar mais uma questão: as pessoas são identificadas e registradas quando entram para assistir a uma sessão de cinema? É claro que não, logo, nossa sessão de cinema deve ter um atributo para que seja possível identificar o público no sentido de quantidade de pessoas que assistiram a um filme em exibição em um cinema.

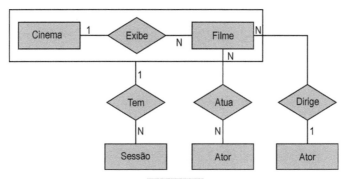

Figura 6.44

Uma sessão de cinema tem um cinema e um filme, ou seja, sua conectividade em relação ao bloco agregado é um. Um cinema exibe filme tem muitas sessões, logo, a conectividade neste sentido é muitos.

Considerações finais

Nosso objetivo neste capítulo foi apresentar uma visão mais ampla da técnica de modelagem de dados, no sentido de retratar com fidelidade as situações do mundo real.

Agregação não é considerada por nós somente uma técnica a mais, porém uma abstração que utilizamos no dia a dia sem perceber que estamos modelando alguma coisa.

O raciocínio do homem é normalmente binário. Observamos e lemos todas as nossas realidades aos pares de coisas. E quando uma terceira ou quarta coisa entra no meio, utilizamos sempre a expressão quando.

Mas dificilmente você interpreta ou lê algo com mais de duas coisas ao mesmo tempo.

Neste ponto do livro, podemos apresentar exercícios mais complexos, pois consideramos que você adquiriu conhecimentos sobre o MER, inclusive com todas as suas extensões propostas, o que permite a construção de qualquer modelo necessário como os que vamos apresentar.

CAPÍTULO **7**

Tratamento de Interpretações de Dados

7.1 Pontos de vista diferentes

A interpretação da realidade difere muito de uma pessoa para outra. Mesmo estando no mesmo lugar e assistindo a um mesmo fato, pessoas diferentes, de ambientes diferentes, podem interpretar e denominar fatos e coisas de forma desigual, além de relacionarem essas coisas com outras completamente diversas.

Os modelos de dados devem sempre refletir a interpretação que pessoas de uma organização têm de coisas que significam algo para elas. Quando estamos modelando, é muito comum encontrarmos muitas interpretações diferentes em departamentos da empresa sobre a mesma coisa.

Por conta de as ferramentas existentes para modelagem de dados não implementarem essas interpretações, assim como a existência de direcionamento para o modelo físico, leva o analista a pensar imediatamente em SQL e seus recursos para tratamento de interpretações de uma entidade.

Cria-se, então, uma distância enorme entre o modelo físico, que é um esquema de tabelas e colunas, e o modelo conceitual, que será apresentado aos usuários, o qual é a representação de um ambiente real, externo ao SGBD.

O que buscamos é uma atenção maior à questão da representação e modelagem das interpretações de dados que existem, não só em departamentos de uma empresa, como os diversos fatos que estão relacionados com interpretações de uma determinada coisa em uma empresa.

Lembre-se de que muitas vezes o não tratamento e a modelagem dessas interpretações dentro de um modelo nos levam a não definir relacionamentos entre entidades, uma vez existindo relacionamentos específicos de uma interpretação de dados com outra entidade, ou com outra interpretação. Esse problema faz com que fatos do ambiente sejam retratados de maneira confusa, gerando no futuro divergências entre a realidade da empresa e o que o sistema retrata com falta de informações.

A Figura 7.1 apresenta uma situação de interpretações de dados simples, em que temos a entidade produto e que possui os mais variados tipos de interpretação dentro de uma empresa. Como tratar isso?

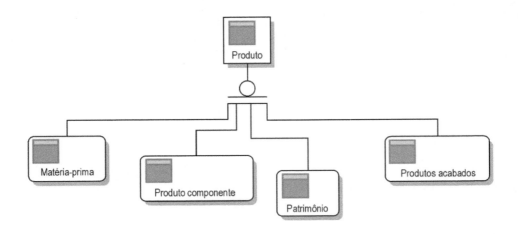

Figura 7.1

Toda empresa, seja comercial, industrial ou de serviços, tem esse elemento chamado produto, porém as interpretações em cada negócio são em maior ou em menor número, mas podemos afirmar que sempre existirá um conjunto de interpretações idêntico.

Devemos resolver o problema dando atenção e explorando mais acentuadamente as possibilidades de interpretações dentro de uma entidade.

No nosso exemplo, temos ainda o fato de usuários diferentes utilizarem nomenclaturas diferentes para suas coisas. Por exemplo: materiais de consumo e não produtos de consumo.

Muitas vezes, o produto provoca erros graves de modelagem ou modelos não otimizados, pois coisas iguais são modeladas separadamente.

Produto acabado e matéria-prima. Ora, os dois não são coisas iguais? Por que possuem tratamento diferente? Ou qual é a diferença entre produto acabado e item de patrimônio? São coisas distintas dentro de um negócio, apesar de um produto fornecido por alguém ser um item imobilizado, um bem patrimonial.

Tratamento de Interpretações de Dados

Figura 7.2

A Figura 7.2 ilustra este problema, principalmente em empresas do segmento industrial. Podemos ter um produto acabado que, mudando de área de negócio, é um bem do patrimônio. Se produzirmos poltronas ou computadores, quando um produto desses está no estoque, é um produto acabado; quando utilizamos um desses produtos na empresa, ele passa a ser um bem imobilizado.

Veja bem que não estamos falando de processos, mas em análise de dados, de entendimento do papel dos objetos no mundo de negócios.

Vamos apresentar conceitos sobre esses conflitos de nomes e entendimento da semântica dos objetos no mundo real.

Existem duas fontes de conflito de nomes em um ambiente real em análise: sinônimos e antônimos.

Sinônimo é quando um mesmo objeto de um ambiente é representado por nomes diferentes, mesmo sendo o mesmo objeto.

Antônimo é quando objetos diferentes são representados pelo mesmo nome no ambiente.

Devemos estar atentos ao executarmos um modelo de dados para conseguir obter clareza no entendimento dessas similaridades de conceitos do usuário que nos fornece informações.

Os dois modelos de conceitos da Figura 7.3 apresentam os mesmos objetos com foco de entendimento de negócio diferenciado e, inclusive, com conceitos diferentes em relação aos objetos que compõem o ambiente de negócios. Isso não impede que seja realizada uma unificação de conceitos. Porém, destaca-se a necessidade de utilizarmos o que denominamos de renomear os conceitos, removendo as ambiguidades do modelo causadas por sinônimos, e nos casos de antônimos apresentar sempre uma segunda interpretação com os objetos renomeados.

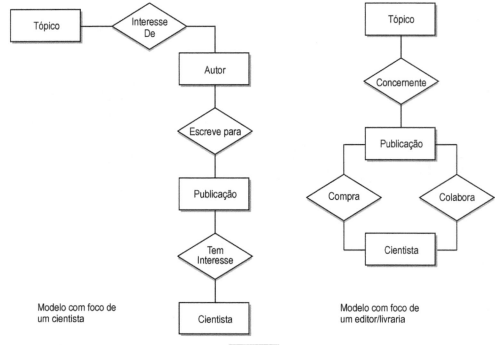

Figura 7.3

Essa análise de similaridade deve ser realizada principalmente quando conceitos com nomes diferentes possuem as mesmas propriedades, o que permitirá definirmos objetos únicos ou diferentes.

Devemos estar atentos aos conceitos com mesmo nome e que possuam propriedades e restrições diferentes. Lembrando que restrições, para nós, querem dizer regras e condições que restringem os conjuntos de valores válidos para o objeto.

A prática tem mostrado que exemplos mais simples podem ser mais fáceis de visualizar, porém devemos nos orientar para apresentar os objetos e conceitos que existem no ambiente do usuário e da forma mais próxima possível de seu vocabulário e conceitos.

Devemos buscar uma forma de apresentar, integrar e valorizar essas visões de dados para possibilitar que os modelos sejam realmente legíveis, não somente por um grupo de usuários de um futuro sistema, mas por todos os envolvidos na utilização desse sistema.

7.2 Relacionamentos entre interpretações

No modelo de dados, é importante tratar os relacionamentos que essas interpretações têm entre si e com outras entidades.

Vamos iniciar pelos casos de relacionamentos entre interpretações de uma entidade.

Tratamento de Interpretações de Dados

Observe a Figura 7.4, em que apresentamos o relacionamento entre interpretações de produto.

Na entidade produto, temos as seguintes interpretações: material de consumo, produtos acabados, produtos semiacabados, componentes de fabricação, matérias-primas e material de marketing. Temos ainda as subinterpretações de produtos semiacabados: peças de plástico e peças de vidro. Peças de vidro é uma interpretação de determinado grupo de pessoas dentro da empresa, do departamento de engenharia, e que possui forma de classificação e visualização de coisas totalmente diferente da administração, por exemplo.

Da mesma forma, existem as interpretações de operação. Dois tipos de operação são considerados, as operações normais e as de risco, uma qualificação para diferenciar as operações em uma fábrica hipotética.

No nosso exemplo, peças de vidro se relacionam com as interpretações de operações denominadas operações de risco.

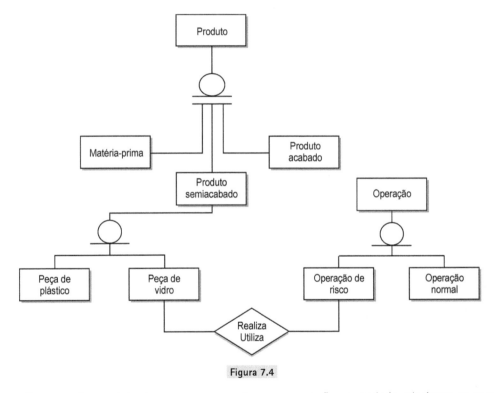

Figura 7.4

Por exemplo, produto de consumo, que não aparece na figura, poderia relacionar-se com o quê? Com nenhuma das interpretações apresentadas, porém, pode existir relacionamento entre produtos acabados e produtos semiacabados? Sim, pois um produto acabado, considerando-se que nossa empresa modelo fabrica, por exemplo, garrafas térmicas, possuiria em sua composição produtos semiacabados.

São produzidos diversos produtos em uma linha de montagem, os quais vão formar uma garrafa térmica. Logo, a Figura 7.5 apresenta o relacionamento entre as duas interpretações.

Um relacionamento de muitos-para-muitos, que colocamos conceitualmente com dados, contém a informação de quem é o componente e quem ele compõe, ou seja, qual é o produto final de cuja composição ele participa.

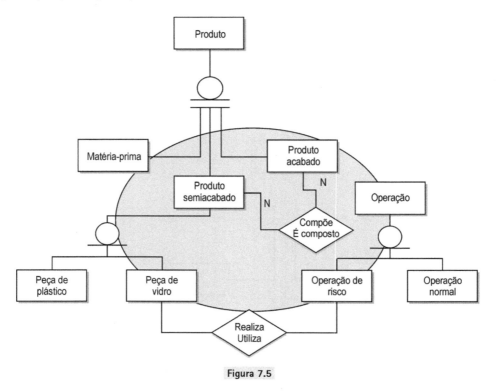

Figura 7.5

Aprofundando a análise, qual será a jogada com matéria-prima? Produto acabado não está relacionado com matéria-prima?

Neste exemplo, vamos inicialmente considerar que matéria-prima está sendo utilizada para produzir os componentes de um produto acabado. Logo, teríamos um relacionamento entre as interpretações produto semiacabado e matéria-prima, da mesma forma que temos entre produto acabado e produto semiacabado.

Mas estes dois relacionamentos são os mesmos? Evidente que são.

Na realidade, existe um único grande relacionamento, que é produto compõe produto, e que pode ser visto em grupos separados, porém, estruturalmente, é o mesmo relacionamento. O que temos é uma hierarquia embutida na entidade produto.

Tratamento de Interpretações de Dados

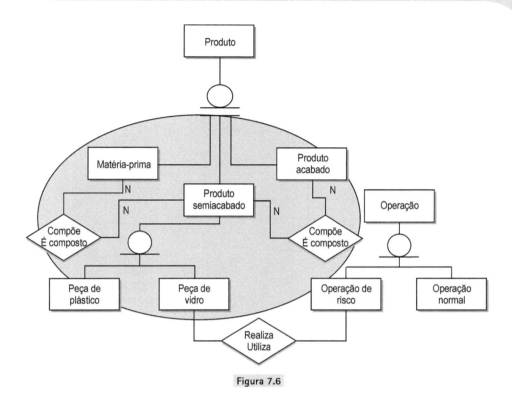

Figura 7.6

7.3 Tratamento de subinterpretações

Mas poderíamos agora nos perguntar: e a interpretação peças de vidro não faz parte de uma garrafa térmica (a parte interna, o bojo da garrafa)? Como relacioná-la?

O importante é entendermos que nem todas as interpretações estão no mesmo nível hierárquico. Podemos ter interpretações dentro de outra interpretação.

Neste caso, peças de vidro é uma interpretação dentro da interpretação produto semiacabado. Observando a realidade em questão, seu relacionamento se dá com a interpretação produto acabado, conforme apresentamos, porém nada mais é que um segundo grau de especialização do modelo em questão.

Veja a Figura 7.7, em que vamos simplificar o modelo e apresentar uma existência dessa subinterpretação, além de apresentar um relacionamento reflexivo geral denominado Compõe entre Produto e o próprio Produto (reflexivo). Essa é uma linguagem que o departamento de engenharia e seus profissionais entendem.

Para que o modelo não tenha sua legibilidade prejudicada, devemos desenhar as interpretações com os relacionamentos específicos de cada uma, mas sem perder a apresentação dos relacionamentos que não são exclusivos de uma interpretação.

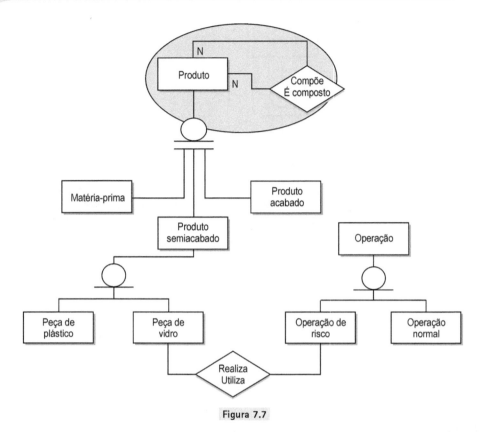

Figura 7.7

Necessariamente, uma subinterpretação de dados não precisa ser apresentada por meio de um relacionamento com a entidade na qual ela está inserida. Ou seja, não há necessidade de perdermos tempo em relacionar, como peças de vidro com produto acabado. O modelo não perde seu entendimento por não ser inserido um relacionamento específico para cada subinterpretação.

O mais importante é que peças de vidro têm esse destaque como uma subinterpretação de produtos semiacabados a partir do entendimento da área de engenharia. Entretanto, também há relacionamentos com outros objetos do modelo e que são específicos dessa subinterpretação, pois nem todas as ocorrências da interpretação denominada produtos semiacabados se relacionam com a interpretação denominada operações de risco.

Quando é apresentada uma interpretação ou uma subinterpretação de dados, devemos observar que ela existe porque possui algum tipo de tratamento significativo no negócio. Isso quer dizer que quando uma coisa tem sua existência afirmada, ela está relacionada de forma peculiar com as outras coisas significativas do negócio. Mas todos serão unânimes em afirmar que as ferramentas de modelagem não permitem representar essas interpretações de forma ampla e ainda com subinterpretação.

Tratamento de Interpretações de Dados

A maioria dos cursos de modelagem de dados não apresenta corretamente a questão da subinterpretação, o que faz com que a maioria dos analistas não explore esse recurso em seus modelos de dados.

São muitos os casos que analisamos em que não foi tratada a subinterpretação, ficando o modelo sem retratar a realidade, e, o que é mais grave, quando da modelagem dos eventos, cria-se uma confusão, pois os eventos estão suportados exatamente pela subinterpretação. Perde-se o que de mais importante existe para um modelo de dados: sua expressividade do mundo real.

Quando da modelagem de algum objeto, coisa significativa de uma empresa, gostamos de explorar as possibilidades de classificação desse objeto, pois isso leva a identificar subtipos e suas divisões existentes, assim como as hierarquias que podem existir na relação entre os conceitos levantados.

Vamos, então, explorar mais alguns casos que encontrarmos de identificação de interpretação de dados.

A implementação de visões mesmo em SQL é pouco utilizada na implementação do esquema físico do banco de dados por provocar problemas de desempenho, mas ainda não concordamos que desempenho seja o fator fundamental em hipótese nenhuma no momento de modelarmos.

Se sua aplicação tratar seus programas a partir das visões de dados, é porque você as definiu, logo, não se preocupe com a forma de implementação no momento da modelagem. Siga o princípio básico de um bom modelista de dados: não pense em processos enquanto modela; retrate a realidade das coisas de uma empresa.

7.4 Mais interpretação

A maioria das literaturas disponíveis no mercado explora somente interpretação ou subtipos e supertipos dentro de um exemplo comum e simples de um primeiro entendimento, a entidade pessoas. Não vamos fugir deste exemplo, mas vamos procurar explorá-lo mais profundamente, considerando não o conceito puro de subtipo, porém o conceito amplo de especialização, que é a técnica de representação das interpretações.

Existe um ponto em que a representação de uma interpretação fica mais complexa em função de as ferramentas de modelagem serem dirigidas a ambiente relacional, e as interpretações resultantes de uma entidade e um relacionamento necessitarem de vários níveis de hierarquia.

Como não existe implementação desse tipo de interpretação em SGBDs relacionais, muitas vezes ela provoca a inserção de *flags* muito estranhos em domínio dentro dos modelos de dados, gerando resultados ambíguos e de pouco controle.

Qualquer pessoa existente na entidade pessoa pode efetuar uma venda de um contrato, assim como pode ser cliente de um contrato de venda.

Tabela 7.1

Num Contrato	....	....	....	Vendedor	Cliente
45				12	45
85				11	74
32				84	56
21				101	94

Tabela 7.2

Identificação	....	....	....	Nome
12				Adão
11				João
45				Cláudia
74				Pedro
84				Sérgio
101				Ivan
56				Maurício
94				José

O relacionamento existe entre pessoas e contratos, porém a interpretação vendedor é derivada exclusivamente do relacionamento entre as duas entidades. Não é uma interpretação exclusiva e caracterizada por um grupamento específico, que possua um identificador de categoria, mas uma interpretação resultante somente da existência de um relacionamento, em que ocorrências dessa entidade possuem um papel denominado de vendedor.

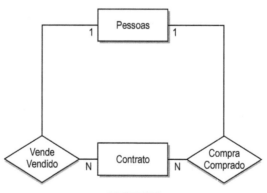

Figura 7.8

Uma pessoa pertence à interpretação vendedor somente quando tiver realizado uma venda, ou seja, quando existir uma ocorrência de contrato de venda que indique aquela pessoa como o vendedor.

Observe as Tabelas 7.1 e 7.2 para seu entendimento.

No contrato número 32, o vendedor é a ocorrência de pessoa com identificação 84 (Sérgio) e o cliente é a ocorrência de pessoa com identificação 56 (Maurício).

Como apresentar esse modelo, como apresentar a interpretação vendedor se não é simplesmente um subtipo, uma especialização?

Infelizmente, as ferramentas de modelagem não permitem que se criem alias ou roles de entidades para permitir essa representação, porém o nosso desenho, o nosso DER, deve apresentar um submodelo (subject area), no qual existirá um subtipo com os mesmos atributos da entidade funcionário, e sem que exista nenhum atributo identificando o papel vendedor, podendo apresentar que existe o papel por meio de uma cláusula no modelo, especificando-o:

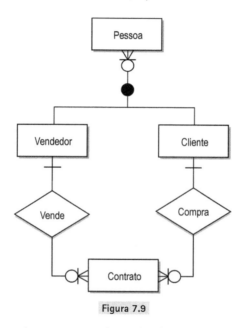

Figura 7.9

Pessoa é vendedor, quando em contrato de venda a identificação do vendedor for igual à identificação de pessoa.

Vamos aumentar o problema de interpretação, ampliando o universo da entidade pessoas, em função do tratamento e da forma como são considerados os clientes de uma empresa.

Se considerarmos que os clientes em um primeiro momento são pessoas físicas e não empresas, a entidade possui dados de pessoas. Logo, pessoa é uma entidade generalizadora que possui ocorrências de clientes, funcionários e vendedores.

Em um diagrama de mais alto nível, há, como na Figura 7.9, dois relacionamentos entre contrato e pessoas: o relacionamento compra e o relacionamento vende.

Pessoas estão relacionadas a contratos pelo fato de serem vendedores de ocorrências de contratos; também existe outro relacionamento, que é pessoas que são clientes de um contrato.

Sem que se abra no diagrama a representação das visões resultantes e condicionadas à existência do relacionamento, nosso modelo poderia suscitar perguntas como: mas alguém pode ser vendedor e cliente de um mesmo contrato?

No momento em que apresentamos as interpretações e os relacionamentos com cada uma delas, estamos com um resultado de interpretação da realidade que não será questionado, pois estamos qualificando e destacando os papéis, como no mundo real.

Esse último diagrama apresentado tem um nível semântico de maior grau, permitindo seu entendimento e representatividade do mundo real de melhor qualidade.

Quando retratamos em um modelo de dados um ambiente de negócios, não devemos poupar a inserção de interpretações, pois elas são fundamentais ao entendimento desse ambiente.

A utilização de generalização e especialização em modelos de dados é um dos artifícios da técnica de maior poder de expressão. Infelizmente, voltamos a salientar, é pouco explorado e utilizado pelos analistas de sistemas.

Vamos avançar as interpretações de dados.

Explorar potenciais interpretações pode tornar uma ferramenta muito útil no domínio de negócios, quando de sua modelagem.

Para começarmos, vamos discutir um enfoque de interpretação de dados muito comum na maioria dos sistemas corporativos existentes hoje: a questão cliente e fornecedor.

Figura 7.10

Em uma organização, cliente é ocorrência de alguma coisa que mantém relação de compra de produtos ou serviços. Fornecedor é a ocorrência de alguma coisa de quem a organização adquire bens ou serviços por assim dizer.

A questão que sempre é colocada é que uma ocorrência de cliente pode ser, em determinado momento, uma ocorrência de fornecedor e vice-versa.

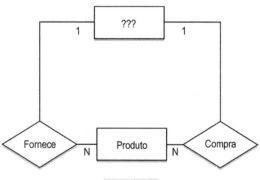

Figura 7.11

Tratamento de Interpretações de Dados

O que impede de que, quem me forneça serviços, também compre meus produtos e seja meu cliente? Nada! Logo, a existência de venda ou de compra é que determina a interpretação de dados, e não existe neste caso a caracterização específica da entidade cliente e da entidade fornecedor.

Não se trata de querer otimizar redundâncias!

Somente estamos analisando que existe uma entidade ainda sem nomenclatura, que engloba ocorrências de clientes e de fornecedores.

A maioria dos analistas tem o péssimo costume de dar o nome de CliFor a essa entidade. Isso não diz nada de significativo, pois continua limitado.

Observe a Figura 7.12 e veja que o conceito de cada interpretação é dependente do relacionamento que cada uma possui.

Qual nomenclatura daríamos a essa entidade?

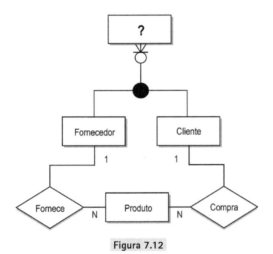

Figura 7.12

Vamos continuar a explorar as possíveis interpretações ou descobrir coisas significativas no ambiente em análise.

Quando estamos tratando com compras de produtos, ou com venda, temos um elemento que normalmente se denomina transporte de mercadorias. Logo, temos quem transporta, os transportadores.

Mas transportador não é fornecedor? Sim, é fornecedor de serviços. Da mesma forma que a oficina do Zezinho na esquina, em que nós pagamos e temos a comprovação com recibos.

Então, temos na mesma entidade mais uma ou duas interpretações, ou melhor, temos uma nova interpretação e subinterpretações.

A Figura 7.13 mostra o nível de especialização a que chegamos somente com esta rápida análise. Mas os clientes podem ser pessoas físicas e pessoas jurídicas.

Banco de Dados – Projeto e Implementação

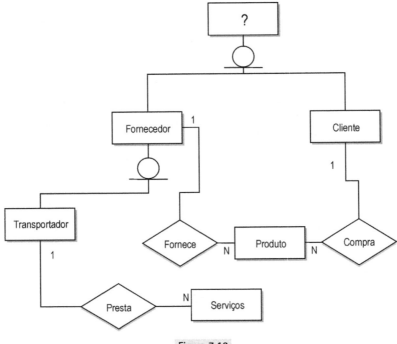

Figura 7.13

Complicou mais, porque existem tratamentos diferentes na área comercial.

As vendas a pessoas físicas são realizadas por departamento específico da empresa, que vende, por exemplo, a varejo, separadamente das vendas realizadas a pessoas jurídicas, as empresas, as quais compram por atacado (grandes quantidades). Logo, a interpretação clientes possui suas especializações, suas subinterpretações.

Devemos considerar que estamos realizando a determinação ainda macro de entidades e interpretações, pois não demonstramos até este instante nenhum atributo específico de cada entidade ou interpretação de dados.

Neste diagrama, inserimos somente a classificação de entidade subtipo para pessoa física e pessoa jurídica. O relacionamento compra não foi afetado, pois a realidade continua a mesma, somente temos uma classificação diferenciada para clientes.

A análise das tipologias de um objeto é pouco explorada inclusive nas técnicas orientadas a objetos, considerando-se que, dentro dos conceitos de mensagem, essas mensagens são específicas de cada tipo de interpretação.

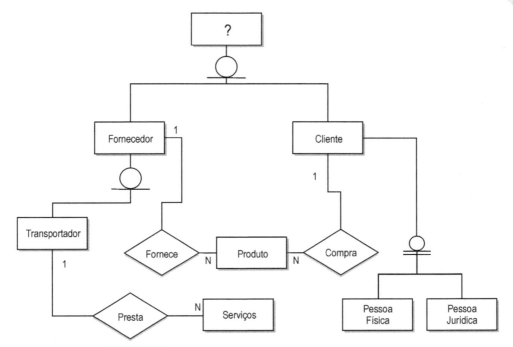

Figura 7.14 Modelo com cliente pessoas jurídicas e pessoas físicas.

Vamos ler o modelo apresentado e interpretá-lo.

Antes, acreditamos que já é possível revelar o nome desta entidade generalizadora: entidade pessoa. Então, pessoa pode ser Pessoa Física ou Pessoa Jurídica.

Fornecedor é uma especialização que absorve tanto pessoa física quanto jurídica. Da mesma forma, cliente absorve tanto pessoa física quanto jurídica.

É importante que se faça um diagrama de estrutura inicial com a árvore de visões que oriente na forma hierárquica em que elas estão inseridas.

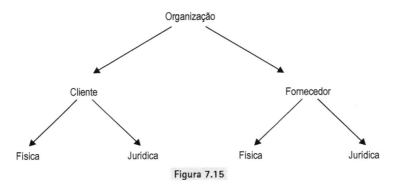

Figura 7.15

Porque a interpretação de subinterpretações somente é possível se entendermos a sua relação de encapsulamento com a entidade básica do modelo. A Figura 7.15 exibe esse diagrama de forma simples, somente estruturando essa hierarquia.

7.5 Diagrama hierárquico de interpretações

O modelo de dados que vai representar esta situação está no MER a seguir, em que simulamos de forma macro os relacionamentos que criam as interpretações de cliente, fornecedor e transportador. Os subtipos de cada uma dessas interpretações são as suas especializações por meio de características de atributos que indicam se é organização física ou jurídica.

Vamos apresentar uma leitura simples desse modelo para que você compreenda a realidade que estamos apresentando: uma ocorrência de pessoa é cliente quando se relaciona com pedido de venda, podendo ser jurídica se o atributo do tipo da organização for, por exemplo, "J". Uma ocorrência de pessoa é fornecedor quando se relaciona com nota fiscal de entrada.

Expandindo o modelo em grau de especialização, podemos ter o resultado da Figura 7.16. As nossas notas fiscais de entrada poderiam também ser controladas ou identificadas como dois tipos: notas fiscais de transporte ou notas fiscais de entrada de produtos. Logo, podemos ter que uma ocorrência do subtipo fornecedor é pertencente à interpretação transportador quando está relacionada com a interpretação notas fiscais de transporte.

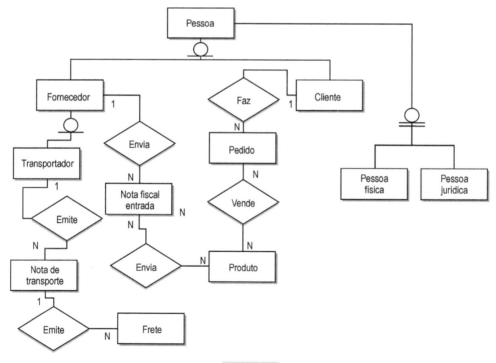

Figura 7.16

A amplitude do número de interpretações é inerente às formas de tratamento da informação nos diversos departamentos de uma empresa.

Nosso modelo (ou melhor, o DER) deve representar sempre que possível essas interpretações, pois elas são esclarecedoras do ambiente que está sendo modelado.

Poderíamos ainda apresentar um modelo com o desdobramento mais detalhado de fornecedor, inserindo um subtipo como fornecedor de produtos para deixar completa a classificação da coisa fornecedor.

Considerações finais

Interpretações de dados são estratégicas em um modelo de dados.

A não prospecção das interpretações durante os levantamentos para obtenção e no refinamento de um modelo de dados, ou simplesmente a aplicação dos conceitos de generalização não enfocando acentuadamente as interpretações de dados, por conceitos de SQL, ou de implementação física de bancos de dados, seguramente vai conduzir à construção de modelo de dados falho e incompleto.

Além disso, não vai permitir ganhos de produtividade na análise de eventos do sistema, pois se você não tem todas as classificações de um conceito, também não terá absorção e entendimento completo dos eventos que são específicos de cada uma dessas classificações.

A seguir estão algumas questões que, se respondidas, podem ajudar a descobrir interpretações e subinterpretações de dados nos trabalhos de modelagem de dados.

1. Que fatos estão relacionados com somente algum subconjunto de ocorrências e uma entidade?
2. Que interpretação de dados no modelo se relaciona com um subconjunto da entidade que estamos analisando?
3. Existe algum fato que se relacione com somente parte de um subconjunto de dados?
4. Pessoas diferentes e de departamentos diversos se referenciam a uma coisa com nomes diferentes?
5. Coisas de nomes diferentes não são subconjuntos de uma única coisa?

Coisas de nomes iguais podem ser totalmente diferentes e caracterizarem duas entidades, assim como destacamos que coisas de nomes diferentes podem representar o mesmo conceito. Nesse momento, devemos parar e observar os atributos que descrevem esses objetos. Desta forma, podemos entender dois objetos que não são interpretações, mas duas entidades diferentes em nosso modelo, ou entender a existência de classificações em múltiplos níveis em um modelo de dados Entidade-Relacionamento.

CAPÍTULO 8

Normalização

O objetivo da normalização é evitar os problemas que podem provocar falhas no projeto do banco de dados, bem como eliminar a "mistura de assuntos" e as correspondentes redundâncias desnecessárias de dados.

Uma regra que devemos observar quando do projeto de um banco de dados orientado para o modelo relacional é **não misturar assuntos em uma mesma tabela**.

O processo de normalização aplica uma série de regras sobre as tabelas de um banco de dados, para verificar se estão corretamente projetadas. Embora exista um conjunto de cinco formas normais (ou regras de normalização), na prática, usamos efetivamente três formas normais.

As tabelas de um banco de dados relacional são derivadas de um MER e, muitas vezes, nessa derivação, temos muitos problemas de performance, integridade e manutenção de dados.

Normalmente, após a aplicação das formas normais, algumas tabelas acabam sendo divididas em duas ou mais tabelas, o que, no final, gera um número maior de tabelas do que o originalmente existente. Esse processo causa a simplificação dos atributos de uma tabela, colaborando significativamente para a estabilidade do modelo de dados, reduzindo consideravelmente as necessidades de manutenção.

Neste capítulo, vamos entender o processo de normalização na prática por meio de exemplos e estudos de caso para a sua aplicação. Por exemplo, a Tabela 8.1 traz os dados sobre produtos, vendedores, clientes e pedidos de venda. Observe que as informações de produto e cliente estão armazenadas de forma redundante, desperdiçando espaço.

Banco de Dados – Projeto e Implementação

Tabela 8.1

Nome Produto	Pedido Número	Nome Cliente	Endereço Cliente	Limite de Crédito	Data	Nome Vendedor
Limpadora a vácuo	1458	Davi Bachmamm	Rio de Janeiro	US$ 5,000	05/05/2000	Carlos Book
Computador	2730	Helena Daudt	Vancouver	US$ 2,000	05/06/2000	João Hans
Geladeira	2461	José Stolaruck	Chicago	US$ 2,500	07/03/2000	Silvio Pherguns
Televisão	456	Pedro Albuquerque	São Paulo	US$ 4,500	09/05/2000	Frederico Raposo
Rádio	1986	Carlos Antonelli	Porto Alegre	US$ 2,000	18/09/2000	Rui Ments
CD Player	1815	Davi Bachmamm	Rio de Janeiro	US$ 5,000	18/04/2000	Silvio Pherguns
Limpadora a vácuo	1963	C.V. Ravishandar	Bombaim	US$ 7,000	03/01/2000	Carlos Book
Limpadora a vácuo	1855	Carlos Antonelli	Porto Alegre	US$ 2,000	13/05/2000	João Hans
Geladora	1943	Davi Bachmamm	Rio de Janeiro	US$ 5,000	19/06/2000	Silvio Pherguns
CD Player	2315	Davi Bachmamm	Rio de Janeiro	US$ 5,000	15/07/2000	João Hans

Para uma seleção do tipo "quais são os clientes que têm pedido de limpadora a vácuo no último mês", é preciso fazer uma pesquisa em toda a tabela, comparando linha a linha na coluna produto, para encontrar as linhas em que essa coluna tenha valor de limpadora a vácuo.

Em contrapartida, uma atualização do endereço de um cliente da mesma forma exige que se faça a consulta de todas as linhas em que o nome do cliente seja igual ao desejado e se realize a alteração nessas linhas. Da mesma forma, a deleção do único pedido da cliente Helena vai apagar a única cópia de seus dados de endereço e limite de crédito.

Estes fatos são considerados anomalias de inclusão, alteração e deleção de dados. Então, podemos definir que normalização consiste em definir o formato lógico adequado para as estruturas de dados das tabelas de um banco de dados relacional, identificadas no projeto lógico do sistema, com objetivo de minimizar o espaço utilizado pelos dados e garantir a integridade e a confiabilidade das informações.

A normalização é feita pela análise dos dados que compõem as estruturas utilizando o conceito chamado formas normais (FN).

As formas normais são conjuntos de restrições as quais os dados devem satisfazer. Por exemplo, pode-se dizer que a estrutura está na primeira forma normal (1FN) se os dados que a compõem satisfizerem as restrições definidas para essa etapa.

A normalização completa dos dados é feita seguindo as restrições das cinco formas normais existentes. A passagem de uma forma normal para outra é feita tendo como base o resultado obtido na etapa anterior, ou seja, na forma normal anterior.

Para realizar a normalização dos dados, é primordial que seja definido para a tabela objeto da normalização um campo de chave primária para sua estrutura de dados, o qual permite identificar os demais campos da estrutura.

O conceito de normalização foi introduzido para o modelo relacional por Codd, em 1970 (primeira forma normal). Essa técnica é baseada em um processo matemático formal, que tem seus fundamentos na teoria dos conjuntos.

Normalização

8.1 Primeira Forma Normal (1FN)

Uma tabela de dados relacional, como a que apresentamos, não tem colunas repetidas, pois cada coluna tem exatamente uma definição na tabela. A tabela é, então, considerada na 1FN. É evidente que, como este é o mais baixo nível de normalização, a tabela na primeira forma normal pode ainda conter outras anomalias.

Uma tabela está na primeira forma normal se e somente se todas as colunas possuem um único valor, e não existem grupos repetitivos (colunas) em uma linha ou atributos compostos.

Aplicar a primeira forma normal consiste em retirar da estrutura os elementos repetitivos, ou seja, aqueles dados que podem compor uma estrutura do tipo vetor.

Tabela 8.2

Número da NF	Código do Cliente	Nome do Cliente	Endereço do Cliente	CNPJ do Cliente	Data de Emissão	Total Geral da Nota
456123	1458	Davi Bachmamm	Rio de Janeiro	60890837/0001-85	05/05/2000	R$ 5.421,00
859632	2730	Helena Daudt	Fortaleza	80890575/0001-70	05/06/2000	R$ 6.612,00
859631	2461	José Stolaruck	Maceió	33016338/0002-71	07/03/2000	R$ 1.820,00
745689	456	Pedro Albuquerque	São Paulo	68596006/0001-07	09/05/2000	R$ 453,00
745692	1986	Carlos Antonelli	Porto Alegre	02930076/0002-22	18/09/2000	R$ 184,00
745693	1815	Davi Bachmamm	Rio de Janeiro	71039655/0001-11	18/04/2000	R$ 2.365,00
745694	1963	C.V. Ravishandar	Recife	60890837/0001-85	03/01/2000	R$ 1.112,00
745695	1855	Carlos Antonelli	Porto Alegre	02930076/0002-22	13/05/2000	R$ 1.235,00
745696	1943	Davi Bachmamm	Rio de Janeiro	60890837/0001-85	19/06/2000	R$ 4.150,00
745699	2315	Davi Bachmamm	Rio de Janeiro	60890837/0001-85	15/07/2000	R$ 2.225,00

Código do Produto	Descrição do Produto	Quantidade de Produto	Valor Unitário	Valor Total
45	Limpadora a vácuo	2	R$ 600,00	R$ 600,00
25	Computador	4	R$ 1.800,00	R$ 1.800,00
32	Geladeira	2	R$ 800,00	R$ 1.600,00
27	Televisão	3	R$ 950,00	R$ 2.850,00
...	...	...	...	...
32	Geladeira	4	R$ 1.235,00	R$ 4.940,00
27	Televisão	2	R$ 4.150,00	R$ 8.300,00
25	Computador	4	R$ 2.225,00	R$ 8.900,00

Podemos afirmar que uma estrutura está normalizada na 1FN se não tiver elementos repetitivos. Acompanhe um exemplo.

Estrutura Original de Notas Fiscais de Venda de Mercadorias

{NUMERO DA NOTA FISCAL, SERIE, DATA EMISSÃO, CODIGO DO CLIENTE, NOME DO CLIENTE, ENDEREÇO DO CLIENTE, CNPJ DO CLIENTE, RELACAO DOS PRODUTOS VENDIDOS (ONDE PARA CADA PRODUTO TEMOS: CÓDIGO DO PRODUTO, DESCRIÇÃO DO PRODUTO, QUANTIDADE VENDIDA, PREÇO UNITÁRIO DE VENDA E TOTAL DA VENDA DESTE PRODUTO) E TOTAL GERAL DA NOTA)}

Banco de Dados – Projeto e Implementação

Já destacamos nessa estrutura de dados uma coluna para identificação única, como chave primária do número da nota fiscal. Analisando a estrutura, observamos que existem vários produtos em uma única nota fiscal, sendo, portanto, elementos repetitivos que devem ser retirados da estrutura.

Os campos sublinhados identificam as chaves das estruturas.

Resultado da estrutura após a aplicação da primeira forma normal (1FN):

Tabela de Notas Fiscais

{NUM. NF, SERIE, DATA EMISSAO, CODIGO DO CLIENTE, NOME DO CLIENTE, ENDERECO DO CLIENTE, CNPJ DO CLIENTE E TOTAL GERAL DA NOTA}

Tabela de Item de Nota Fiscal

{NUM. NF, CODIGO DO PRODUTO, DESCRICAO DO PRODUTO, QUANTIDADE VENDIDA, PRECO DE VENDA E TOTAL DA VENDA DESTE PRODUTO}

Tabela 8.3

Número da NF	Código do Cliente	Nome do Cliente	Endereço do Cliente	CNPJ do Cliente	Data de Emissão	Total Geral da Nota
456123	1458	Davi Bachmamm	Rio de Janeiro	60890837/0001-85	05/05/2000	R$ 5.421,00
859632	2730	Helena Daudt	Fortaleza	80890575/0001-70	05/06/2000	R$ 6.612,00
859631	2461	José Stolaruck	Maceió	33016338/0002-71	07/03/2000	R$ 1.820,00
745689	456	Pedro Albuquerque	São Paulo	68596006/0001-07	09/05/2000	R$ 453,00
745692	1986	Carlos Antonelli	Porto Alegre	02930076/0002-22	18/09/2000	R$ 184,00
745693	1815	Davi Bachmamm	Rio de Janeiro	71039655/0001-11	18/04/2000	R$ 2.365,00
745694	1963	C.V. Ravishandar	Recife	60890837/0001-85	03/01/2000	R$ 1.112,00
745695	1855	Carlos Antonelli	Porto Alegre	02930076/0002-22	13/05/2000	R$ 1.235,00
745696	1943	Davi Bachmamm	Rio de Janeiro	60890837/0001-85	19/06/2000	R$ 4.150,00
745699	2315	Davi Bachmamm	Rio de Janeiro	60890837/0001-85	15/07/2000	R$ 2.225,00

Número da NF	Código do Produto	Descrição do Produto	Quantidade do Produto	Valor Unitário	Valor Total
456123	45	Limpadora a vácuo	1	R$ 600,00	R$ 600,00
859632	25	Computador	1	R$ 1.800,00	R$ 1.800,00
859631	32	Geladeira	2	R$ 800,00	R$ 1.600,00
745689	27	Televisão	3	R$ 950,00	R$ 2.850,00

Normalização

Como resultado desta etapa, ocorre um desdobramento dos dados em duas estruturas, a saber:

▶ **Primeira estrutura (tabela de nota fiscal):** dados que compõem a estrutura original, excluindo os elementos repetitivos.

▶ **Segunda estrutura (tabela de item de nota fiscal):** dados que compõem os elementos repetitivos da estrutura original, tendo como chave o campo-chave da estrutura original (Num. NF), que é herdado por dependência, e um campo-chave da estrutura de repetição (Código do Produto).

Vamos ver mais um exemplo de aplicação da 1FN.

Utilizamos um documento preenchido por uma suposta instituição bancária.

Tabela 8.4

Ficha de Cliente		
NomCliente		
Endereço		
Rua		
Cidade		
Bairro		
Empréstimos		
Agência	Número Empréstimo	Valor
1	902230	500,00
4	902231	1.500,00
3	902240	1.200,00

Se visualizarmos agora como uma entidade e, consequentemente, uma tabela, ela teria uma estrutura de dados como segue:

Cliente {NOMCLIENTE, RUA, CIDADE, BAIRRO, (AGENCIA$_1$, NUMERO EMPRESTIMO$_1$, VALOR$_1$, AGÊNCIA$_1$, AGÊNCIA$_2$, NUMERO EMPRESTIMO$_2$, VALOR$_2$, AGENCIA$_N$, NUMERO EMPRESTIMO$_N$, VALOR$_N$)}

em que se observa que o conjunto de atributos AGENCIA, NUMERO EMPRESTIMO[1], VALOR repete-se indefinidas vezes, ou seja, é um conjunto de atributos multivalorados.

Definimos NOMCLIENTE como a chave primária que identifica o conjunto de informações. Entretanto, se colocarmos todos estes atributos em uma mesma tabela, temos neste caso uma mistura de assuntos, temos neste caso uma mistura de assuntos, além do aspecto de multivaloração. Ou os dados são de clientes ou são de empréstimos dos clientes.

Aplicando a 1FN, obtêm-se, então, duas estruturas de dados ou tabelas que representam a realidade do formulário.

Os atributos repetitivos, ou multivalorados, passam a compor uma entidade, a qual é derivada da entidade principal que seria cliente, com seus dados sem repetição.

Teremos duas tabelas ou entidades neste caso:

Cliente {NOMCLIENTE, RUA, CIDADE, BAIRRO} e

EmprestimoCliente {NOMCLIENTE, AGENCIA, NUMEROEMPRESTIMO, VALOR}

Logo, de um formulário obtivemos um pequeno modelo de dados.

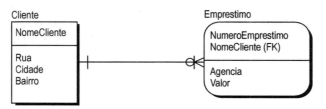

Figura 8.1

Observe que a entidade que é derivada no processo de normalização por meio da aplicação da primeira forma normal herda os atributos da chave primária da entidade, na qual estavam anteriormente inseridos esses dados, ou seja, da qual essa entidade é derivada.

No exemplo, herdou o atributo <u>NOMCLIENTE</u> e compôs com o atributo mais significativo e sem possibilidade de repetição de valor NUMERO EMPRESTIMO.

A 1FN então não permite a existência de atributos multivalorados ou compostos.

Uma relação está na primeira forma normal se possui apenas atributos com valores atômicos (indivisíveis).

Tabela 8.5

	Ficha de Empréstimo de Livros
	ISBN				
	Número do exemplar				
	Título do Livro				
	Histórico de Empréstimos
Matrícula	Nome	Data Empréstimo	Data Devolução	Data Prevista Devolução	Assinatura

Vamos aplicar agora a primeira forma normal no exemplo de uma ficha de empréstimo de livros em uma biblioteca.

Qual seria a estrutura inicial? Temos assuntos misturados em um único objeto? Temos ocorrência de valores repetitivos? Sim, temos informações sobre o livro e seu empréstimo e os valores dos empréstimos são repetidos indeterminadas vezes para cada livro.

Inicial

Ficha de Empréstimo= {ISBN, NUMERO DO EXEMPLAR, TITULO DO LIVRO, N VEZES (MATRICULA, NOME, DATA EMPRESTIMO, DATA DEVOLUCAO, DATA PREVISTA DEVOLUCAO, ASSINATURA)}

Aplicando a primeira forma normal, extraímos o conjunto de dados repetitivos para compor uma segunda entidade ou tabela, considerando que herdaremos para a chave primária dessa entidade a chave primária original da estrutura que é ISBN, e acrescentamos um dado que seja significativo, como identificador para esse conjunto de repetições. Neste caso, o dado mais significativo seria a matrícula de quem retira o livro. Logo, temos duas entidades como resultado da aplicação da primeira forma normal neste exemplo:

Livro {ISBN, NUMERO DO EXEMPLAR, TITULO DO LIVRO} e Emprestimo {ISBN, MATRICULA, NOME, DATA EMPRESTIMO, DATA DEVOLUCAO, DATA PREVISTA DEVOLUCAO, ASSINATURA}

Não pergunte como será o valor da informação assinatura, pois não é o objeto deste processo. Para que seja correto o entendimento das formas normais seguintes, vamos apresentar os conceitos de dependência funcional entre dados.

Dados dois conjuntos de atributos A e B de uma entidade, diz-se que:

▶ B é funcionalmente dependente de A; ou

▶ A determina B; ou

▶ B depende de A.

Vamos ver isto com um exemplo:

Tabela 8.6

Matrícula	Nome	Sobrenome	Departamento
1021	João	Barros	900
1145	Pedro	Silva	700
1689	Antonio	Jardim	900

Departamento determina matrícula? Ou seja, matrícula depende de departamento? Não, pois departamento 900 está em 1021 e 1689.

Matrícula determina departamento? Sim, pois, se conhecer a matrícula, é possível saber o departamento, já um funcionário só tem um departamento.

Isso quer dizer que as informações de uma entidade devem ser dependentes da informação que é a sua identificadora, sua chave primária.

Banco de Dados – Projeto e Implementação

Tabela 8.7

Papelaria	Artigo	Preço
Colmeia	Caneta	2,50
Central	Cola	1,50
Colmeia	Borracha	1,00
Catedral	Caneta	2,00

Preço é funcionalmente dependente de artigo? Não, pois o preço pode ser diferente em várias papelarias. Preço é dependente, sim, do conjunto papelaria e artigo.

Preço é dependente de papelaria? Não, pois existem tantos valores de preços quantos os artigos vendidos na papelaria.

Dada uma entidade qualquer, dizemos que um atributo ou conjunto de atributos A pertencente a ela é dependente funcional de outro atributo B contido na mesma entidade, se a cada valor de B existir, nas linhas da entidade em que aparece, um único valor de A. Em outras palavras, A depende funcionalmente de B.

Existe uma **dependência funcional** quando o valor de um dado ou dados determina os valores de outros dados.

No exemplo:

Livro {ISBN, Numero do exemplar, Titulo do Livro}

O número do exemplar e o título do livro dependem do ISBN, pois se mudarmos o valor do ISBN, mudarão o número do exemplar e o título do livro.

Vamos adiante com a aplicação da segunda forma normal que entenderemos melhor a questão de dependência funcional.

8.2 Segunda Forma Normal (2FN)

Consiste em retirar das estruturas de dados que possuem chaves compostas (chave primária formada por mais de um campo) todos os dados que são funcionalmente dependentes de somente alguma parte dessa chave.

Podemos afirmar que uma estrutura está na 2FN se ela estiver na 1FN e não possuir campos que sejam funcionalmente dependentes de parte da chave. Exemplo:

Estrutura na Primeira Forma Normal (1FN)

Tabela de Notas Fiscais = {NumNF, Serie, Data emissão, Codigo do Cliente, Nome do cliente, Endereco do cliente, CNPJ do cliente e Total Geral da Nota}

Tabela de Item de Nota Fiscal = {NumNF, Codigo do produto, Descricao do Produto, Quantidade vendida, Preco unitario de venda e Total da venda deste Produto}

Observe que existe uma chave primária composta na tabela Item de Nota Fiscal.

Normalização

Tabela 8.8 Item de nota fiscal

NumNF	Código do Produto	Descrição do Produto	Quantidade de Produto	Valor Unitário	Valor Total
456123	45	Limpadora a vácuo	1	600,00	600,00
859032	25	Computador	1	1.800,00	1.800,00
859631	32	Geladeira	2	800,00	1.600,00
745689	27	Televisão	3	950,00	2.850,00
485689	45	Limpadora a vácuo	2	600,00	1.200,00

As perguntas que colocamos agora definem onde existe e onde não existe dependência funcional total da chave primária:

O valor de Descrição do produto depende de NUMNF, CODIGO DO PRODUTO? Se considerarmos que em cada linha da tabela o produto pode ser descrito de forma diferente, fica ainda mais grave a anomalia nesta tabela. Mas a resposta é não, pois a descrição do produto depende somente do código do produto. Ela varia pela mudança do valor do atributo CODIGO DO PRODUTO somente, assim como valor unitário varia de acordo com o valor de código do produto. Logo, estes dois atributos não possuem dependência funcional total da chave primária.

O atributo valor total varia conforme varia o valor do conjunto NUMNF, CODIGO DO PRODUTO. Logo, esse atributo tem dependência funcional total da chave primária, assim como o atributo quantidade.

Uma tabela está na segunda forma normal (2FN) se ela estiver na 1FN e todo atributo não chave é plenamente dependente da chave primária.

A resolução da aplicação da segunda forma normal é realizada a partir da exclusão dos atributos que não dependem totalmente da chave primária, da tabela original, e constituindo-se com estes uma nova tabela, que terá como chave primária o atributo participante da chave primária da tabela origem.

Neste exemplo, a solução será composta de três tabelas agora, considerando a tabela de partida utilizada.

Estrutura na Segunda Forma Normal (2FN)

Tabela de Notas Fiscais (NumNF, Serie, Data emissao, Codigo do Cliente, Nome do cliente, Endereco do cliente, CNPJ do cliente e Total Geral da Nota)

Tabela de Item de Nota Fiscal (NumNF, Codigo do Produto, Quantidade vendida e Total da venda deste Produto)

Tabela de Produto (Codigo do Produto, Descricao do Produto, Preco unitário de venda)

Tabela 8.9

Código do Produto	Descrição do Produto	Valor Unitário
45	Limpadora a vácuo	600,00
25	Computador	1.800,00
32	Geladeira	800,00
27	Televisão	950,00

Tabela 8.10

NumNF	Código do Produto	Quantidade de Produto	Valor Total
456123	45	1	600,00
859032	25	1	1.800,00
859631	32	2	1.600,00
745689	27	3	2.850,00
485689	45	2	1.200,00

Tabela 8.11 Nota Fiscal

NumNF	Série	Data de Emissão	Código Cliente	Nome do Cliente	Endereço do Cliente	CNPJ	Total da Nota
456123	Única	20/02/2004	1	Luis Sampaio	R. Silva Sá, 23/11	01.253.523/0001-85	600,00
859032	Única	20/02/2004	2	Carlos Pereira	R. Dias Melhores, 334/122	32.253.501/0001-12	1.800,00
859631	Única	20/02/2004	3	José Alves	Av. Arapanés, 4487/1915	005.333.510/0001-08	1.600,00
745689	Única	20/02/2004	4	Luis Paulo Souza	R. Botica do Ouvidor, 44	11.111.111/0007-01	2.850,00
485689	Única	20/02/2004	2	Carlos Pereira	R. Dias Melhores, 334/122	32.253.501/0001-12	1.200,00

Como resultado desta etapa, houve um desdobramento da Tabela 8.8 (a tabela de notas fiscais ainda não foi alterada por não ter chave composta) em duas estruturas, a saber:

► **Primeira estrutura (tabela de item de nota fiscal):** contém os elementos originais, sendo excluídos os dados que são dependentes apenas do campo código do produto.

► **Segunda estrutura (tabela de produto):** contém os elementos que são identificados apenas pelo código do produto, ou seja, independentemente da nota fiscal, a descrição e o preço unitário de venda serão constantes.

Quando um atributo ou conjunto de atributos A de uma tabela depende de outro atributo B, que não pertence à chave primária, mas é dependente funcional deste, dizemos que A é dependente transitivo de B.

As dependências funcionais podem existir para atributos que não são chaves em uma tabela. Este fato denominamos dependência funcional transitiva.

8.3 Terceira Forma Normal (3FN)

A terceira forma normal determina que não devem existir atributos com dependência funcional transitiva em uma tabela, pois podem provocar anomalias de inclusão, manutenção e deleção.

A aplicação da 3FN consiste em retirar das estruturas os campos que são funcionalmente dependentes de outros campos que não são chaves.

Podemos afirmar que uma estrutura está na terceira forma normal se ela estiver na segunda forma normal e não possuir campos dependentes de outros campos não chaves. Exemplo:

Estruturas na Segunda Forma Normal (2FN)

Tabela de Notas Fiscais (NumNF, Serie, Data emissao, Codigo do Cliente, Nome do cliente, Endereco do cliente, CNPJ do cliente e Total Geral da Nota)

Tabela de Item de Nota Fiscal (NumNF, Codigo do Produto, Quantidade vendida e Total da venda deste Produto)

Tabela de Produto (Codigo do produto, Descricao do Produto, Preco unitario de venda)

Tabela 8.12 Nota Fiscal

NumNF	Série	Data de Emissão	Código Cliente	Nome do Cliente	Endereço do Cliente	CNPJ	Total Nota
456123	Única	20/02/2004	1	Luis Sampaio	R. Silva Sá, 23/11	01.253.523/0001-85	600,00
859032	Única	20/02/2004	2	Carlos Pereira	R. Dias Melhores, 334/122	32.253.501/0001-12	1.800,00
859631	Única	20/02/2004	3	José Alves	Av. Arapanés, 4487/1915	005.333.510/0001-08	1.600,00
745689	Única	20/02/2004	4	Luis Paulo Souza	R. Botica do Ouvidor, 44	11.111.111/0007-01	2.850,00
485689	Única	20/02/2004	2	Carlos Pereira	R. Dias Melhores, 334/122	32.253.501/0001-12	1.200,00

Observa-se que na Tabela 8.12 os dados NOME DO CLIENTE, ENDERECO DO CLIENTE, CNPJ DO CLIENTE dependem funcionalmente da coluna CODIGO DO CLIENTE, a qual não faz parte da chave primária desta tabela, logo, têm dependência funcional transitiva.

Essas colunas são, então, retiradas e vão constituir uma nova tabela, levando como chave primária o atributo do qual possuíam dependência transitiva.

Estrutura de Dados na Terceira Forma Normal (3FN)

Tabela de Notas Fiscais (NumNF, Serie, Data emissao, Codigo do Cliente e Total Geral da Nota)

Existe agora uma nova estrutura ou nova tabela:

Tabela de Clientes (Codigo do Cliente, Nome do cliente, Endereco do cliente e CNPJ do cliente)

Banco de Dados – Projeto e Implementação

Tabela 8.13 Cliente

Código do Cliente	Nome do Cliente	Endereço do Cliente	CNPJ
1	Luis Sampaio	R. Silva Sá, 23/11	001.253.523/0001-85
2	Carlos Pereira	R. Dias Melhores, 334/122	032.253.501/0001-12
3	Jose Alves	Av. Arapanés, 4487/1915	005.333.510/0001-08
4	Luis Paulo Souza	R. Botica do Ouvidor, 44	011.111.111/0007-01
2	Carlos Pereira	R. Dias Melhores, 334/122	032.253.501/0001-12

Como resultado dessa etapa, houve um desdobramento do arquivo de notas fiscais, por ser o único que tinha campos que não eram dependentes da chave principal (Num. NF), uma vez que, agora independentes de número da nota fiscal, nome, endereço e CNPJ do cliente, são inalterados.

Esse procedimento permite evitar inconsistência nos dados das tabelas e economizar espaço por eliminar o armazenamento frequente desses dados e sua repetição.

A cada nota fiscal emitida para um cliente não mais haverá o armazenamento desses dados, não ocorrendo divergência entre eles.

Tabela 8.14 Nota Fiscal

NumNF	Série	Data de Emissão	Código do Cliente	Total Nota
456123	Única	20/02/2004	1	600,00
859032	Única	20/02/2004	2	1.800,00
859631	Única	20/02/2004	3	1.600,00
745689	Única	20/02/2004	4	2.850,00
485689	Única	20/02/2004	2	1.200,00

As estruturas de dados foram alteradas pelos seguintes motivos:

▶ **Primeira estrutura (tabela de notas fiscais):** contém os elementos originais, sendo excluídos os dados que eram dependentes apenas do campo código do cliente (informações referentes ao cliente).

▶ **Segunda estrutura (tabela de clientes):** contém os elementos que são identificados apenas pelo código do cliente, ou seja, são independentes da nota fiscal, o nome, endereço e CNPJ dos clientes serão constantes.

Após a normalização, as estruturas dos dados estão projetadas para eliminar as inconsistências e redundâncias dos dados, eliminando qualquer problema de atualização e operacionalização do sistema.

A versão final dos dados pode sofrer alguma alteração para atender às necessidades específicas do sistema, a critério do analista de desenvolvimento durante o projeto físico do sistema.

Se analisarmos em termos de modelo de dados Entidade-Relacionamento, a evolução do seu processo de normalização é da sequência de figuras que apresentamos:

Antes da primeira forma normal:

Figura 8.2

Após a aplicação da primeira forma normal:

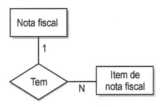

Figura 8.3

Temos duas entidades e um relacionamento. Após a aplicação da segunda forma normal:

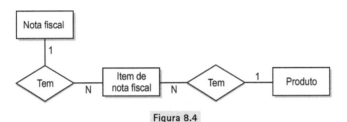

Figura 8.4

Existem agora três entidades e dois relacionamentos.

Finalmente, após a aplicação da terceira forma normal, temos quatro entidades e três relacionamentos.

A aplicação do processo de normalização sobre documentos, formulários e relatórios existentes em um ambiente em análise pode transformar-se em um instrumento de descoberta de objetos e conceitos muito útil ao processo de modelagem Entidade-Relacionamento.

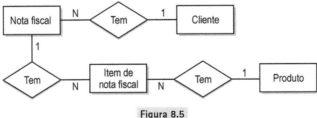

Figura 8.5

8.3.1 Forma Normal de Boyce/Codd (FNBC)

As definições da 2FN e 3FN, desenvolvidas por Codd, não cobriam certos casos. Essa inadequação foi apontada por Raymond Boyce, em 1974. Os casos não cobertos pelas definições de Codd somente ocorrem quando três condições aparecem juntas:

- a entidade tenha várias chaves candidatas;
- as chaves candidatas sejam concatenadas (mais de um atributo);
- as chaves concatenadas compartilhem pelo menos um atributo comum.

Na verdade, a FNBC é uma extensão da 3FN, que não resolvia certas anomalias presentes na informação contida em uma entidade. O problema foi observado porque a 2FN e a 3FN só tratavam dos casos de dependência parcial e transitiva de atributos fora de qualquer chave, porém quando o atributo observado está contido em uma chave (primária ou candidata), ele não é captado pela verificação da 2FN e 3FN.

A definição da FNBC é a seguinte: uma entidade está na FNBC se e somente se todos os determinantes forem chaves candidatas. Note que esta definição é em termos de chaves candidatas e não sobre chaves primárias.

Vamos imaginar a entidade **filho** com os seguintes atributos:

Figura 8.6

Por hipótese, vamos assumir que um professor possa estar associado a mais de uma escola e uma sala.

Com esta suposição, tanto a chave (candidata) concatenada NOME-DA-ESCOLA + SALA-DA-ESCOLA como NOME-DA-ESCOLA + NOME-DO-PROFESSOR podem ser determinantes. Logo, esta entidade atende às três condições relacionadas anteriormente:

1. As chaves candidatas para a entidade FILHO são: NOME-DO-FILHO + ENDERECO-DO-FILHO, NOME-DO-FILHO + NUMERO-DA-SALA e NOME-DO-FILHO + NOME-DO-PROFESSOR.
2. As três chaves apresentam mais de um atributo (concatenados).
3. As três chaves compartilham um mesmo atributo: NOME-DO-FILHO.

Neste exemplo, NOME-DO-PROFESSOR não é completamente dependente funcional do NUMERO-DA-SALA nem NUMERO-DA-SALA é completamente dependente funcional do NOME-DO-PROFESSOR.

Neste caso, NOME-DO-PROFESSOR é completamente dependente funcional da chave candidata concatenada NOME-DO-FILHO + NUMERO-DA-SALA ou NUMERO-DA-SALA é completamente dependente funcional da chave candidata concatenada NOME-DO-FILHO + NOME-DO-PROFESSOR.

Ao aplicar FNBC, a entidade FILHO deve ser dividida em duas entidades, sendo uma que contém todos os atributos que descrevem o FILHO e a outra que contém os atributos que designam um professor em uma escola em particular e número de uma sala.

Normalização

Figura 8.7 Entidade FILHO.

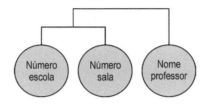

Tabela 8.8 Entidade SALA.

Os casos para aplicação dessa forma normal, a FNBC são mais raros de encontrar na prática, pois derivam de erros de modelagem realizados quando da estruturação dos atributos de uma entidade.

Vamos buscar mais um exemplo de forma que fique clara a utilização da FNBC e seja visto algo um pouco mais próximo de uma realidade prática e uma definição mais ampla para a FNBC:

> Uma tabela R está na FNBC com respeito a conjunto F de dependências funcionais da forma A → B, em que A ⊆ R e B A ⊆ R se ao menos se realizam:
> - A → B é uma dependência funcional trivial, isto é, B ⊆ A.
> - A é uma superchave para a tabela R.

Sejam as tabelas semelhantes às que já utilizamos neste livro para uma aplicação bancária.

Entidade Cliente

Tabela 8.15 Cliente

NomCliente	RuaCliente	CidadeCliente
Luis Sampaio	Rua A	Rio de Janeiro
Carlos Pereira	Rua B	Niterói
Jose Alves	Rua C	Rio de Janeiro
Luis Paulo Souza	Rua B	Niterói

- Cliente = {NomCliente, RuaCliente, RuaCliente}

Podemos afirmar que a entidade cliente está na FNBC, pois uma chave candidata para esta entidade (tabela) é NomCliente.

Observando, temos:

- NomCliente → RuaCliente, CidadeCliente

Banco de Dados – Projeto e Implementação

Isso denota que não existem dependências multivaloradas nesta entidade nem existem múltiplas chaves candidatas.

Entidade Agência

Tabela 8.16 Agência

NomAgencia	Fundos	CidadeAgencia
Rio Branco	1.210.000,00	Rio de Janeiro
Icaraí	1.500.000,00	Niterói
Leblon	2.500.000,00	Rio de Janeiro
Ipanema	150.000,00	Rio de Janeiro
Estácio	38.000,00	Rio de Janeiro

► Agencia = {NOMAGENCIA, FUNDOS, CIDADEAGENCIA}

► NOMAGENCIA → FUNDOS, CIDADEAGENCIA

Entidade Empréstimos

Tabela 8.17 Empréstimo

NomAgencia	NomCliente	NumEmprest	Valor
Rio Branco	Luis Sampaio	902230	1500,00
Rio Branco	Carlos Pereira	902230	1500,00
Rio Branco	Luis Paulo Souza	902240	1200,00
Ipanema	José Alves	902289	3000,00
Ipanema	Luis Paulo Souza	902255	850,00
Icaraí	Carlos Pereira	902290	700,00
Icaraí	José Alves	902212	400,00

► Emprestimo = {NOMAGENCIA, NOMCLIENTE, NUMEMPREST, VALOR}

Esta estrutura de dados, entretanto, não satisfaz a FNBC, pois se considerarmos NUMEMPREST somente como sua chave candidata, pode haver um par de linhas representando o mesmo empréstimo, desde que fossem duas as pessoas participantes dele, como na Tabela 8.18.

Normalização

Tabela 8.18

NomAgencia	NomCliente	NumEmprest	Valor
Rio Branco	Luis Sampaio	902230	1.500,00
Rio Branco	Carlos Pereira	902230	1.500,00

Isso provocaria que o valor do empréstimo aparecesse repetidas vezes na tabela. Logo,

▶ NUMEMPREST → valor não é total para a tabela, pois não podemos considerar o somatório das ocorrências de número de empréstimo.

Poderíamos considerar como chaves candidatas os seguintes conjuntos de atributos:

▶ NOMAGENCIA+ NUMEMPREST

▶ NOMCLIENTE+ NUMEMPREST

Da mesma forma, se analisarmos as dependências funcionais, veremos que não é válido o que segue:

▶ (NOMAGENCIA+ NUMEMPREST) → VALOR

▶ NOMCLIENTE+ NUMEMPREST → VALOR

Como existe dependência multivalorada neste caso, temos de aplicar a FNBC.

Decompomos a entidade que não está na FNBC em duas entidades sem perder a capacidade de junção delas.

▶ Empréstimo = {NOMAGENCIA, NUMEMPREST, VALOR}

▶ Devedor = {NOMCLIENTE, NUMEMPREST}

Tabela 8.19 Empréstimo

NomAgencia	Fundos	CidadeAgencia
Rio Branco	902230	1500,00
Rio Branco	902240	1200,00
Ipanema	902289	3000,00
Ipanema	902255	850,00
Icaraí	902299	700,00
Icaraí	902212	400,00

Tabela 8.20 Devedor

NomAgencia	Fundos
Luis Sampaio	902230
Carlos Pereira	902230
Luis Paulo Souza	902240
José Alves	902289
Luis Paulo Souza	902255
Carlos Pereira	902299
José Alves	902212

Olhando o resultado desta aplicação em um modelo de dados, vamos ver o modelo inicial e o modelo final após a aplicação da FNBC.

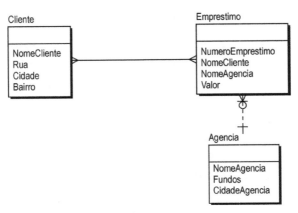

Figura 8.9 Modelo Inicial

Identificando as chaves candidatas em Cliente e Agência, temos a Figura 8.10. Este é um modelo de dados que não satisfaz ainda a FNBC.

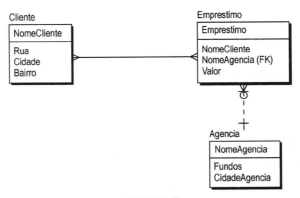

Figura 8.10

Aplicando a FNBC, teremos, então, um novo modelo refinado:

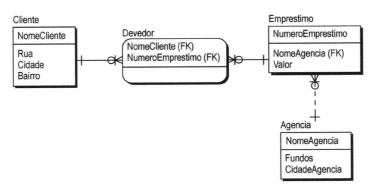

Figura 8.11 Modelo final.

Observe que o processo de modelagem natural de dados poderia começar este modelo muito próximo da realidade final com a FNBC. Tudo se origina na sua capacidade de abstração e de descrição das propriedades de um objeto.

Quando modelamos com foco lógico no modelo relacional, dificilmente temos situações como essa para resolver, pois é inerente a esse processo de modelagem a finalização encontrada. Porém, se o analista interpretar separadamente os objetos do ambiente, pode realmente criar a situação inicial para a aplicação da FNBC.

8.4 Quarta Forma Normal (4FN)

Na maioria dos casos, as entidades normalizadas até a 3FN são fáceis de entender, atualizar e recuperar dados, mas às vezes podem surgir problemas com relação a algum atributo não chave, que recebe valores múltiplos para um mesmo valor de chave. Essa nova dependência recebe o nome de multivalorada que existe somente se a entidade contiver no mínimo três atributos.

Uma entidade que esteja na 3FN também está na 4FN, se ela não contiver mais do que um fato multivalorado a respeito da entidade descrita. Essa dependência não é o mesmo que uma associação M:N entre atributos, geralmente descrita desta forma em algumas literaturas, mas ocorre quando consideramos a existência de relacionamentos, por exemplo, ternários.

Vamos imaginar o conteúdo da Tabeça 8.21:

Tabela 8.21 Compra

CodFornecedor	CodProduto	CodComprador
101	BA3	01
102	CJ10	05
110	88A	25
530	BA3	01
101	BA3	25

Como podemos observar, esta entidade tenta conter dois fatos multivalorados: os diversos produtos comprados e as diversas categorias. Com isso, apresenta uma dependência multivalorada entre **CodFornecedor** e **CodProduto** e entre **CodFornecedor** e **CodComputador**.

Esta tabela está representada no modelo de dados a seguir.

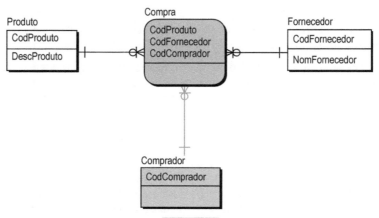

Figura 8.12

Embora esteja na 3FN, pois não existem dependências transitivas na tabela, ao conter mais de um fato multivalor, sua atualização torna-se muito difícil. Também existe a possibilidade de problemas relativos ao espaço físico de armazenamento virem a ocorrer, causados pela ocupação desnecessária de área de memória (primária ou secundária), podendo acarretar situações críticas em termos de necessidade de mais espaço para outras aplicações.

Para passarmos a entidade anterior para a 4FN, é necessária a realização de uma divisão da entidade original, em duas outras, ambas herdando a chave **CodFornecedor** e concatenada, em cada nova entidade, com os atributos **CodProduto** e **CodComputador**.

Tabela 8.22

CodFornecedor	CodProduto
101	BA3
102	CJ10
110	88A
530	BA3
101	BA3

Tabela 8.23

CodProduto	CodComprador
BA3	01
CJ10	05
88A	01
BA3	25

Observando o modelo de dados, podemos entender melhor:

Normalização

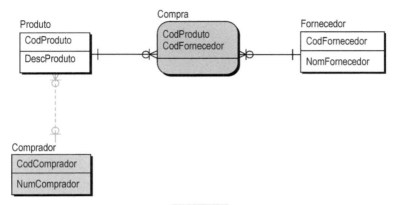

Figura 8.13

É claro que incrementamos o modelo com mais atributos para ilustração, já que eles não atrapalham nada e permitem uma visualização de contexto maior.

A aplicação da 4FN foi realizada neste caso para corrigir um erro de modelagem de dados, pois no primeiro modelo utilizamos um relacionamento ternário de forma desnecessária, associando o comprador somente ao processo de compra, e não aos produtos que ele compra.

A conectividade apresentada é a mesma para os dois casos, um comprador compra muitos produtos, e um produto é comprado somente por um comprador. Entretanto, a anomalia permitiria que esta regra de negócio fosse burlada pela simples estruturação com erro de 4FN no modelo inicial.

Um modelo de dados conceitual e lógico pode estar aparentemente correto até que se validem as possibilidades de dados no interior de suas tabelas relacionais.

Vamos usar como exemplo uma empresa que constrói equipamentos complexos. A partir de desenhos de projeto desses equipamentos, são feitos documentos de requisições de materiais, necessários para a construção do equipamento; toda a requisição de material dá origem a um ou mais pedidos de compra.

A modelagem deste exemplo mostra quais materiais de requisições geraram quais pedidos. Na Figura 8.14 é apresentado esse relacionamento ternário.

Figura 8.14

A Tabela 8.24 representa o relacionamento ternário faz que poderia conter os seguintes dados:

Tabela 8.24

Material	Pedido de Compra	Requisição
Rotor 1BW	PC 0792	R1292
Rotor 1BW	PC 0992	R3192
CI 102	PC 0792	R3192
Rotor 1BW	PC 0792	R3192

Utilizando uma soma de visualização da dependência de junção, apresentada por James Bradley, obtemos o gráfico de dependência de junção, mostrado na Figura 8.15:

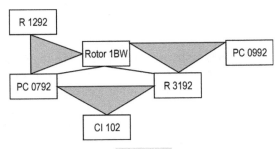

Figura 8.15

Uma pergunta surge sobre este problema: é possível substituir o relacionamento ternário por relacionamentos binários, como os apresentados na Figura 8.16?

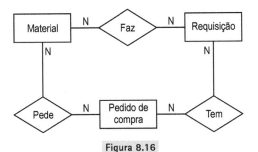

Figura 8.16

Como resposta, podemos dizer que geralmente não é possível criar essa decomposição sem perda de informação, armazenada no relacionamento ternário.

Realizando uma projeção na tabela inicial, chegamos aos relacionamentos mostrados pelo modelo:

Normalização

Tabela 8.25 Relacionamento Pede

Material	Pedido de Compra
Rotor 1BW	PC 0792
Rotor 1BW	PC 0992
CI 102	PC 0792

Tabela 8.26 Relacionamento Tem

Pedido de Compra	Requisição
PC 0792	R1292
PC 0992	R3192
PC 0792	R3192

Tabela 8.27 Relacionamento Faz

Material	Requisição
Rotor 1BW	R1292
Rotor 1BW	R3192
CI 102	R3192

Se realizarmos agora um processo de junção destas três entidades, teremos: inicialmente, vamos juntar a tabela do relacionamento pede com a tabela do relacionamento tem por meio do campo pedido de compra. Obtemos então a Tabela 8.28.

Tabela 8.28

Material	Pedido de Compra	Requisição
Rotor 1BW	PC 0792	R1292
Rotor 1BW	PC 0992	R3192
CI 102	PC 0792	R3192
Rotor 1BW	PC 0792	R3192
CI 102	PC 0792	R1292

Podemos observar que o registro apontado com sombreamento não existia na tabela original, ou seja, foi criado pela junção das tabelas parciais.

Devemos juntar a entidade 4, resultante da primeira junção, com a tabela do relacionamento faz, por meio dos campos material e requisição. Após essa última operação de junção, obtemos a Tabela 8.29.

Tabela 8.29

Material	Pedido de Compra	Requisição
Rotor 1BW	PC 0792	R1292
Rotor 1BW	PC 0992	R3192
CI 102	PC 0792	R3192
Rotor 1BW	PC 0792	R3192

Como se pode notar, ao juntar as Tabelas 8.25 a 8.27, fruto da decomposição da tabela original, as suas informações foram preservadas. Isso significa que o relacionamento Faz inicial não está na 5FN, sendo necessário decompô-lo em relacionamentos binários, os quais estarão na 5FN.

8.5 Quinta Forma Normal (5FN)

A definição da 5FN diz que uma tabela de 4FN estará em 5FN quando seu conteúdo não puder ser reconstruído (existir perda de informação) a partir das diversas tabelas menores que não possuam a mesma chave primária. Essa forma normal trata especificamente dos casos de perda de informação, quando da decomposição de relacionamentos múltiplos.

Com a 5FN algumas redundâncias podem ser retiradas, como a informação de que o Rotor 1BW está presente na requisição R3192, será armazenada uma única vez, a qual na forma não normalizada pode ser repetida inúmeras vezes.

8.6 Roteiro de aplicação da normalização

Entidade ou documento não normalizado, apresentando grupos repetitivos e certas anomalias de atualização.

Aplicação da 1FN

- ► Decompor a entidade em uma ou mais entidades, sem grupos repetitivos;
- ► destacar um ou mais atributos como chave primária da(s) nova(s) entidade(s), e este será concatenado com a chave primária da entidade original;
- ► estabelecer o relacionamento e a cardinalidade entre a(s) nova(s) entidade(s) gerada(s) e a entidade geradora;
- ► verificar a questão da variação temporal de certos atributos e criar relacionamentos 1:N entre a entidade original e a entidade criada por questões de histórico.

ENTIDADES NA 1FN

Aplicação da 2FN

- ► Para entidades que contenham chaves primárias concatenadas, destacar os atribu- tos que tenham dependência parcial em relação à chave primária concatenada;
- ► criar uma entidade que conterá esses atributos, e que terá como chave primária o(s) atributo(s) do(s) qual(quais) se tenha dependência parcial;
- ► serão criadas tantas entidades quantos forem os atributos da chave primária concatenada, que gerem dependência parcial;
- ► estabelecer o relacionamento e a cardinalidade entre a(s) nova(s) entidade(s) gerada(s) e a entidade geradora.

ENTIDADES NA 2FN

Aplicação da 3FN

- Verificar se existem atributos que sejam dependentes transitivos de outros que não pertencem à chave primária, sendo ela concatenada ou não, bem como atributos que sejam dependentes de cálculo realizado a partir de outros atributos;
- destacar os atributos com dependência transitiva, gerando uma nova entidade com esse atributo e cuja chave primária é o atributo que originou a dependência;
- eliminar os atributos obtidos por cálculos realizados a partir de outros atributos.

ENTIDADES NA 3FN

Aplicação da FNBC

- Só aplicável em entidades que possuam chaves primárias e chaves candidatas concatenadas;
- verificar se alguma chave candidata concatenada é um determinante e, em caso afirmativo, criar uma entidade com os que dependam funcionalmente desse determinante e cuja chave primária é o próprio determinante.

ENTIDADES NA FNBC

Aplicação da 4FN

- Para se normalizar em 4FN, a entidade precisa estar (obrigatoriamente) na 3FN;
- verificar se a entidade possui atributos que não sejam participantes da chave primária e que sejam multivalorados e independentes em relação a um mesmo valor da chave primária;
- retirar esses atributos não chaves e multivalorados, criando entidades para cada um deles, herdando a chave primária da entidade desmembrada.

ENTIDADES NA 4FN

Aplicação da 5FN

- Aplicada em elementos que estejam na 4FN;
- a ocorrência desse tipo de forma normal está vinculada aos relacionamentos múltiplos (ternários etc.) ou entidades que possuam chave primária concatenada com três ou mais atributos;
- verificar se é possível reconstruir o conteúdo do elemento original a partir de elementos decompostos desta;
- se não for possível, o elemento observado não está na 5FN; caso contrário, os elementos decompostos representam um elemento na 5FN.

ENTIDADES NA FORMA NORMAL FINAL

O processo de normalização leva ao refinamento das entidades, retirando delas grande parte das redundâncias e inconsistências. Naturalmente, para que haja uma associação entre entidades, é preciso que ocorram redundâncias mínimas de atributos que evidenciam esses relacionamentos. Sem essas redundâncias não haveria relacionamento entre entidades.

8.7 Considerações sobre normalização

Antes de qualquer conclusão, podemos observar que as formas normais são restrições de integridade, e à medida que se alimenta esse grau de normalização, tornam-se cada vez mais restritivas. Dependendo do SGBD relacional utilizado, essas restrições podem se tornar benéficas ou não.

A forma de atuação da normalização no ciclo de vida de um projeto de bases de dados pode ser mais satisfatória no desenvolvimento (*bottom-up*) de modelos preliminares, a partir da normalização da documentação existente no ambiente analisado, bem como de arquivos utilizados em alguns processos automatizados neste ambiente.

No caso do desenvolvimento *top-down*, no qual um modelo de dados é criado a partir da visualização da realidade, a normalização serve para realizar um aprimoramento desse modelo, tornando-o menos redundante e inconsistente. No caso desta visão, a normalização torna-se um poderoso aliado da implementação física do modelo.

Por experiência, podemos afirmar que a construção de um modelo de dados já leva naturalmente ao desenvolvimento de entidades e relacionamentos na 3FN, ficando as demais (FNBC, 4FN e 5FN) para melhorias e otimizações.

A criação de modelos de dados, partindo-se da normalização de documentos e arquivos, pura e simplesmente, não é o mais indicado, pois vamos observar o problema e não dar uma solução a ele. Neste caso, vamos projetar estruturas de dados que se baseiam na situação atual (muitas vezes caótica) e que certamente não atenderão às necessidades reais do ambiente em análise. Ao passo que, se partirmos para a criação do modelo de dados com entidades e relacionamentos aderentes à realidade em estudo (mundo real), vamos naturalmente desenvolver uma base de dados ligada à visão da realidade e, como consequência, vamos solucionar o problema de informação.

A aplicação da modelagem de dados, ao longo da nossa vida profissional, tem sido bastante gratificante, mostrando principalmente que a técnica de normalização é uma ferramenta muito útil como apoio ao desenvolvimento do modelo de dados. Seja ela aplicada como levantamento inicial (documentos e arquivos), bem como otimizadora do modelo de dados, tendo em vista certas restrições quanto à implementação física nos bancos de dados conhecidos.

Todas as ideias sobre eficiência da normalização passam necessariamente sobre tempo e espaço físico, em função, principalmente, das consultas efetuadas pelos usuários, bem como a quantidade de bytes necessários para guardar as informações.

Nota-se, pela observação, que o projeto do modelo conceitual nem sempre pode ser derivado para o modelo físico final. Com isso, é de grande importância que o responsável pela modelagem (analista, AD etc.) não conheça só a teoria iniciada por Peter Chen, mas também tenha bons conhecimentos a respeito do ambiente de banco de dados utilizado pelo local em análise.

8.8 Desnormalização dos dados

Normalização é essencial para que bases de dados relacionais preservem a consistência da informação com respeito ao estado atual do sistema e torna o relacionamento entre entidades de dados (registros) implícito. Porém, requer navegação por meio de tabelas, que podem ser várias, para a composição de uma informação.

8.8.1 Alguns motivos para a desnormalização

Em contraste com os bancos de dados relacionais, um Data Warehouse diferencia-se, neste contexto, por manter dados em formato não normalizado, beneficiando-se da agilidade garantida em consultas. Além disso, a desnormalização faz com que o usuário realize consultas de forma transparente, isto é, ele não precisa saber o nome de tabelas de índices, ou tabelas intermediárias, resultantes da normalização. Assim, um Data Warehouse estabelece relacionamentos entre entidades de dados e possibilita consultas de forma eficiente.

A desnormalização é apenas tolerável devido a imperativos (rígidos) de desempenho como no caso de Data Warehouse, entre outros, ou se o sistema não consegue atingir um patamar mínimo de desempenho sem o processo de desnormalização.

Sempre devemos questionar se, após a desnormalização, o desempenho melhorará significativamente.

O processo de desnormalização vai retirar confiabilidade ou consistência da informação?

Importante documentar todos os atos de desnormalização e respectivas justificativas. Outra justificativa para a desnormalização é a existência de várias consultas de desempenho crítico e que necessitam de informação de mais do que duas tabelas (elevado número de junções) ou número elevado de chaves estrangeiras em uma tabela.

Também podemos usar a desnormalização se existir um número elevado de cálculos que devem ser efetuados sobre uma ou várias colunas antes da resposta a uma consulta.

CAPÍTULO 9

Estudo de Caso

Para que possamos desenvolver as técnicas que apresentamos até o momento neste livro, vamos estudar um caso relativamente simples, partindo de uma análise de requisitos de sistemas. Construiremos uma lista de eventos, particionaremos os eventos para entendimento e maior detalhamento, e, em seguida, com maior abstração, desenharemos um modelo de dados Entidade-Relacionamento.

Trata-se de um caso fictício, porém algumas afirmações são totalmente aderentes à administração hospitalar, sendo, portanto, apenas um exercício de análise de sistemas. Posteriormente, você poderá expandir os modelos resultantes para uma realidade mais próxima à sua.

9.1 Problema: administração de cirurgias

Para esse problema, foi fornecido um conjunto de informações obtidas em uma reunião para definir o que o sistema deve controlar e realizar na visão dos usuários administradores.

Em um hospital, existem diversas salas em seu centro cirúrgico. As salas de cirurgia possuem recursos para grupos de especialidades médicas, sendo apropriadas para cirurgias de uma especialidade. Existem salas que se prestam somente a cirurgias de uma única especialidade, pois estão dotadas de equipamentos apropriados a essa especialidade médica.

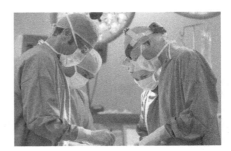

Figura 9.1

Os médicos que realizam cirurgias no hospital agendam esses procedimentos conforme a disponibilidade das salas, informando datas, hora inicial e hora final previstas, junto à operadora do sistema.

Os horários para controle das salas são modulados de 30 em 30 minutos, de modo a manter-se uma quebra equilibrada da distribuição de horários. Quando uma cirurgia é encerrada, é informado ao controle do centro cirúrgico para a preparação e a higienização para a próxima ocupação.

Uma sala de cirurgia não pode ser utilizada simultaneamente para a realização de mais de uma cirurgia, pois somente existe um leito cirúrgico em cada uma. Do mesmo modo que um médico não pode ter cirurgias coincidentes em data e horário, mesmo que em salas diferentes.

Uma cirurgia somente deve ser realizada se a sala for apropriada para a sua especialidade. Admitem-se urgências, porém devem ser destacadas para utilizarem salas que não as específicas da especialidade.

Urgência é considerada uma qualificação da cirurgia, mas não tem restrição de especialidade, podendo utilizar qualquer uma das salas disponíveis.

Toda cirurgia tem somente um médico responsável, que devemos registrar para o controle do sistema.

Não constam deste escopo os assistentes, os instrumentadores ou os anestesistas.

Os medicamentos e os materiais consumidos durante a cirurgia devem ser computados para cobrança posterior.

O paciente é identificado pelo hospital, inclusive com seu leito de internação e datas.

Não existe no sistema nenhum controle pré-cirúrgico.

O sistema deve controlar cirurgias marcadas, bem como as já realizadas.

Para o centro cirúrgico, especialidade é um dado do tipo: Cardiorrespiratória, Nefrologia, Ginecologia e Obstetrícia, Transplantes, Gastroenterologia, Oftalmologia, Traumatologia, Cirurgia Plástica, Oncologia etc.

Os médicos são registrados como habilitados no hospital e suas especialidades também são controladas, podendo realizar cirurgias em somente uma especialidade.

São considerados materiais gastos em uma cirurgia: agulhas de sutura, algodões, bolsa de sangue e gaze, por exemplo. Como medicamentos, temos produtos como: anestésicos em geral, antissépticos, soro etc., e remédios diversos com aplicação intravenosa.

9.2 Modelagem

Vamos começar a modelar esse caso. O que temos nesse ambiente de negócios?

Utilizamos a Figura 9.2 para despertar em você um olhar atento e estimular a sua capacidade de utilizar-se de abstração para identificar as coisas que estão nesse ambiente.

Estudo de Caso

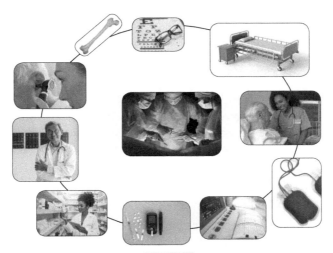

Figura 9.2

Analisando os elementos da Figura 9.2, podemos identificar alguns objetos que temos nesse ambiente de sistema. A primeira coisa que aparece pode até causar dúvidas e permite duas interpretações. Uma como um fato e outra como uma entidade. A primeira interpretação apresenta-se como uma entidade: a cirurgia.

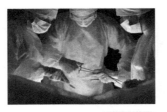

Figura 9.3

Seguindo nossa abstração para a descoberta de entidades, pela ordem relativa, temos mais dois objetos: paciente e médico.

Figura 9.4

É normal, nos exercícios resolvidos em aula, o aluno esquecer o paciente, mas nós já o movimentamos em nossos eventos e seria pouco provável esquecê-lo. Temos, então, um conjunto de três entidades até agora: cirurgia, paciente e médico.

É interessante discutir a segunda interpretação do objeto cirurgia com o leitor.

Cirurgia é uma entidade ou é um fato? Tudo depende de sua interpretação do mundo real.

Se analisarmos que um médico realiza uma cirurgia, ela parece mais com uma entidade, pois médico relaciona-se com ela. Se analisarmos a realidade como médico opera paciente, esse mesmo objeto passa a ser um relacionamento entre médico e paciente, portanto, um fato equivalente à entidade cirurgia.

Na realidade, temos duas soluções possíveis de modelo de dados conceitual para essa relação, ou o fato de acontecer uma cirurgia, ou do que é uma cirurgia.

No primeiro caso, temos uma entidade cirurgia relacionada com a entidade Médico e com a entidade Paciente, pois os dois participam de cirurgia.

Resta-nos definir a conectividade entre estas entidades. Vamos lá! Um médico pode realizar muitas cirurgias. Uma cirurgia, segundo as premissas iniciais, tem somente um médico.

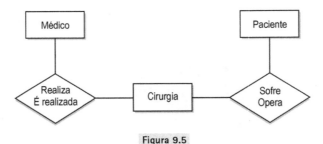

Figura 9.5

Uma cirurgia também tem somente um paciente, pois não são realizadas cirurgias coletivas nesse hospital.

Um paciente pode vir a realizar muitas cirurgias. O médico pode esquecer uma tesoura na barriga do sujeito e ter de operar de novo para tirá-la, por exemplo.

Logo, podemos ter o Diagrama Entidade-Relacionamento (DER) com as conectividades corretas dessa primeira interpretação.

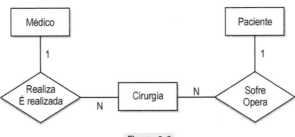

Figura 9.6

Estudo de Caso

Vamos agora exercitar e confirmar se a segunda interpretação está correta ou não.

Temos um relacionamento entre médico e paciente que é um fato, a própria cirurgia – o médico opera paciente.

Esse relacionamento deve ser entendido como a representação de um fato que pode ser denominado cirurgia em si.

Figura 9.7

O que muda neste modelo em relação ao anterior? A conectividade agora é diferente da anterior.

Um médico participa de opera muitos pacientes. Um paciente sofre muitas cirurgias. Logo, temos um relacionamento de muitos-para-muitos.

Figura 9.8

Vamos apresentar este relacionamento com atributos, pois nele estarão as informações de hora, data, especialidade da cirurgia etc.

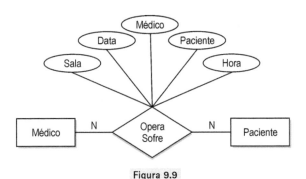

Figura 9.9

Veja que os atributos são os mesmos que estariam na entidade cirurgia da solução anterior, com três entidades.

E nos atributos aparece a localização da cirurgia, a sala. Voltando à abstração em busca de entidades, pergunta-se: sala não é um objeto, uma coisa desse ambiente que possui dados, e é objeto do sistema?

A resposta evidente é positiva. Sala é uma entidade, pois pode estar localizada em uma ala, em um andar, tem uma especialidade que pode atender etc.

Vamos acrescentar ao modelo a entidade sala.

Mas já analisando, sala se relaciona com quem? Sala se relaciona com médico?

Somente por meio da cirurgia ou do relacionamento opera. Sala se relaciona com paciente? Não, somente por meio da cirurgia também. Mas afinal, sala se relaciona com quem? Sala se relaciona com cirurgia em nossa primeira solução.

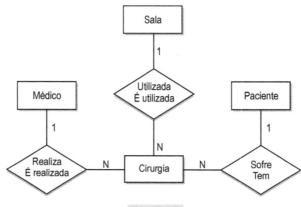

Figura 9.10

Ou com a agregação do relacionamento opera da seguinte solução:

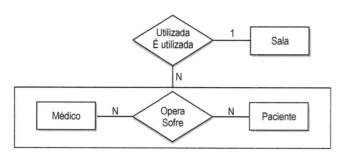

Figura 9.11

São duas soluções para retratar uma realidade, e as duas estão corretas.

Vamos seguir para verificar se existem mais entidades nesse ambiente de sistema.

Existe uma entidade a mais que é mencionada em várias afirmativas no levantamento de ambiente:

"As salas de cirurgia possuem recursos para grupos de especialidades médicas, sendo apropriadas para cirurgias de uma especialidade."

"Existem salas que se prestam somente a cirurgias de uma única especialidade, pois estão dotadas de equipamentos apropriados a essa especialidade médica."

Estudo de Caso

"Os médicos são todos registrados como habilitados no hospital, sendo suas especialidades também controladas, podendo realizar cirurgias em somente uma especialidade."

Isso nos leva à existência da entidade especialidade. Mas especialidade é efetivamente uma entidade ou é um atributo de sala e de médico? No mundo real, especialidade é um dado qualificativo de sala e de médico, pois complementa a descrição destes dois objetos. Entretanto, como estamos pensando e raciocinando em termos de banco de dados relacional, podemos realizar uma análise de redundâncias do modelo de dados.

O que seria a análise? Se especialidade é um atributo comum a duas entidades, podemos otimizar essa informação tabulando-a na forma de um objeto externo a estas duas entidades. Desta forma, certamente teríamos informação unificada tanto para a qualificação de salas quanto para a qualificação de médicos.

Como fazemos isso? Criamos a entidade especialidade, que se relaciona com a entidade sala e com a entidade médico.

Com isso, obtemos duas conectividades distintas em cada relacionamento:

- Um médico possui uma especialidade.
- Uma especialidade qualifica muitos médicos.
- Uma sala tem muitas especialidades.
- Uma especialidade tem muitas salas.

Com esta solução, estamos com mais um relacionamento muitos-para-muitos no modelo.

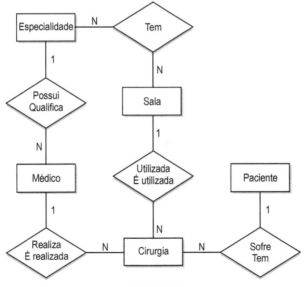

Figura 9.12

No segundo formato de solução teríamos o mesmo formato de relacionamento, somente com o detalhe de observar que a ligação de especialidade com médico é indicada no DER com uma linha que conecta com a entidade médico e não com a caixa da agregação.

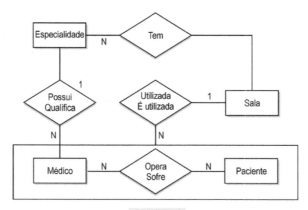

Figura 9.13

Seguindo nosso raciocínio abstrato, o que mais teríamos de significativo nesse modelo de dados, com base no levantamento de informações inicial?

Temos mais duas afirmativas para analisar:

"Os medicamentos, materiais e remédios consumidos pela cirurgia devem ser computados para cobrança posterior."

"São considerados materiais gastos em uma cirurgia: agulhas de sutura, algodão, bolsa de sangue, gaze, por exemplo. Como medicamentos, temos produtos como: anestésicos em geral, antissépticos, soro etc., e remédios diversos com aplicação intravenosa."

Cuidado para não criar de imediato três entidades, pois temos um grupo de objetos que são consumidos por uma cirurgia.

Voltando aos conceitos de abstração, vamos lembrar que existe o conceito de classificação de objetos.

Há, na realidade, um conjunto de coisas que são consumidas na cirurgia, uma classe de objeto, que é composta de medicamentos, materiais e remédios, por assim dizer. Logo, podemos utilizar o conceito de generalização de entidades neste modelo para realizar o DER.

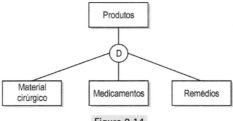

Figura 9.14

Esse bloco de modelo deve estar relacionado com qual entidade? Bem, se os produtos são consumidos, utilizados na cirurgia, obviamente devem estar relacionados com cirurgia.

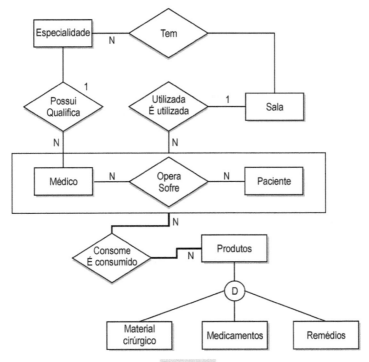

Figura 9.15

Um produto é consumido em muitas cirurgias e uma cirurgia consome muitos produtos. Logo, há mais um relacionamento muitos-para-muitos para encerrar o nosso modelo.

Com base nas informações obtidas em nosso levantamento de dados, conseguimos determinar em um primeiro momento um conjunto de eventos e um modelo conceitual de dados para o sistema.

Vamos analisar os atributos desse modelo de dados até agora construído, utilizando uma ferramenta CASE que permita destacar as chaves primárias e estrangeiras do modelo, o ERwin.

Vamos elencar os possíveis atributos das nossas entidades e relacionamentos, assim como os obrigatórios para a efetivação dos relacionamentos.

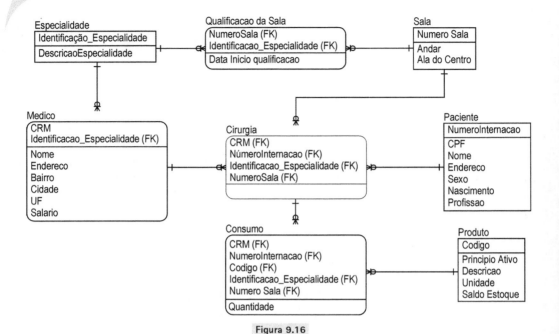

Figura 9.16

Neste modelo, propositalmente deixamos de colocar informações relativas à data e hora da cirurgia.

Queremos provocar a discussão de onde devem ser colocados esses atributos. Vamos exercitar então.

Se colocarmos somente a data na chave primária da entidade cirurgia, efetivamos uma restrição no modelo: um médico somente pode operar um paciente uma vez em um dia.

Caso o paciente tenha de voltar para uma nova cirurgia com o mesmo médico na mesma data, isso será impossível de ser registrado, pela restrição de identidade em uma tabela relacional. Não existe mais de uma ocorrência na tabela com a mesma chave primária.

Logo, temos de colocar os dois dados na chave primária para que se evite essa restrição no mundo real.

Assim, a chave primária da entidade cirurgia terá mais dois dados:

- Data da cirurgia.
- Hora inicial da cirurgia.

Estudo de Caso

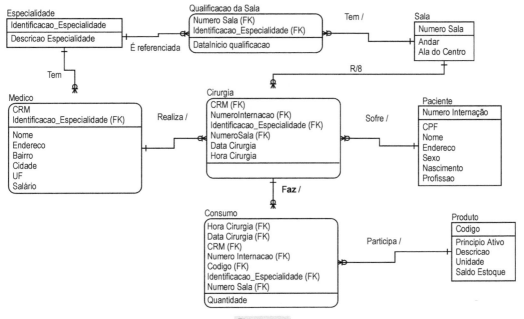

Figura 9.17

A informação de hora final estimada não necessita ficar na chave primária, até por ser um dado estimado, assim como não é relevante na identificação da coisa cirurgia.

Observe que a entidade cirurgia ficou composta somente de chave primária. Fica a cargo de sua criatividade completar essa entidade com outros atributos que, certamente, existem no mundo real. Basta irmos até os usuários e questioná-los agora sobre quais dados mais existem e são controlados em cirurgia.

Encerramos aqui este estudo de caso, no qual já conseguimos aplicar os princípios que estudamos em modelo de dados ER.

CAPÍTULO 10

Hierarquias

10.1 Tratamento de Hierarquias de Dados

As estruturas hierárquicas são aparentemente mais complexas de serem resolvidas, com Diagramas Entidade-Relacionamento (DER) e em ambientes relacionais, ou seja, bancos de dados relacionais.

Tudo é uma questão de entendimento e raciocínio por partes. Então, vamos por partes. No nosso exemplo é bem simples: uma cabeça é composta por olho, ocelo, armadura bucal e área intersutural. Essa estrutura de informações possui somente um nível de decomposição. É, então, uma estrutura hierárquica de um nível como o diagrama apresentado na Figura 10.1.

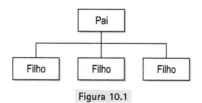

Figura 10.1

O importante é conseguir visualizar uma tabela de dados e seu conteúdo para entender o modelo de dados que será apresentado como solução.

Vejamos que o conjunto de dados ou o objeto que se deseja modelar são, digamos, partes do corpo humano.

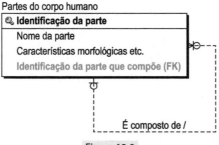

Figura 10.2

"Partes do corpo humano são compostas por outras partes do corpo humano."

Logo, temos um autorrelacionamento ou relacionamento reflexivo em uma mesma entidade, que denominamos partes do corpo humano.

O modelo de dados fica simples de entender se analisarmos a tabela com que implementamos esse modelo de dados ER.

Tabela 10.1

Identificação da parte do corpo	Descrição	Características	Parte que compõe	etc.
1	Cabeça	xxxx	nulo	xxxx
2	Ocelo	xxxx	1	xxxx
3	Armadura bucal	xxxx	1	xxxx
4	Área intersutural	xxxx	1	xxxx
5	Olho	xxxx	1	xxxx
6	Pupila	xxxx	5	xxxx

Observe que foi acrescentado um nível à estrutura hierárquica:

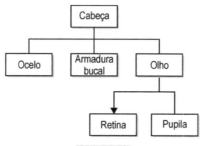

Figura 10.3

Hierarquias

Cabeça também é composta por olho, que é composto por pupila, retina etc.

A navegação nesta Tabela 10.1, buscando os registros inter-relacionados, fornece a árvore de composição de qualquer objeto modelado dessa maneira.

Tabela 10.2

Identificação da parte do corpo	Descrição	Parte que compõe	Identificação da parte do corpo	Descrição	Parte que compõe
1	Cabeça	nulo	2	Ocelo	1
1	Cabeça	nulo	3	Armadura bucal	1
1	Cabeça	nulo	4	Área intersutural	1
1	Cabeça	nulo	5	Olho	1
5	Olho	1	6	Pupila	5

Neste caso, observamos muito bem a importância do conceito de chave estrangeira, pois, com ela, conseguimos realizar a comparação de valores e identificar quem se relaciona com quem.

O resultado de um SELECT, para encontrar a árvore de composição, fornece a tabela apresentada anteriormente.

Mesmo que existam vários níveis de hierarquia, sempre utilizaremos esse tipo de autorrelacionamento. Somente mudaremos o modelo quando tivermos composições em que determinada parte entra na composição de outra parte. Então, teremos autorrelacionamentos de muitos-para-muitos.

No exemplo, tratamos a composição como um relacionamento de um-para-muitos, pois estamos discutindo a implementação de uma hierarquia em um modelo de dados ER.

Modelo Físico

Nesta etapa, o analista passa as visões do modelo conceitual para o modelo lógico relacional, no qual os dados são vistos como estruturas de dados voltadas às características da abordagem escolhida, visando à implementação do banco de dados.

O modelo físico provê um contexto para definição e registro no catálogo do banco de dados dos elementos de dados que formam um database e fornece aos analistas de uma aplicação a possibilidade de escolha dos caminhos e acesso às estruturas de dados.

Na criação de um modelo físico de dados, realizada pela conversão do modelo conceitual, possuímos uma lista de conceitos dos componentes de cada modelo e sua equivalência, que pode orientar na relação dos termos utilizados que vamos apresentar neste capítulo, além de considerações gerais sobre o processo.

A transformação de um modelo conceitual ou lógico em modelo físico exige que sejam realizadas as definições dos atributos de uma tabela (colunas), que serão índices, como será o tipo desse atributo (numérico, caractere, data, outros), assim como a exigência de sua existência ou não, sua identificação como chave primária ou estrangeira na tabela em si.

Na realidade, vamos adequar o tipo de dado ao tipo de dado permitido, implementado pelo Sistema Gerenciador de Banco de Dados Relacional com que vamos trabalhar.

As principais ferramentas CASE do mercado possuem interfaces de conversão do modelo lógico no modelo físico, que disponibilizam o tipo de dado correto e permitido para cada SGBD usualmente utilizado, além de permitirem assinalamento das outras características de um modelo físico necessário.

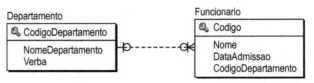

Figura 11.1 Representação lógica de um modelo de dados.

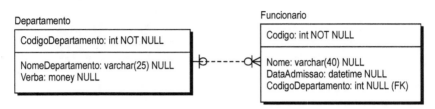

Figura 11.2 Representação física de um modelo de dados.

11.1 Propriedades de uma coluna

Quando convertemos um modelo lógico em modelo físico, cada um dos atributos existentes nas entidades do modelo deve possuir agora um conjunto de propriedades relativas a uma coluna de uma tabela.

Vamos ver quais são as regras e o que devemos cuidar para a criação do modelo físico de dados.

As propriedades que devem ser seguidas nesse processo de conversão de modelo lógico em modelo físico dizem respeito, em grande parte, a informações de implementação sobre cada coluna da tabela a ser criada.

O nome da coluna será restringido pelas convenções e pelas regras de metodologia utilizada ou da administração de dados da empresa, bem como pelos requisitos semânticos do SGBD.

O tipo de dado será limitado àqueles suportados pelo SGBD. Vale ressaltar que cada SGBD possui características próprias que determinam os tipos de dados aceitos por ele. Entretanto, vamos apresentar os principais tipos de dados e o seu significado para que o leitor familiarize-se com eles.

São tipos de dados que cada campo de uma tabela deve possuir. Toda coluna deve ter pre-estabelecido o tipo de dado que pode conter. Por exemplo, se um campo de uma tabela for do tipo numérico, ele não pode receber dados que forem letras.

A seguir, apresentamos uma tabela com os tipos de dados mais usuais.

Modelo Físico

Tabela 11.1 Tipos de dados mais comuns (padrão ANSI)

Smallint	Armazena valores numéricos, em dois bytes binários, entre o intervalo –32768 e +32767.
Integer	Armazena valores numéricos, em quatro bytes binários, entre o intervalo –2147483648 e +2147483647.
Float	Armazena valores numéricos com ponto flutuante, em oito bytes binários, entre o intervalo –1.79769313486232E308 e –4.94065645841247E-324 para valores negativos, 4.94065645841247E-324 e 1.79769313486232E308 para valores positivos.
Decimal(n,m)	Armazena valores numéricos com no máximo 15 dígitos. Nessa opção, deve ser definida a quantidade de dígitos inteiros (n) e de casas decimais (m) existentes no campo.
Varchar (n)	Definir um campo alfanumérico de até n caracteres, em que n deve ser menor ou igual a 254 caracteres.
Char (n)	Definir um campo alfanumérico de n caracteres, em que n deve ser menor ou igual a 254 caracteres.
Long Varchar	Definir um campo alfanumérico de comprimento maior que 254 caracteres.
Date	Definir um campo que vai armazenar datas.
Time	Definir um campo que vai armazenar horas.

Em seguida, temos de definir se a existência de valor de dados é obrigatória para a coluna ou não.

11.1.1 Opção de nulo

Por padrão, as chaves primárias são definidas como *not null*, ou seja, não admitem a inexistência de valor em qualquer uma das colunas que a compõem.

11.1.2 Regra de validação

Se existir a regra de validação, ela deve conter uma lista de valores válidos para a coluna que você define. As regras de validação podem ser intervalos de valores ou um código em SQL.

Uma regra de validação é uma expressão que estabelece o intervalo de valores aceitáveis que podem ser armazenados em uma coluna.

Observe que a utilização e a implementação no modelo físico de tabelas de domínio para colunas de uma tabela são uma alternativa às regras de validação em alguns casos.

Se a lista de valores válidos for volátil ou longa, pode ser preferível usar, em sua substituição, uma tabela de domínio, visto que uma tabela de domínio será mais fácil de ser atualizada no ambiente de produção.

As tabelas de domínio podem e devem ser criadas somente no modelo físico, pois são objetos apenas físicos, uma vez que elas não têm base nem existem no modelo conceitual ou no modelo lógico.

Se a lista de valores for estável, o uso da regra de validação pode ser a melhor opção.

Isso significa uma tabela a menos no banco de dados para cada regra usada.

Exemplo de regra de negócios

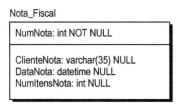

Figura 11.3

Regra de negócios: o número de itens por nota fiscal está sempre entre 5 e 15.

NumItensNota >= 5 and NumItensNota <= 15

Outro exemplo de regra de validação

Regra de validação StatusNotaFiscal:

► F = 'Faturada'

► C = 'Cancelado'

Por exemplo, se a empresa não permitisse cancelar uma nota com data de três dias antes do dia da própria nota teríamos a regra de validação:

NOT StatusNotaFiscal="C"(date < (DataNota+3) AND StatusNotaFiscal = "F")

11.1.3 Valor padrão

Este é o valor colocado na coluna durante uma inserção de registro na tabela na ausência de qualquer outro valor para aquela coluna. É conhecido como valor default do atributo.

11.2 Visões de dados

Uma visão do banco de dados (Database View) é uma apresentação personalizada dos dados armazenados em uma ou mais tabelas. As visões também são conhecidas como tabelas virtuais ou consultas armazenadas.

Modelo Físico

Uma visão pode:

- incluir um subconjunto de colunas de uma tabela do banco;
- incluir colunas de múltiplas tabelas do banco;
- ser baseada em outras visões em vez das tabelas do banco;
- ser consultada, atualizada, inserida e apagada. Todas estas ações afetam os dados armazenados nas tabelas do banco, com algumas restrições, como veremos no capítulo sobre SQL;
- pode ser frequentemente alterada para se adequar às necessidades de alteração sem exigir uma mudança para a tabela do banco subjacente.

É importante lembrar-se de que as visões exibem dados das tabelas do banco, mas não armazenam dados.

Visto o conceito, podemos ter no modelo físico de dados a inserção de visões de dados no sentido de criarmos limitações ou restrições ao acesso amplo da aplicação a todos os dados de uma tabela, ou na análise de volumes de dados criar visões de subtipos para acesso distinto de usuários.

As visões podem ser usadas para fornecer um nível adicional de segurança de tabelas, ocultar a complexidade de determinados dados, simplificar os comandos para usuários, fornecer diferentes apresentações de dados ou armazenar consultas complexas, evitando que se consumam recursos de processamento elevados desnecessariamente.

As visões de dados somente existem no modelo físico, e as suas colunas podem ser: colunas de tabela, colunas de outras visões ou expressões em SQL.

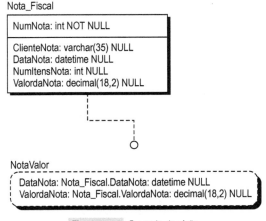

Figura 11.4 Exemplo de visão.

11.3 Índices do banco de dados

Um índice é uma estrutura associada a uma tabela, que torna a pesquisa mais rápida.

Deve-se levar em conta o emprego de índices em qualquer coluna frequentemente utilizada na pesquisa de uma tabela, pois, com essa opção, a duração das pesquisas será consideravelmente diminuída.

Os índices de livro são uma boa analogia; por exemplo, os divisores tabulados representam um índice agrupado e os outros índices estão dispostos no final do livro. Entretanto, pode haver uma diminuição de rendimento com a utilização de índices. À medida que mais índices são criados, o banco de dados realiza mais lentamente atualizações. Por exemplo, cada vez que uma inserção é realizada em uma coluna indexada, cada índice precisa ser atualizado.

Tecnicamente, não há limite ao número de índices, mas quanto maior for o número deles, mais difícil ficará a sua manutenção.

Outro aspecto a considerar para inserção de índices em uma tabela é a sua utilização nas consultas mais frequentes, pois conforme a disposição e a execução dessa consulta, principalmente se estivermos utilizando múltiplas junções, esses índices não serão totalmente utilizados quando da sua execução.

Vamos comentar mais sobre este aspecto na abordagem do SQL e sua decomposição algébrica de comandos.

A escolha de indexação de colunas depende também do negócio para o qual o BD foi modelado, sendo preciso considerar:

► As atualizações ou consultas são muito críticas?

► Qual é o volume de dados previsto para a tabela?

► Quão volátil será essa tabela?

Para tabelas de um Data Warehouse, por exemplo, quase tudo é indexado, porque os requisitos do negócio são consultas rápidas e as tabelas possuem baixa volatilidade.

11.3.1 Chaves substitutas

É comum que a chave primária de uma tabela seja substituta, ou seja, é criada uma coluna que contém um número ou código de identificação, que é um identificador único, mas que não tem um significado intrínseco no que se refere ao objeto sendo modelado.

Uma chave substituta é artificial e será usada como uma substituta para uma chave natural, derivada dos relacionamentos da tabela.

A inserção de chaves substitutas no modelo físico é uma realidade, mas deve ser feita de forma criteriosa, pois implica a existência de processos de consistência das colunas que originalmente compunham a chave primária da tabela e que foram definidas no modelo lógico.

11.3.2 Generalizações

O tratamento que deve ser dado à conversão de generalizações no modelo físico envolve seu mapeamento e a clara definição de tabelas para os subtipos, quando eles efetivamente possuírem conjuntos distintos de atributos.

Por exemplo, dada a entidade funcionário, existe uma variação de atributos para ela, pois há um ponto básico para os funcionários que são engenheiros: eles têm informações adicionais, que são dados adicionais no subtipo 'engenheiro', e para o subtipo 'vendedor' existem outros dados que são diferentes dos dados adicionais de engenheiro.

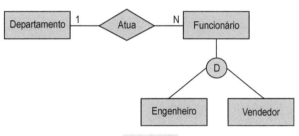

Figura 11.5

Como não é possível ter colunas com tamanho e tipo variáveis, temos de criar tabelas para os casos em que as informações variam.

A tabela funcionário só pode ter um e somente um conjunto de colunas.

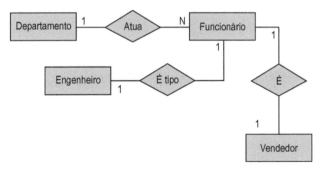

Figura 11.6

As informações dos engenheiros serão completadas pela tabela engenheiro.

Se não tivesse atributo diferente para os outros, todos os que não fossem engenheiros ou vendedores só teriam seus dados na tabela funcionário.

Não é possível um empregado cuja função é engenheiro atuar como técnico, porque os elementos não podem se sobrepor.

Os subtipos tornam-se tabelas carregando o identificador do conjunto a que pertencem.

Banco de Dados – Projeto e Implementação

11.3.3 Tabelas do exemplo

Tabela 11.2 Departamento

CodigoDepto	Nome Departamento
1	Engenharia
2	Vendas
3	Administração

Tabela 11.3 Funcionário

Matricula	Nome	Funcao	CodigoDepto
101	Luis Sampaio	Eng	1
104	Carlos Pereira	Vend	2
134	José Alves	Vend	2
121	Luis Paulo Souza	Sec	3
123	Pedro Sergio Doto	Vend	1

Tabela 11.4 Engenheiro

Matricula	Ajuda de Custo	Especialidade
101	1.500,00	Obras Civis

Tabela 11.5 Vendedor

Matricula	Hora Extra	Despesa Extra	Placa carro
104	5,00	255,00	LVW 5289
134	3,50	300,00	LXT 5289
123	2,50	150,00	LOP 5289

Tabela 11.6 Secretaria

Matricula	Lingua Estrang	Curso
121	Inglês	Informática

Colocamos secretária, neste exemplo, para ampliar sua visão da implementação dos subtipos no modelo físico.

A entidade funcionário vira uma tabela (regra padrão) e os subtipos são transformados em outras tabelas, carregando a chave primária matrícula.

Efetivado o modelo físico de dados, estamos aptos a criar o banco de dados projetado pela geração de um script de comandos SQL para o SGBD.

Modelo Físico

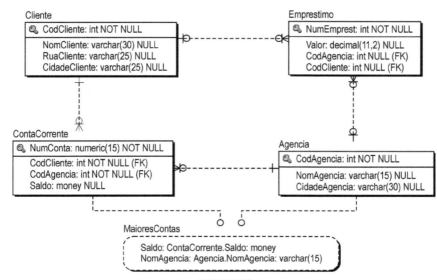

Figura 11.7

```
CREATE TABLE Cliente (
      CodCliente           int NOT NULL,
      NomCliente           varchar(30) NULL,
      RuaCliente           varchar(25) NULL,
      CidadeCliente        varchar(25)
      NULL, PRIMARY KEY (CodCliente
      ASC) )
CREATE TABLE Agencia (
      CodAgencia           int NOT NULL,
      NomAgencia           varchar(15) NULL,
      CidadeAgencia        varchar(30)
      NULL, PRIMARY KEY (CodAgencia
      ASC) )
CREATE TABLE ContaCorrente (
      NumConta             numeric(15) NOT NULL,
      CodCliente           int NOT NULL,
      CodAgencia           int NOT NULL,
      Saldo                money NULL,
      PRIMARY KEY (NumConta ASC),
      FOREIGN KEY (CodAgencia)
                           REFERENCES Agencia (CodAgencia), FOREIGN KEY
      (CodCliente)
                           REFERENCES Cliente (CodCliente) )
CREATE TABLE Emprestimo (
      NumEmprest           int NOT NULL,
      Valor                decimal(11,2) NULL,
      CodAgencia           int NULL,
      CodCliente           int NULL, PRIMARY KEY (NumEmprest ASC), FOREIGN
      KEY (CodCliente)
                           REFERENCES Cliente (Cod-
      Cliente), FOREIGN KEY (CodAgencia)
                           REFERENCES Agencia (CodAgencia) )
CREATE VIEW MaioresContas AS
      SELECT ContaCorrente.Saldo, Agencia.NomAgencia FROM ContaCorrente,
      Agencia
 WHERE Saldo > 100000
```

11.4 Relação entre modelo lógico e modelo físico

A Tabela 11.7 apresenta as correspondências entre o modelo lógico e o modelo físico.

Tabela 11.7

Modelo Lógico	Modelo Físico
Entidade	Tabela
Entidade dependente	A chave estrangeira faz parte da chave primária
Entidade independente	A chave estrangeira não faz parte de sua chave primária
Atributo	Coluna
Tipo de dado (texto, numérico, alfanumérico etc.)	Restrito aos tipos de dados físicos implementados no SGBD a ser utilizado
Chave primária	Coluna índice único de chave primária
Chave estrangeira	Coluna índice não único de chave estrangeira
Atributo de busca não chave	Coluna índice não único
Regra de validação	Restrição de integridade
Regra de negócio	Domínio, ou regra de validação, ou stored procedure ou trigger

Observe alguns modelos físicos (inclusive o do nosso estudo de caso).

Modelo Físico

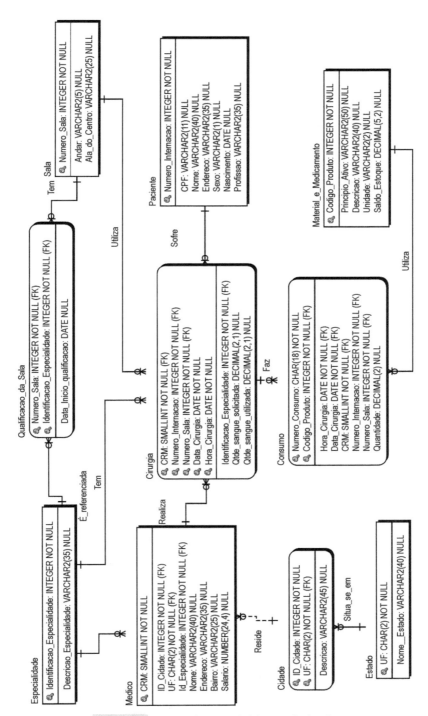

Figura 11.8 Modelo físico para administração de cirurgias.

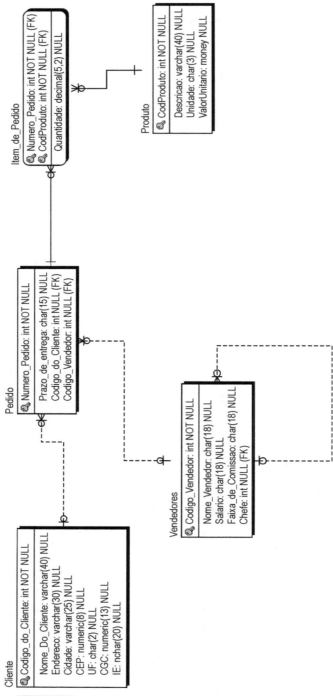

Figura 11.9 Modelo físico para sistema de vendas (ver capítulo de SQL).

Modelo Físico

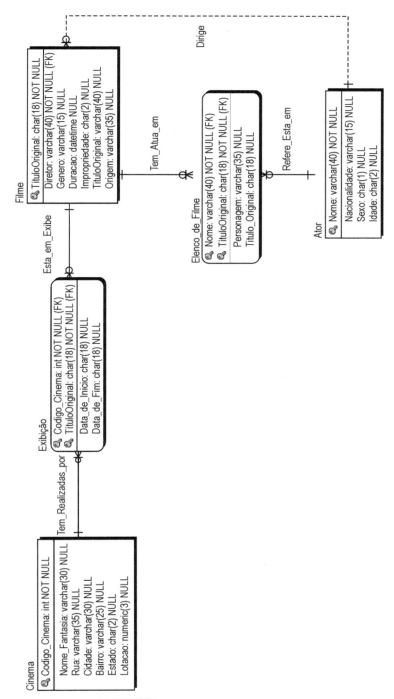

Figura 11.10 Modelo físico de cinemas e filmes.

CAPÍTULO 12

Mapeamento de Objetos (ER)

A adoção das metodologias de desenvolvimento orientadas a objetos (OO) como um padrão de mercado levou a uma mudança radical na estruturação e na organização de informação. Contudo, a utilização de bancos de dados relacionais ainda é uma prática comum e será mantida por muito tempo. Devido à necessidade de trabalhar com essas bases de dados relacionais para o armazenamento persistente de dados, é comum adaptar os modelos de objetos na tentativa de compatibilizá-los com o MER, mais direcionado ao modelo relacional.

Para piorar ainda mais esse quadro, é notório o esforço aplicado no processo de persistência manual dos objetos no banco de dados, o que força os desenvolvedores de aplicações a terem de dominar a linguagem SQL e utilizá-la para realizar acessos ao banco de dados.

Estas duas questões levam a uma redução considerável na qualidade do produto final, construção de uma modelagem orientada a objetos inconsistente e a um desperdício considerável de tempo na implementação manual da persistência.

Apesar disso, não é possível ignorar a confiabilidade dos SGBD relacionais, após anos de desenvolvimento e ajustes de performance, que fazem dos bancos de dados relacionais a opção mais eficiente se comparados à maioria dos SGBD orientados a objetos disponibilizados no mercado nos dias de hoje.

Para permitir um processo de mapeamento entre sistemas baseados em objetos e bases de dados relacionais, foram propostas diversas ideias que convergiram para o conceito de **Camada de Persistência**. Conceitualmente, essa camada é uma biblioteca que permite a realização do processo de persistência (ou seja, o armazenamento e a manutenção do estado de objetos em algum meio não volátil, como um banco de dados) de forma transparente.

Em razão da independência entre a camada de persistência e o repositório utilizado, também é possível gerenciar a persistência de um modelo de objetos em diversos tipos de repositório, teoricamente com pouco ou nenhum esforço extra.

A utilização desse conceito permite ao analista trabalhar como se estivesse em um sistema completamente orientado a objetos utilizando métodos para incluir, alterar e remover objetos e uma linguagem de consulta para SGBD orientados a objetos, comumente a linguagem OQL, para realizar consultas que retornam coleções de objetos instanciados. Mas, destaque-se somente em um ambiente de SGBD orientados a objetos e não no ambiente tradicional de SGBD relacionais.

As vantagens decorrentes do uso de uma Camada de Persistência no desenvolvimento de aplicações orientadas a objetos são evidentes: a sua utilização isola os acessos realizados diretamente ao banco de dados da aplicação, bem como centraliza os processos de construção de consultas e operações de manipulação de dados em uma camada de objetos inacessível ao programador.

Esse encapsulamento de responsabilidades garante mais confiabilidade às aplicações e permite, em alguns casos, que o próprio SGBD ou a estrutura de suas tabelas possam ser modificados, sem trazer impacto à aplicação nem forçar a revisão e recompilação de códigos.

Deixar o programador atuar sem acesso a uma camada de objetos pode provocar erros de desconhecimento da estrutura de banco de dados sobre a qual ele opera suas instruções, levando a erros conceituais de projeto de consultas e regras de negócio.

Hoje em dia, existem diversos utilitários que permitem uma independência de código SQL nas aplicações orientadas a objetos e escritas em Java, por exemplo. Esses aplicativos realizam o acesso e a manipulação do banco de dados por meio da inserção somente das condições de validação e ou seleção de dados, não envolvendo o programador em altos conhecimentos de SQL, por exemplo.

De qualquer maneira, existe a necessidade de não simplesmente traduzir diretamente em um script SQL de criação de banco de dados o modelo de classes de um projeto OO, pois não nos permite nenhuma interação do mundo real de negócios com a persistência que vamos utilizar, que é um banco de dados relacional. Isso provoca a existência de mapeamento de objetos em um modelo de dados Entidade-Relacionamento.

12.1 Mapeamento de objetos para tabelas (ER)

Para permitir a correta persistência de objetos em um banco de dados relacional, algo deve ser feito no tocante à forma como os dados serão armazenados.

No decorrer deste capítulo, detalharemos algumas sugestões de como é feito o mapeamento de cada um dos elementos de um objeto: atributos, relacionamentos e classes descendentes (herança).

Ao transpor um objeto para uma tabela relacional, seus atributos são mapeados em colunas dessa tabela. Entretanto, esse processo de mapeamento deve levar em consideração fatores como os tipos dos dados e o tamanho máximo dos campos (no caso de números e strings).

Também é importante destacar que, em muitas vezes, os atributos de um objeto não devem ser obrigatoriamente uma coluna em uma tabela.

Como exemplo, podemos citar atributos que são o valor total de alguma coisa, pois esse dado poderia ser armazenado no objeto para fins de consulta, mas simplesmente mantê-lo no banco de dados talvez não seja interessante, por se tratar de um valor que pode ser obtido por processamento de uma consulta.

Mapeamento de Objetos (ER)

Além disso, existem casos em que um atributo pode ser mapeado para diversas colunas, pois é definido no modelo de forma genérica, sem preocupação com composição e atributos, como no modelo relacional (exemplos incluem endereços completos, nome dividido em 'primeiro nome' e 'sobrenome' no banco de dados) ou vários atributos que podem ser mapeados para uma mesma coluna (prefixo e número de telefone, por exemplo).

Em uma visão minimalista, o mapeamento de objetos em modelo relacional (ER) é o da Figura 12.1:

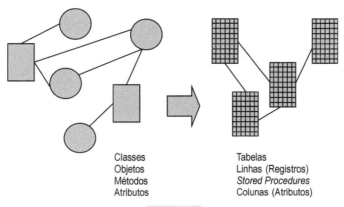

Classes
Objetos
Métodos
Atributos

Tabelas
Linhas (Registros)
Stored Procedures
Colunas (Atributos)

Figura 12.1

A transposição do modelo de classes para o modelo relacional tem como objetivo final a criação da base de dados do sistema, coerente com a modelagem da fase de análise.

As regras descritas não devem ser interpretadas como "leis" rígidas de transposição, mas uma indicação suscetível de adaptação em função da análise do problema em questão, para que possam traduzir rigorosamente a realidade.

12.2 Regra 1

Todas as tabelas (ou relações) devem ter uma chave primária, um conjunto mínimo de atributos que permitam identificar univocamente cada linha da tabela. No caso de não existirem atributos que satisfaçam esta condição, é preciso criar um identificador único designado por id.

Aqui, provavelmente começa um dos problemas da transposição de classes em tabelas, pois existem classes que contêm coleções de objetos e classes que têm objetos dentro de objetos.

Por exemplo, classe departamento que tem incluso um objeto diretor e um conjunto de objetos seção.

```
Class Departamento {
     String nome;
     Empregado Diretor
      Seção seções[];
}
```

```
class Emprego {
string nome;
Tarefa tarefas [] ,
...
```

Figura 12.2

Criar na tabela correspondente à classe original, por exemplo (departamento), uma coluna com o nome do atributo/objeto incluso (diretor), desempenhando o papel de chave estrangeira para a tabela correspondente à outra classe (empregado), pois muitas vezes não é representada esta associação no modelo de classes.

12.2.1 Classes com coleções de objetos

Se a relação entre a classe contentora e a classe contida for um-para-muitos, como no exemplo anterior, departamento e seção, inserir na tabela correspondente à classe contida o identificador da classe contentora (chave principal da respectiva tabela). Inserir na entidade seção a chave primária de departamento como chave estrangeira do relacionamento.

```
Class empregado {
     String nome;
     Tarefa tarefas[];
..........
}
```

Se a relação entre a classe contentora (empregado) e a classe contida (tarefa) for muitos-para-muitos, criar uma terceira tabela, que contenha duas colunas.

A primeira coluna contém o identificador da classe contentora (empregado), e a segunda coluna contém o identificador da classe contida (tarefa). Com isso, criamos uma entidade associativa entre as duas entidades relacionadas de muitos-para-muitos.

12.3 Regra 2

As tabelas resultam exclusivamente das classes do modelo e das associações de muitos-para-muitos.

12.4 Regra 3 – Transposição de associações um–para–um

Nesse tipo de associação, uma das tabelas deve herdar como um atributo normal (chave estrangeira) a chave primária da outra tabela.

A determinação da tabela que herdará a chave estrangeira fica a critério do analista e da interpretação que faz da realidade, devendo optar pelo que fizer mais sentido, lembrando que a associação um-para-um somente pode ser garantida totalmente se a chave estrangeira for no modelo físico, definida como única, da mesma forma que a chave primária, transformando-se em uma chave candidata.

Mapeamento de Objetos (ER)

Figura 12.3

Em princípio, o esquema da tabela que herdará a chave estrangeira corresponde à classe que tiver um menor número de ocorrências potenciais.

- **Departamento**={IdDepto, NomDepto, NomGerente}
- **Empregado**={IdEmpreg, NomeEmp}

Este caso é mais bem solucionado com:

- **Departamento**={IdDepto, NomDepto, IdEmpregGerente}
- **Empregado**={IdEmpreg, NomeEmp}

Outra solução é a viabilização de que essa relação seja transformada em um simples atributo descritivo do lado da classe maior quando uma das classes possuir somente um atributo, além de seu identificador.

- **Livro**= {IdLivro, Titulo, Editora, Ano, Cota}
- **Cota**={Cota}

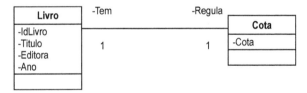

Figura 12.4

Se estas duas classes tiverem sido modeladas assim, podem se transformar em uma única tabela:

- **Livro**={IdLivro, Titulo, Editora, Ano, Cota}

12.5 Regra 4 – Transposição de associações um-para-muitos

Em uma associação de um-para-muitos, a tabela cujos registros são suscetíveis de serem endereçados diversas vezes é a que herda a referência da tabela cuja correspondência é unitária.

Figura 12.5

Logo, temos:

- **Departamento**={IdDepto, NomDepto, IdEmpregGerente}
- **Empregado**={IdEmpreg, NomeEmp, IdDepto}

12.6 Regra 5 – Transposição de associações um-para-muitos com classe de associação

Neste caso, aplica-se a regra da associação de um-para-muitos (Regra 4) e os atributos da classe associativa são herdados como atributos normais pela tabela que herda a chave estrangeira.

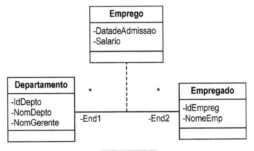

Figura 12.6

Resultado:

- **Departamento**={IdDepto, NomDepto, IdEmpregGerente}
- **Empregado**={IdEmpreg, NomeEmp, IdDepto, DataDeAdmissao, Salario}

12.7 Regra 6 – Transposição de associações muitos-para-muitos

A associação de muitos-para-muitos caracteriza-se por fazer a correspondência múltipla entre os elementos das classes associadas, sendo o número de correspondências o máximo permitido pela combinação de dois elementos com ocorrências variáveis (número de registos).

Assim, a regra de transposição dessa associação dá origem a uma tabela representativa da associação, em que a chave primária é composta pelas chaves primárias das tabelas associadas à famosa e já conhecida entidade ou tabela associativa.

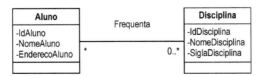

Figura 12.7

Logo, temos as seguintes tabelas:

- **Aluno**={IDALUNO, NOMEALUNO, ENDERECOALUNO}
- **Disciplina**={IDDISCIPLINA, NOMEDISCIPLINA, SIGLADISCIPLINA}
- **Frequenta**={IDDISCIPLINA, IDALUNO}

12.8 Regra 7 – Transposição de associações muitos-para-muitos com classe de associação

Neste caso, aplica-se a regra da associação de muitos-para-muitos (Regra 6) e os atributos da classe associativa permanecem na tabela que é gerada para mapear a associação.

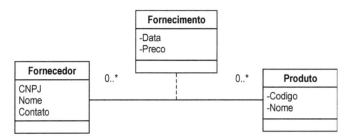

Figura 12.8

- **Fornecedor**={CNPJ, NOME, CONTATO}
- **Produto**={CODIGO, NOME}
- **Fornecimento**={CNPJ, CODIGO, DATA, PRECO}

12.9 Regra 8 – Transposição de generalizações

Nas generalizações, duas situações distintas podem ocorrer:

1. As classes **filhas** (subclasses) têm entidade própria independentemente da classe **pai** (superclasse).

Neste caso, a chave primária das tabelas que implementam as classes *filhas* é obtida por meio dos atributos da própria tabela.

É preciso criar um atributo chave primária para a tabela que implementa a classe **pai**, e essa tabela deve ter uma propriedade discriminante (um atributo) que indica a qual das **filhas** o registro diz respeito.

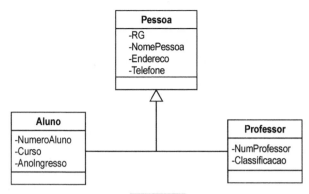

Figura 12.9

Todos os atributos que constituem a chave primária da tabela que implementa a superclasse terão de constar nas tabelas que implementam as subclasses como atributos normais (como chaves estrangeiras).

Os subtipos tornam-se tabelas carregando o identificador do conjunto, ao qual pertencem na formação de sua chave primária.

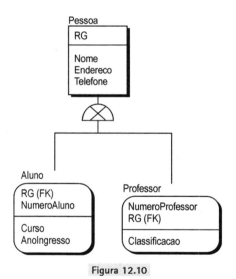

Figura 12.10

- **Pessoa**={RG, NOME, ENDERECO, TELEFONE}
- **Aluno**={RG, NUMEROALUNO, CURSO, ANOINGRESSO}
- **Professor**={RG, NUMEROPROFESSOR, CLASSIFICACAO}

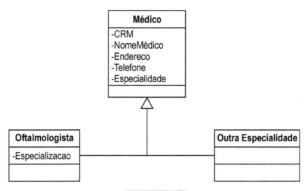

Figura 12.11

2. As classes **filhas** só têm identidade enquanto associadas à classe **pai**.

Neste caso, a chave primária da tabela que implementa a classe **pai** é obtida por meio dos atributos da própria tabela.

Importante entender a equivalência existente com um modelo lógico de dados neste caso, pois temos uma generalização disjunta, em que existem subtipos determinantes com atributos específicos de cada subtipo. No caso, o subtipo oftalmologista possui um atributo específico, que é inserido em um nova entidade, que fica associada ao subtipo.

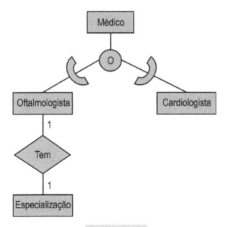

Figura 12.12

Também é necessário criar uma propriedade discriminante para indicar a qual das subclasses o registro diz respeito. Neste caso, a propriedade determinante pode ser implementada como uma regra de negócio. Mas quando o valor de especialidade, por exemplo, for igual a oftalmologista, é a condição para a existência do relacionamento.

As tabelas correspondentes às classes **filhas** herdarão a chave primária da tabela que implementa a classe **pai**, caracterizando relacionamentos um-para-um.

- Médico={CRM, NomeMedico, Endereço, Telefone, Especialidade}
- Especialização={CRM, Especializacao}

12.10 Regra 9 – Transposição de agregações

Existem dois tipos de agregação:

1. Agregações simples

No caso, a agregação tem como objetivo indicar a existência de uma relação em que os elementos da classe agregada fazem parte de um todo, representado pela classe agregadora.

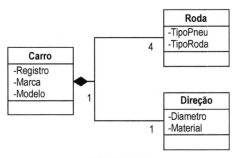

Figura 12.13

A transposição para o modelo relacional obedece às regras de transposição das associações com a mesma multiplicidade (Regras 3, 4 e 6).

O que temos é um formato de composição, ou seja, relacionamentos distintos em entidades dependentes, que só têm sentido quando da existência da entidade da qual dependem. São na realidade entidades fracas.

- **Carro**={REGISTRO, MARCA, MODELO}
- **Roda**={REGISTRO, TIPORODA, TIPOPNEU}
- **Direção**={REGISTRO, DIAMETRO, MATERIAL}

O que corresponde ao modelo seguinte:

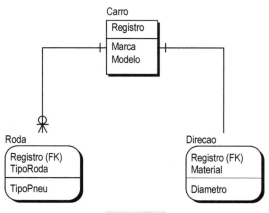

Figura 12.14

2. Composições

A composição é também uma agregação, mas com um sentido de dependência mais forte. Neste caso, os elementos agregados fazem parte da composição que os une. No caso de a composição ser eliminada, também os seus componentes desaparecem.

Na transposição para o relacional, a chave primária das tabelas que representam as classes componentes é composta pela respectiva chave primária, associada à chave primária da tabela referente à classe composição.

Figura 12.15

- **NotaFiscal**={N<small>UM</small>N<small>OTA</small>, D<small>ATA</small>N<small>OTA</small>}
- **ItemNota**={N<small>UM</small>N<small>OTA</small>, N<small>UMERO</small>I<small>TEM</small>, P<small>RODUTO</small>, P<small>RECO</small>}

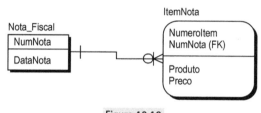

Figura 12.16

Considerações finais

Acreditamos que com o material disposto neste capítulo auxiliamos sensivelmente o trabalho de conversão, transposição de classes de dados para um Modelo Entidade-Relacionamento.

Devemos considerar que mesmo com a existência nas ferramentas de modelagem UML de processo para conversão automática com geração de scripts de bancos de dados a partir do modelo de classes, ela não supre a aderência aos conceitos de um MER.

Com isso, criam-se situações que não correspondem ao que seria normalmente modelado, utilizando conceitos e extensões do Modelo Entidade-Relacionamento. Por este motivo, é recomendável realizar sempre manualmente essa transposição.

CAPÍTULO 13

SQL

SQL significa *Structured Query Language* (Linguagem Estruturada de Pesquisa). De grande utilização, teve seus fundamentos no modelo relacional de Codd (1970). Sua primeira versão recebeu o nome de SEQUEL (*Structured English Query Language*), definida por D. D. Chamberlin, entre outros, em 1974, nos laboratórios de pesquisa da IBM (Califórnia, nos Estados Unidos).

Em 1975, foi implementado um protótipo de aplicação dessa nova linguagem. Entre 1976 e 1977, o SEQUEL foi revisado e ampliado, e teve seu nome alterado para SQL por razões jurídicas. Com essa revisão, foi posto em prática um projeto ambicioso da IBM chamado System R; novas alterações foram introduzidas na SQL, graças às ideias apresentadas pelos diversos usuários do ambiente.

Devido ao sucesso dessa nova forma de consulta e manipulação de dados, dentro de um ambiente de banco de dados, a utilização da SQL foi aumentando cada vez mais. Com isso, uma grande quantidade de SGBDs foi utilizando como linguagem básica a SQL - SQL/DS e DB2 da IBM, Oracle da Oracle Corporation, RDB da Digital, Sybase da Sybase Inc., Microsoft® SQL Server™, entre outras.

A SQL se tornou um padrão de fato no mundo dos ambientes de banco de dados relacionais. Bastava agora se tornar de direito. Em 1982, o American National Standard Institute (ANSI) tornou a SQL padrão oficial de linguagem em ambiente relacional.

Infelizmente, como todo padrão que se preze, existem hoje em dia vários dialetos SQL, cada um, evidentemente, tentando ser mais padronizado que o outro. Neste capítulo vamos seguir o padrão ANSI da SQL, tentando ser o mais isento possível de implementações específicas de cada fabricante.

Como vimos no Capítulo 12, o modelo relacional é constituído basicamente de tabelas, cada qual contendo linhas (registros, tuplas) e colunas. Os registros na tabela não são ordenados e sua localização é feita por um campo-chave, ou seja, um campo que assume o papel de chave primária da tabela. Com essa chave, identifica-se uma, e somente uma, ocorrência do valor contido no campo.

Uma das razões da popularidade dos sistemas relacionais é a sua facilidade de manipulação e entendimento.

A linguagem SQL foi desenvolvida especialmente para o ambiente relacional, podendo ser adaptada a qualquer ambiente não relacional.

13.1 Linguagem SQL

A ideia original da SQL só previa seu uso de forma interativa. Após sofrer alguns acréscimos, ela passou também a ter capacidade de ser utilizada em linguagens hospedeiras, como Cobol, Fortran, "C" etc.

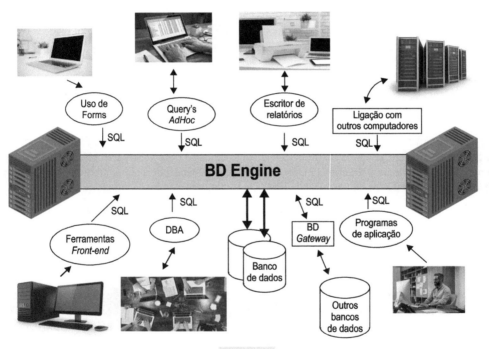

Figura 13.1

Atualmente, a linguagem SQL assume um papel muito importante nos Sistemas de Gerenciamento de Banco de Dados, podendo ter muitos enfoques, como mostra a Figura 13.1.

- **Linguagem interativa de consulta (*Query AdHoc*):** com os comandos SQL os usuários podem montar consultas poderosas sem a necessidade de criar um programa, podendo utilizar forms ou ferramentas de montagem de relatório.
- **Linguagem de programação para acesso a banco de dados:** comandos SQL embutidos em programas de aplicação que acessam os dados armazenados.
- **Linguagem de administração de banco de dados:** o responsável pela administração do banco de dados (DBA) pode utilizar comandos SQL para realizar suas tarefas.

- **Linguagem cliente/servidor:** os programas (cliente) dos computadores pessoais usam comandos SQL para se comunicarem por meio de uma rede local, compartilhando os dados armazenados em um único local (servidor). A arquitetura cliente/servidor minimiza o tráfego de dados pela rede.
- **Linguagem para banco de dados distribuído:** a SQL auxilia na distribuição dos dados através de vários nós conectados ao sistema de aplicação. Auxilia também na comunicação de dados com outros sistemas.
- **Caminho de acesso a outros bancos de dados em diferentes máquinas:** a SQL auxilia na conversão entre diferentes produtos de banco de dados colocados em diversas máquinas (de micro até mainframe).

Por ser uma linguagem de numerosas aplicações, a SQL pode manipular objetos de diferentes classes entre as funções de um SGBD:

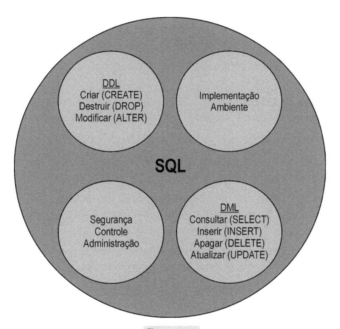

Figura 13.2

- **Definição de dados (DDL):** permite ao usuário a definição da estrutura e organização dos dados armazenados, e as relações que existem entre eles.
- **Manipulação de dados (DML):** permite ao usuário ou a um programa de aplicação a inclusão, remoção, seleção ou atualização de dados previamente armazenados no banco.
- **Controle de acesso:** protege os dados de manipulações não autorizadas.
- **Compartilhamento de dados:** coordena o compartilhamento dos dados por usuários concorrentes, sem, contudo, interferir na ação de cada um deles.
- **Integridade dos dados:** auxilia no processo de definição da integridade dos dados, protegendo contra corrupções, inconsistências e falhas do sistema de computação.

13.1.1 Vantagens e Desvantagens da Linguagem SQL

Com o uso e a padronização da SQL, algumas vantagens são diretas:

- **Independência de fabricante:** a SQL é oferecida em praticamente todos os SGBDs, e os que ainda não têm estão se encaminhando para lá. Com isso, é possível mudar de SGBD sem se preocupar com o novo que vai chegar.

- **Portabilidade entre computadores:** pode ser utilizada tanto em um computador pessoal, passando por uma estação de trabalho, como em computador de grande porte.

- **Redução dos custos com treinamento:** com base no item anterior, as aplicações podem se movimentar de um ambiente para o outro sem que seja necessária uma reciclagem da equipe de desenvolvimento.

- **Inglês estruturado de alto nível:** a SQL é formada por um conjunto bem simples de sentenças em inglês, oferecendo um rápido e fácil entendimento.

- **Consulta interativa:** a SQL provê acesso rápido aos dados, fornecendo respostas ao usuário, a questões complexas, em minutos ou segundos.

- **Múltiplas visões dos dados:** permite ao criador do banco de dados levar diferentes visões dos dados a vários usuários.

- **Definição dinâmica dos dados:** com a SQL, é possível alterar, expandir ou incluir, dinamicamente, as estruturas dos dados armazenados com a máxima flexibilidade.

Apesar de todas essas vantagens, algumas críticas são dirigidas à SQL:

- A padronização leva a uma, natural, inibição da criatividade, pois quem desenvolve aplicações fica preso a soluções padronizadas, não podendo sofrer melhorias ou alterações.

- A SQL está longe de ser uma linguagem relacional ideal - segundo C. J. Date em seu livro *Relational Database: Selected Writing* (Addison-Werley, 1986), algumas críticas são feitas à linguagem SQL:

  a) falta de ortogonalidade nas expressões, funções embutidas, variáveis indicadoras, referência a dados correntes, constante NULL, conjuntos vazios etc.;

  b) definição formal da linguagem após sua criação;

  c) discordância com as linguagens hospedeiras;

  d) falta de algumas funções;

  e) erros (valores nulos, índices únicos, cláusula FROM etc.);

  f) não dá suporte a alguns aspectos do modelo relacional (atribuição de relação, *join* explícito, domínios etc.).

Mesmo enfrentando alguns problemas e críticas, a linguagem SQL veio para ficar, auxiliando de forma bastante profunda a vida de usuários e analistas no trabalho de manipulação dos dados armazenados em um banco de dados relacional. É sobre esse auxílio que este capítulo trata, mostrando comandos e funcionalidades da SQL com exemplos práticos.

Não vamos mostrar todos os comandos, principalmente os que foram definidos para serem utilizados dentro de uma linguagem hospedeira (cursor), porém apresentamos os comandos para criação, atualização, alteração, pesquisa e eliminação de tabelas dentro de um ambiente relacional típico.

Além dos comandos da SQL padrão ANSI, vamos apresentar a sintaxe de comandos SQL efetuados no MS-SQL Server 2017, um produto da Microsoft.

Todo o percurso pela linguagem SQL será efetuado com base no exemplo de modelo de dados apresentado na Figura 13.3, criado para apresentar as três principais formas normais.

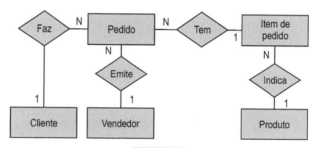

Figura 13.3

A seguir, são apresentadas as tabelas referentes ao modelo.

Tabela 13.1 Cliente

Cód. do Cliente	Nome do Cliente	Endereço	Cidade	CEP	UF	CNPJ	IE
720	Ana	Rua 17, n. 19	Niterói	24358-310	RJ	12113231/0001-34	2134
870	Flávio	Av. Pres. Vargas, 10	São Paulo	22763-931	SP	22534126/9387-9	4631
110	Jorge	Rua Caiapó, 13	Curitiba	30078-500	PR	14512764/9834-9	
222	Lúcia	Rua Itabira, 123 Loja 9	Belo Horizonte	22124-391	MG	28315213/9348-8	2985
830	Maurício	Av. Paulista, 1236 - sl. 2345	São Paulo	30126-830	SP	32816985/7465-6	9343
130	Edmar	Rua da Praia, sn	Salvador	30079-300	BA	23463284/234-9	7121
410	Rodolfo	Largo da Lapa, 27 - sobrado	Rio de Janeiro	30078-900	RJ	12835128/2346-9	7431
20	Beth	Av. Climério, 45	São Paulo	25679-300	SP	32485126/7326-8	9280
157	Paulo	Tv. Moraes, c/3	Londrina		PR	32848223/324-2	1923

Cód. do Cliente	Nome do Cliente	Endereço	Cidade	CEP	UF	CNPJ	IE
180	Lívio	Av. Beira Mar, 1256	Florianópolis	30077-500	SC	12736571/2347-4	
260	Susana	Rua Lopes Mendes, 12	Niterói	30046-500	RJ	21763571/232-9	2530
290	Renato	Rua Meireles, 123 - bl. 2 - sl. 345	São Paulo	30225-900	SP	13276571/1231-4	1820
390	Sebastião	Rua da Igreja, 10	Uberaba	30438-700	MG	32176547/213-3	9071
234	José	Quadra 3, bl. 3 - sl. 1003	Brasília	22841-650	DF	21763576/1232-3	2931

Tabela 13.2 Vendedores

Código do Vendedor	Nome do Vendedor	Salário Fixo	Faixa de Comissão
209	José	1.800,00	C
111	Carlos	2.490,00	A
11	João	2.780,00	C
240	Antônio	9.500,00	C
720	Felipe	4.600,00	A
213	Jonas	2.300,00	A
101	João	2.650,00	C
310	Josias	870,00	B
250	Maurício	2.930,00	B

Tabela 13.3 Pedido

Número do Pedido	Prazo de Entrega	Código do Cliente	Código do Vendedor
121	20	410	209
97	20	720	101
101	15	720	101
137	20	720	720
148	20	720	101

SQL

Número do Pedido	Prazo de Entrega	Código do Cliente	Código do Vendedor
189	15	870	213
104	30	110	101
203	30	830	250
98	20	410	209
143	30	20	111
105	15	180	240
111	20	260	240
103	20	260	11
91	20	260	11
138	20	260	11
108	15	290	310
119	30	390	250
127	10	410	11

Tabela 13.4 Produto

Código do Produto	Unidade do Produto	Descrição do Produto	Valor Unitário
25	Kg	Queijo	0,97
31	BAR	Chocolate	0,87
78	L	Vinho	2
22	M	Linho	0,11
30	SAC	Açúcar	0,3
53	M	Linha	1,8
13	G	Ouro	6,18
45	M	Madeira	0,25
87	M	Cano	1,97
77	M	Papel	1,05

Tabela 13.5 Item de pedido

Número do Pedido	Código do Produto	Quantidade
121	25	10
121	31	35
97	77	20
101	31	9
101	78	18
101	13	5
98	77	5
148	45	8
148	31	7
148	77	3
148	25	10
148	78	30
104	53	32
203	31	6
189	78	45
143	31	20
143	78	10
105	78	10
111	25	10
111	78	70
103	53	37
91	77	40
138	22	10
138	77	35
138	53	18
108	13	17
119	77	40
119	13	6
119	22	10
119	53	43
137	13	8

As informações das tabelas serão utilizadas pelos comandos SQL, apresentados ao longo deste capítulo.

13.2 Criação e distribuição de tabelas

São as operações para que seja possível criar e inserir as tabelas de uma aplicação em banco de dados, dependendo do ambiente de SGBD que estivermos utilizando, criar o database, ou seja, criar um banco de dados em que residirão as tabelas de nosso sistema.

Por exemplo, no Microsoft SQL Server 2017, essa operação é realizada normalmente por equipes de suporte. Consiste em dois passos, no mínimo, que são:

1. Inicializar os arquivos em que serão armazenados os databases das aplicações (devices).

Esta é uma criação de nomes físicos e lógicos e determinação do tamanho da área em meio magnético desse device. No Microsoft SQL Server 2017, o comando utilizado é o DISK INIT, mas não é objeto de nosso estudo.

2. Criar os databases nos devices já criados anteriormente.

Para isso, vamos ao Microsoft SQL Server 2017 usar o comando CREATE DATABASE com a sintaxe seguinte:

```
CREATE DATABASE database_name
[ON {DEFAULT| database_device} [= size]
[,database_device [= size] ]…]
[LOG ON database_device [= size]
[, database_device [= size] ]…]
```

Exemplos:

CREATE DATABASE vendas

▶ Cria o database vendas no device default com tamanho default de 2 MB.

    CREATE DATABASE vendas **ON** default = 256

▶ Cria o database vendas no device default com 256 MB.

CREATE DATABASE vendas **ON** *default* = 50, novosdados = 25

▶ Cria o database vendas e aloca 50 MB no device default e 25 MB no device novos dados.

CREATE DATABASE vendas **ON** library_dev1 = 10 LOG ON librlog_dev2 = 4

▶ Cria o database vendas, aloca 10 MB em *library_dev1* e coloca 4 MB para log de transações em um device separado chamado librlog_dev2.

Uma vez que já criamos o banco de dados da aplicação, podemos partir para a criação das tabelas.

13.2.1 Criação de tabelas

O comando **CREATE TABLE** cria a tabela solicitada e obedece à seguinte forma na linguagem SQL padrão:

```
CREATE TABLE<tabela>
        (<descrição das colunas>);
        (<descrição das chaves>);
```

em que:

▶ **<tabela>:** é o nome da tabela a ser criada.

▶ **<descrição das colunas>:** é uma lista de colunas (campos) e seus respectivos tipos de dados. O tipo é determinado quando a tabela é criada e não pode ser alterado posteriormente. Os tipos de dados existentes são:

Tabela 13.6

Para dados	Tipo	Tamanho
Caractere	*char(n), varchar(n), nvarchar(n), nchar(n)*	até *n* bytes
Numérico exato	*decimal(p,e)* ou *numeric(p,e)*	depende
Numérico aproximado	*float, real*	8, 4 bytes
Numérico inteiro	*int, smallint, tinyint*	4, 2, 1 byte
Monetário	*money, smallmoney*	8, 4 bytes
Data e hora	*datetime, smalldatetime*	8, 4 bytes
Binário	*binary(n), varbinary(n)*	*n* bytes
Texto e imagens	*text, image, ntext*	-variável-
Outros	*bit, timestamp*	1 bit, 8 bytes

Para dados contendo caracteres, *char*(n), será armazenado um número fixo de caracteres. Por exemplo, uma coluna do tipo *char*(30) tem sempre 30 caracteres. Se forem informados menos, o restante será completado com espaços. Já o tipo *varchar*(n) armazena uma quantidade variável de caracteres até o máximo informado. Os tipos *nchar*(n) e *nvarchar*(n) armazenam dados Unicode, de comprimento fixo ou variável, e usam o conjunto de caracteres UNICODE UCS-2 (Microsoft SQL Server 2017).

Por exemplo, *decimal* (9,2) permite guardar sete dígitos antes do ponto decimal e dois após, num total de nove, assim o maior valor possível é 9999999,99.

Os tipos numéricos inexatos, *float* e *real*, armazenam dados numéricos, mas nem sempre mantêm a precisão suficiente para armazenar corretamente números de vários dígitos.

O tipo *money* é usado para valores monetários, ocupando 8 bytes em disco e permitindo valores entre -922.337.203.685.477,5808 e +922.337.203.685.477,5807 (922 trilhões). O tipo *smallmoney* permite valores entre - 214.748,3648 e +214.748,3647 (214 mil) e ocupa 4 bytes em disco.

Dos tipos inteiros, *int* usa 32 bits (4 bytes), permitindo armazenar até +/-2.147.483.647, *smallint* usa 16 bits (2 bytes), permitindo +/-32767 e *tinyint* usa 8 bits (1 byte), permitindo números não negativos de 0 a 255.

O tipo *datetime* armazena valores contendo a data e hora, com precisão de 1/300 de segundo, entre 1º de janeiro de 1753 e 31 de dezembro de 9999 (o século é sempre armazenado). O tipo *smalldatetime* ocupa menos espaço e armazena datas e horas de 1º de janeiro de 1900 até 6 de junho de 2079 com precisão de 1 minuto.

Tipos binários são usados para dados que o Microsoft SQL Server 2017 não interpreta, por exemplo, o conteúdo de um arquivo binário. O tipo *text* é usado para colunas com dados "memo", ou seja, com texto de tamanho variável; o tipo *ntext* armazena dados Unicode de tamanho variável. O tipo *image* armazena imagens também de tamanho variável.

Os tipos *text* e *ntext* armazenam dados de tamanho variável, mas podem armazenar 1.073.741.823 caracteres para o caso do ntext, e 2.146.483.647 caracteres para o caso do tipo *text*. Enquanto isso, os tipos *varchar* e *nvarchar* armazenam "somente" 8.000 caracteres (*varchar*) ou 4.000 caracteres (*nvarchar*).

O tipo *bit* armazena valor 1 ou 0. Uma coluna do tipo *timestamp* não pode ser alterada pelo usuário. Ela é definida automaticamente com a data e hora atual quando a linha é inserida ou atualizada.

Os tipos "numéricos exatos", *decimal* e *numeric*, permitem armazenar dados exatos, sem perdas devido a arredondamento. Ao usar esses tipos, você pode especificar uma precisão, que indica quantos dígitos podem ser usados no total, e uma *escala*, que indica quantos dígitos podem ser usados à direita do ponto.

Alguns campos podem receber o valor NULL (nulo) e o campo definido como chave primária, além de não poder receber nulo (NOT NULL), deve ser um campo UNIQUE (sem repetições - chave primária). Para o banco de dados da figura anterior temos os seguintes comandos:

▶ **<descrição das chaves>:** é a lista de colunas tratadas como chave estrangeira. Então, para o nosso modelo de dados, temos:

```
CREATE TABLE CLIENTE
(codigo_cliente smallint not null unique,
nome_cliente        char(20),
endereco            char(30),
cidade              char(15),
CEP                 char(8),
UF                  char(2),
CNPJ                char(20),
IE                  char(20));
```

Banco de Dados – Projeto e Implementação

```
CREATE TABLE PEDIDO
numero_pedido                 int          not null        unique,
prazo_de_entrega              smallint     not null,
codigo_cliente                smallint     not null,
codigo_vendedor               smallint     not null,

FOREIGN KEY                   (codigo_cliente REFERENCES CLIENTE,
FOREIGN KEY                   (codigo_vendedor) REFERENCES VENDEDORES);
```

```
CREATE TABLE ITEM_DE_PEDIDO
(numero_pedido int       not null unique, codigo_produto smallint not null
unique, quantidade       decimal,
FOREIGN KEY               (numero_pedido) REFERENCES PEDIDO,
FOREIGN KEY               (codigo_produto) REFERENCES PRODUTO);
```

Observe que a cláusula **REFERENCE** estabelece a restrição de integridade referencial entre as tabelas no SQL padrão, porém só podemos incluir essas restrições se as tabelas referidas na cláusula **REFERENCE** já foram criadas antes desta.

No Microsoft SQL Server 2017, a integridade referencial necessita de um acréscimo na estrutura da sintaxe do comando com a inclusão da declaração de uma constraint. As constraints são propriedades que devem ser declaradas para determinadas colunas, como chaves primárias e chaves estrangeiras.

Essas propriedades implicam em regras de validação para essas colunas, objetivando impedir operações de inclusão, alteração ou deleção que possam tornar os dados do banco de dados inconsistentes.

Quando desejamos criar a chave primária da tabela no próprio comando CREATE, a sintaxe do Microsoft SQL Server 2017 é a seguinte:

```
CREATE TABLE CLIENTE
(codigo_cliente smallint       not null unique,
nome_cliente    char(20),
endereco        char(30),
cidade          char(15),
CEP             char(8),
UF              char(2),
CNPJ            char(20),
IE              char(20) )
CONSTRAINT PK_Cliente Primary Key (codigo_cliente);
```

Assim, a tabela cliente foi criada com a chave primária com restrição (constraint).

Como em nosso exemplo a tabela produto ainda não foi criada, teríamos um erro ao executar esses comandos. A tabela item de pedido deve ser criada após a tabela produto.

Da mesma forma, a tabela pedido somente pode ser criada com a restrição de integridade referencial após a criação de cliente e vendedor.

Esses fatores de sequência de criação são muitas vezes ignorados por quem executa a criação das tabelas do banco de dados, sendo muito comum para a fuga do erro, realizar a criação das tabelas sem especificar a cláusula **REFERENCE**. Posteriormente ao processo de criação, utilizar-se o comando **ALTER TABLE** para realizar a inserção das restrições de integridade referencial, como mostraremos quando da apresentação deste comando.

```
CREATE TABLE VENDEDORES
(codigo_vendedor        smallint not null,
nome_vendedor           char(20),
salario_fixo            money,
faixa_de_comissao       char(1)
PRIMARY KEY (codigo_vendedor));
```

Note que a chave primária já está definida juntamente com o registro da tabela. A criação do índice, por razões óbvias, após a tabela, é um comando totalmente independente do primeiro comando create, que serviu para criar a tabela e suas característica básicas.

```
CREATE TABLE PRODUTO
(codigo_produto         smallint not null unique,
unidade_produto         char(3),
descricao_produto       char(30),
val_unitario            money
CONSTRAINT PK_Produtos Primary Key (codigo_produto));
```

No SQL Server e no Oracle, a integridade referencial baseia-se nas relações entre chaves estrangeiras e chaves primárias ou entre chaves estrangeiras e chaves exclusivas, por meio de restrições FOREIGN KEY e CHECK. A integridade referencial assegura que os valores chave permaneçam consistentes em todas as tabelas. Esse tipo de consistência requer que não haja referências a valores não existentes e que se um valor chave é alterado, todas as referências a ele são consistentemente alteradas em todo o banco de dados.

Tabela 13.7

Número do pedido	Código do Produto	Quantidade		Código do Produto	Unidade do Produto	Descrição do Produto	Valor Unitário
121	25	10		25	Kg	Queijo	0,97
121	31	35		31	BAR	Chocolate	0,87
97	77	20		78	L	Vinho	2
101	31	0					
101	78	18					
101	18	5					

13.2.2 Criação de chaves primárias compostas

Até este momento, criamos a tabela item_de_pedido sem declaração nenhuma de chave primária. Criamos somente com as chaves estrangeiras. Vamos analisar essa tabela para criá-la com chave primária.

Em nosso modelo de dados, essa tabela representa uma entidade associativa entre pedido e produto, logo, sua chave primária será composta das duas chaves primárias das tabelas adjacentes do relacionamento, produto e pedido.

```
CREATE TABLE ITEM_DE_PEDIDO
(numero_pedido          int              not null unique,
codigo_produto          smallint         not null unique,
quantidade              decimal,
CONSTRAINT PK_ ITEM_DE_PEDIDO
      PRIMARY KEY     (numero_pedido, codigo_produto)
CONSTRAINT FK_ PEDIDO
      FOREIGN KEY     (numero_pedido) REFERENCES PEDIDO
CONSTRAINT FK_ PRODUTO
      FOREIGN KEY     (codigo_produto) REFERENCES PRODUTO);
```

13.2.3 Eliminação de uma tabela

Para eliminar uma tabela criada, utiliza-se o comando **DROP**:

Sintaxe Básica

```
DROP TABLE <tabela>;
```

Exemplo:

```
DROP TABLE PEDIDO
```

Elimina a tabela de pedidos que foi previamente criada, seus dados e suas referências a outras tabelas. Esse comando somente resulta erro se existir alguma tabela que seja dependente dele quando da criação.

Por exemplo, se existe no nosso caso a tabela item de pedido e já criamos as restrições de integridade referencial, o comando retorna erro, pois não será permitida a eliminação da tabela por existirem referências a ela em outra tabela.

13.3 Alteração da estrutura das tabelas

Depois que uma tabela for criada, é possível mudar várias opções que foram definidas quando a tabela foi originalmente criada, incluindo: colunas podem ser acrescentadas, modificadas ou excluídas. Por exemplo, o nome da coluna, comprimento, tipo de dados, precisão, escala e o fato de aceitar ou não valores nulos podem ser mudados, embora existam algumas restrições.

As restrições PRIMARY KEY e FOREIGN KEY podem ser acrescentadas ou excluídas.

É importante considerar que a mudança de tipo de dados em uma coluna pode causar truncamento dos dados, ou mesmo ser impossível de ser feita (por exemplo, se você quiser converter um tipo char em um tipo inteiro e já houver valores não numéricos armazenados nessa coluna).

O nome ou o dono de uma tabela também pode ser modificado. Quando você faz isso, também deve mudar o nome da tabela em qualquer procedimento armazenado, scripts SQL, ou outro código de programação que utilize o nome ou proprietário antigo da tabela.

Para alterar uma tabela, utiliza-se o comando ALTER TABLE.

Adicionar uma chave primária (PRIMARY KEY) é feito com a inclusão de uma restrição na tabela, uma constraint, e a sua sintaxe é:

```
ALTER TABLE cliente
ADD Constraint PK_Cliente
Primary Key (codigo_cliente)
```

Se quando da execução do ALTER TABLE já existirem dados na tabela, o SQL verifica se existem dados repetidos nessa coluna. Se não existirem, a chave primária será criada com sucesso; caso contrário, será emitida uma mensagem de erro do banco, e a chave primária não será acrescentada à tabela.

Adicionar uma chave estrangeira (FOREIGN KEY/REFERENCES) também se realiza com a inclusão de uma restrição na tabela, uma constraint, e a sua sintaxe é:

```
ALTER TABLE pedido
ADD Constraint FK_Pedido
Foreign Key (codigo_cliente)
References Cliente(codigo_cliente)
```

Da mesma forma se já existirem dados na tabela pedido, é verificado se os valores existentes na coluna codigo_cliente da tabela pedido existem na tabela cliente na mesma coluna. Se todos existirem, o comando é executado com sucesso e a chave estrangeira é criada na tabela; caso contrário, será emitida mensagem de erro e não será acrescentada a chave estrangeira.

Para acrescentar colunas a uma tabela, a sintaxe é:

```
ALTER TABLE produto
ADD tipo_produto Char(20) NULL
```

Se considerarmos que já havíamos criado a tabela produto e carregado seus dados como na tabela apresentada no início deste capítulo (Tabela 13.1), teremos agora a Tabela 13.8:

Tabela 13.8

Código do Produto	Unidade do Produto	Descrição do Produto	Valor Unitário	Tipo Produto
25	Kg	Queijo	0,97	Null
31	BAR	Chocolate	0,87	Null
78	L	Vinho	2	Null
22	M	Linho	0,11	Null
30	SAC	Açúcar	0,3	Null
53	M	Linha	1,8	Null
13	G	Ouro	6,18	Null
45	M	Madeira	0,25	Null
87	M	Cano	1,97	Null
77	M	Papel	1,05	Null

Observe que foi colocada a coluna como NULL para permitir que você insira dados nas linhas da tabela já existente, mesmo que esses dados venham a ter características de serem sempre obrigatórios. Desta forma, você vai inserir valores na coluna em todas as linhas e depois modificar novamente a coluna para NOT NULL.

```
ALTER TABLE produto
ALTER COLUMN tipo_produto Char(20) NOT NULL
```

Da mesma forma, podemos agora retirar esta coluna da tabela:

```
ALTER TABLE produto
DROP COLUMN tipo_produto
```

E nossa tabela volta à situação anterior.

No caso de a tabela possuir uma coluna que tem uma constraint associada, você deve primeiro eliminar a constraint para depois realizar a alteração de eliminar a coluna.

Digamos que queremos eliminar a coluna codigo_cliente da tabela pedido, porém ela possui uma propriedade de constraint, pois é uma chave estrangeira.

```
ALTER TABLE pedido
DROP Constraint FK_Pedido
ALTER TABLE pedido
DROP COLUMN codigo_cliente
```

Em alguns casos, é possível alterar o datatype de uma coluna.

Vamos supor que queremos alterar na tabela Produto o datatype da coluna unidade de CHAR(3) para Int.

Obviamente, isso não é possível se já carregamos dados na tabela, pois a coluna contém dados no formato caractere que não podem ser convertidos em números. Mas se, por exemplo, desejásse-mos transformar a coluna valor_unitario em caractere, seria possível, pois podemos transformar um *datatype money* em *char*.

```
ALTER TABLE produto
ALTER COLUMN valor_unitario char (12)
```

13.3.1 Coluna calculada

No Microsoft SQL Server 2017 podemos ter uma tabela com colunas calculadas que não exis-tem fisicamente, pois não são armazenadas. Não possuem *datatype* nem condição de NULL, já que assumem esses valores das expressões que as definem, mas podem ser definidas quando da criação da tabela.

```
CREATE TABLE VENDEDORES
(codigo_vendedor        smallint        not null,
nome_vendedor           char(20),
salario_fixo            money,
faixa_de_comissao       char(1),
Comissao_maxima as salario_fixo * 2,
Constraint PK_VENDEDORES
Primary Key (codigo_vendedor)
```

13.4 Criação de ações em cascata

13.4.1 Cláusula ON DELETE CASCADE e ON UPDATE CASCADE

Esta é uma cláusula que deve ser utilizada com muito critério quando construímos um banco de dados pelos riscos implícitos na sua utilização, porém ela é de grande valia na garantia de inte-gridade referencial no banco de dados.

A utilização de uma cláusula ON DELET CASCADE em uma declaração de constraint de FOREIGN KEY especifica que se houver uma tentativa de apagar uma linha com uma chave primária referenciada por chaves estrangeiras em linhas existentes em outras tabelas, também serão apaga-das todas as linhas que contêm essas chaves estrangeiras.

Vejamos, então, um comando possível no nosso exemplo:

```
ALTER TABLE Pedido
ADD Constraint FK_Pedido
Foreign Key (codigo_cliente)
References cliente(codigo_cliente)
ON DELETE CASCADE;
```

O que implica a operação das tabelas a existência de ON DELETE CASCADE? Se for deletada alguma linha de cliente que tenha referência em pedido, as linhas correspondentes de pedido também serão deletadas.

A opção de ON UPDATE CASCADE impede que sejam feitas mudanças na chave referenciada caso existam linhas referenciando o valor desta. Caso fosse possível mudar o valor de uma chave primária de cliente, a existência de ON UPDATE CASCADE na tabela pedido provocaria a alteração dos valores das chaves estrangeiras associadas ao valor original.

```
ALTER TABLE Pedido
ADD Constraint FK_Pedido
Foreign Key (Codigo_cliente)
References Cliente(Codigo_cliente)
ON DELETE CASCADE
ON UPDATE CASCADE;
```

Podemos utilizar as duas cláusulas juntas sem problema.

13.4.2 Regras de validação

Vamos considerar que nossa tabela de vendedores só permita por regra de negócio a existência de três faixas de comissão: A, B e C.

Desta forma, não queremos permitir em hipótese nenhuma que seja cadastrado um vendedor, por exemplo, com faixa D.

Para isso, utilizamos uma constraint check:

```
CREATE TABLE VENDEDORES
(codigo_vendedor               smallint        not null,
nome_vendedor                  char(20),
salario_fixo                   money,
faixa_comissao                 char(1),
Comissao_maxima as salario_fixo * 2,
Constraint PK_VENDEDORES
Primary Key (codigo_vendedor),
CONSTRAINT CH_Vendedor
Check (faixa_comissao IN ('A', 'B', 'C'))
```

Como apresentamos em modelo físico, você pode colocar aqui a regra de negócio de cada coluna por meio de um constraint check.

Você pode também assinalar valores default para colunas através de uma *constraint default* como no exemplo para a faixa de comissão também.

```
faixa_de_comissao char(1) CONSTRAINT DF_Vendedores Default 'A'
```

As constraints, quando criadas após a carga dos dados, podem ser utilizadas para validar conteúdos e valores das colunas, pois se houver valores em desacerto com os checks definidos, por exemplo, será emitida mensagem de erro.

13.5 Extração de dados de uma tabela: SELECT

Uma das operações mais comuns, realizadas com um banco de dados, é examinar (selecionar) as informações armazenadas. Essas operações são realizadas pelo comando SELECT.

Neste item, vamos mostrar várias situações de utilização do comando SELECT. Este tem palavras-chave em um comando básico:

▶ **SELECT:** especifica as colunas da tabela que queremos selecionar.

▶ **FROM:** especifica as tabelas.

▶ **WHERE:** especifica a condição de seleção das linhas.

13.5.1 Seleção de colunas específicas da tabela

Sintaxe básica

```
select <nome(s) da(s) coluna(s)>
   from <tabela>;
```

Problema: listar todos os produtos com respectivas descrições, unidades e valores unitários.

Diagrama:

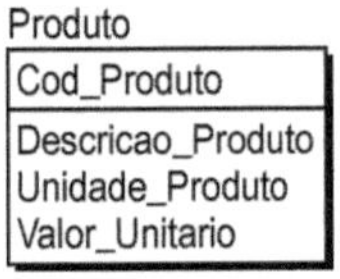

Produto
Cod_Produto
Descricao_Produto
Unidade_Produto
Valor_Unitario

Figura 13.4

Sintaxe:

```
SELECT unidade_produto, descricao_produto,
       valor_unitario
       FROM produto;
```

Banco de Dados – Projeto e Implementação

O que equivale em álgebra relacional a:

$$\pi_{\text{UNIDADE\_PRODUTO, DESCRICAO\_PRODUTO, VALOR\_UNITARIO}} (\text{PRODUTO})$$

A execução deste comando, neste formato, lista todas as linhas da tabela produto, pois não apresenta nenhuma condição para a projeção dos dados.

SELECT sem **WHERE** lista todas as linhas de uma tabela. Resultado:

Tabela 13.9

Descrição	Unidade	Valor Unitário
Queijo	kg	0,97
Chocolate	BAR	0,87
Vinho	L	2,00
Linho	M	0,11
Açúcar	SAC	0,30
Linha	M	1,80
Ouro	G	6,18
Madeira	M	0,25
Cano	M	1,97
Papel	M	1,05

Problema: listar da tabela **CLIENTE** o CNPJ, o nome do cliente e seu endereço.

Diagrama: no caso, cumpre destacar que estamos realizando a seleção de colunas específicas da tabela e apresentando o resultado com a disposição dos campos diferente da ordem em que se encontram na tabela.

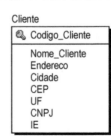

Figura 13.5

Sintaxe:

```
SELECT CNPJ, nome_cliente, endereco
    FROM cliente;
```

Resultado:

Tabela 13.10

CNPJ	Nome do Cliente	Endereço
12113231/0001-34	Ana	Rua 17, n. 19
22534126/9387-9	Flávio	Av. Pres. Vargas, 10
14512764/9834-9	Jorge	Rua Caiapó, 13
28315213/9348-8	Lúcia	Rua Itabira, 123 Loja 9
32816985/7465-6	Maurício	Av. Paulista, 1236 sl/2345
23463284/2340-9	Edmar	Rua da Praia, s/n
12835128/2346-9	Rodolfo	Largo da Lapa, 27 sobrado
32485126/7326-8	Beth	Av. Climério, n. 45
32848223/3240-2	Paulo	Tv. Moraes, c/3
1273657/2347-4	Lívio	Av. Beira Mar, n. 1256
21763571/2322-9	Susana	Rua Lopes Mendes, 12
13276571/1231-4	Renato	Rua Meireles, n. 123 bl. 2 sl. 345
32176547/2131-3	Sebastião	Rua da Igreja, n. 10
2176357/1232-3	José	Quadra 3, bl. 3, sl. 1003

13.5.2 Seleção de Todas as Colunas da Tabela

Sintaxe Básica

```
SELECT *
    FROM <tabela>;
```

Problema: listar todo o conteúdo de vendedor.

Diagrama:

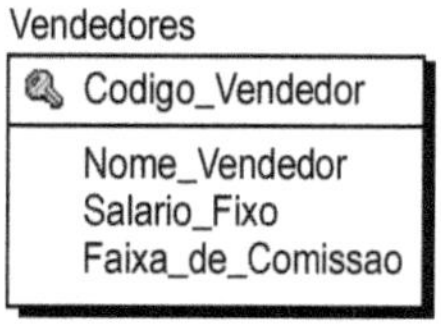

Vendedores

- 🔑 Codigo_Vendedor
- Nome_Vendedor
- Salario_Fixo
- Faixa_de_Comissao

Figura 13.6

Sintaxe ANSI[1]:

```
SELECT *
        FROM vendedores;
```

---

1 A utilização do comando SELECT sem a cláusula WHERE causa uma desnecessária carga nos recursos de sistema. Por esta razão, em SQL Server 2017 ou em qualquer outro SGBD, utilize sempre a cláusula WHERE.

Resultado:

Tabela 13.11

Código do Vendedor	Nome do Vendedor	Salário Fixo	Faixa de Comissão
209	José	1.800,00	C
111	Carlos	2.490,00	A
11	João	2.780,00	C
240	Antônio	9.500,00	C
720	Felipe	4.600,00	A
213	Jonas	2.300,00	A
101	João	2.650,00	C
310	Josias	870,00	B
250	Maurício	2.930,00	B

13.5.3 Alteração do *Heading* (Cabeçalho) da Coluna

Por default, o *heading* (nome da coluna criado no database) apresentado na saída do SELECT é o nome da coluna na tabela (Ver comando CREATE).

O SQL permite que se apresente a saída de um SELECT com cabeçalhos de colunas a nosso gosto.

Sintaxe Básica

```
SELECT cabeçalho da coluna = nome da coluna, [, nome da coluna]
       FROM nome da tabela
```

Exemplo:

```
SELECT    numero = codigo_vendedor,
          nome = nome_vendedor,
          rendimentos = salario_fixo,
          comissao = faixa_de_comissao
          FROM vendedores
```

Resultado:

Tabela 13.12

Número	Nome	Rendimentos	Comissão
209	José	1.800,00	C
111	Carlos	2.490,00	A
11	João	2.780,00	C

Número	Nome	Rendimentos	Comissão
240	Antônio	9.500,00	C
720	Felipe	4.600,00	A
213	Jonas	2.300,00	A
101	João	2.650,00	C
310	Josias	870,00	B
250	Maurício	2.930,00	B

13.5.4 Manipulação de Dados Numéricos: Operadores Aritméticos

Operadores aritméticos podem ser usados em qualquer coluna numérica, incluindo colunas de tipo de dado *int*, *smallint*, *tinyint*, *float*, *real*, *money* ou *smallmoney*.[2]

Os operadores aritméticos são:

Tabela 13.13

Símbolo	Operação	Pode ser usado com (Microsoft SQL Server 2017)
+	Adição	*Int, smallint, tinyint, numeric, decimal, float, real, money e smallmoney*
-	Subtração	*Int, smallint, tinyint, numeric, decimal, float, real, money e smallmoney*
/	Divisão	*Int, smallint, tinyint, numeric, decimal, float, real, money e smallmoney*
*	Multiplicação	*Int, smallint, tinyint, numeric, decimal, float, real, money e smallmoney*
%	Módulo	*Int, smallint e tinyint*

Exemplo:

```
SELECT nome_vendedor,
       salario_fixo = (salario_fixo * 2)
   FROM vendedores
```

Tabela 13.14

Nome do Vendedor	Salário Fixo
José	3,600.00
Carlos	4,980.00
João	5,560.00
Antônio	19,000.00
Felipe	9,200.00
Jonas	4,600.00
João	5,300.00
Josias	1,740.00
Maurício	5,860.00

O resultado apresenta os salários com valores multiplicados por dois.

---

2 Datatypes de SQL Server 2017.

13.5.5 Seleção de Somente Algumas Linhas da Tabela

A cláusula WHERE em um comando SELECT especifica quais linhas queremos obter baseada em condições de seleção.

Chamamos isso de observar uma seleção horizontal de informações e estamos aplicando uma operação de álgebra relacional à seleção.

Sintaxe Básica

```
SELECT <nome(s) da(s) coluna(s)>
FROM <tabela>
WHERE <condições de seleção>;
```

Comparações na Cláusula WHERE

```
WHERE <nome da coluna> <operador> <valor>
```

Operadores de Comparação

=	igual
<> ou !=	diferente
<	menor do que
>	maior do que
>=	maior ou igual do que
!>	não maior
!<	não menor
<=	menor ou igual do que

Quando a coluna é do tipo caractere, o <valor> deve estar entre aspas (').

Exemplo: 'PARAFUSO'

Na linguagem SQL, existe a diferenciação entre maiúsculas e minúsculas em alguns SGBDs, logo, 'PARAFUSO' é diferente de 'parafuso'.

Problema: listar o num_pedido, o código_produto e a quantidade dos itens do pedido com a quantidade igual a 35 da tabela item_de_pedido.

Diagrama:

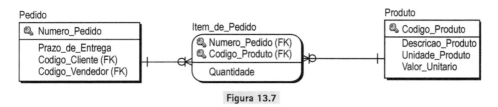

Figura 13.7

Sintaxe:

```
SELECT numero_pedido, codigo_produto, quantidade
    FROM item_de_pedido
    WHERE quantidade = 35;
```

Resultado:

Tabela 13.15

Número do Pedido	Código do Produto	Quantidade
121	31	35
138	77	35

Problema: quais são os clientes que moram em Niterói?

Diagrama:

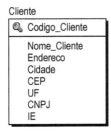

Figura 13.8

Sintaxe:

```
SELECT nome_cliente
    FROM cliente
    WHERE cidade = 'Niteroi';
```

Resultado:

Tabela 13.16

Nome do Cliente
Ana
Susana

Operadores Lógicos

AND	"e" lógico
OR	"ou" lógico
NOT	negação

Problema: listar os produtos que tenham unidade igual a 'M' e valor unitário igual a R$ 1,05 da tabela produto.

Diagrama:

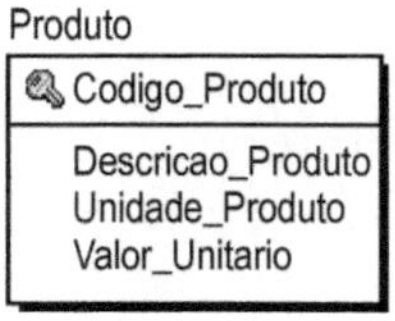

Produto

🔑 Codigo_Produto
Descricao_Produto Unidade_Produto Valor_Unitario

Figura 13.9

Sintaxe:

```
SELECT descricao_produto
FROM produto
WHERE unidade_produto = 'M' AND
      valor_unitario = 1.05;
```

Resultado:

Tabela 13.17

Descrição do Produto
Papel

Problema: listar os clientes e seus respectivos endereços, que moram em 'SÃO PAULO' ou estejam na faixa de CEP entre '30077000' e '30079000'.

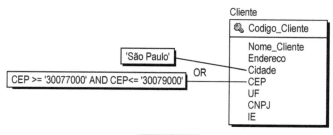

Figura 13.10

Sintaxe:

```
SELECT nome_cliente, endereco
FROM cliente
     WHERE (CEP >= '30077000' AND CEP <= '30079000')
     OR cidade = 'Sao Paulo';
```

Isso equivale em álgebra relacional a:

$$\pi_{\text{NOME\_CLIENTE, ENDERECO}} (\sigma_{(\text{CEP} >= '30077000' \text{ AND CEP} <= '30079000')\text{ OR CIDADE} = '\text{SAO PAULO}'} (\text{CLIENTE}))$$

Resultado:

Tabela 13.18

Nome do Cliente	Endereço do Cliente
Flávio	Av. Pres. Vargas, 10
Jorge	Rua Caiapó, 13
Maurício	Av. Paulista, 1236 sl/2345
Rodolfo	Largo da Lapa, 27 sobrado
Beth	Av. Climério, n. 45
Lívio	Av. Beira Mar, n. 1256
Renato	Rua Meireles, n. 123 bl.2 sl.345

A utilização dos parênteses é fundamental para a construção correta da sentença, pois sem eles as consultas podem ser analisadas de forma errada, devido à prioridade do operador AND ser maior que a prioridade do operador OR.

Problema: mostrar todos os pedidos que não tenham prazo de entrega igual a 15 dias.

Diagrama:

Figura 13.11

Sintaxe:

```
SELECT numero_pedido
FROM pedido
WHERE NOT (prazo_de_entrega = 15);
```

$$\pi_{\text{NUMERO\_PEDIDO}} \left(\sigma_{\text{PRAZO\_DE\_ENTREGA} <> 15} (\text{PEDIDO}) \right)$$

Ou podemos alternativamente utilizar um operador de comparação <>, que vai realizar a mesma operação de seleção.

Sintaxe:

```
SELECT numero_pedido
FROM pedido
WHERE (prazo_de_entrega <> 15);
```

Resultado:

Tabela 13.19

Número do Pedido
121
97
137
148
104
203
98
143

SQL

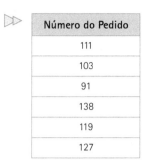

Operadores Between e NOT Between

```
WHERE <nome da coluna> BETWEEN <valor1> AND <valor2>
WHERE <nome da coluna> NOT BETWEEN <valor1> AND <valor2>
```

Esse operador propicia a pesquisa por uma determinada coluna e selecionando as linhas cujo valor da coluna esteja dentro de uma faixa determinada de valores, sem a necessidade dos operadores >=, <= e AND. Tanto o VALOR1 quanto o VALOR2 precisam ser do mesmo tipo de dado da coluna.

Quando executado sobre colunas do tipo *char, varchar, text, datetime* e *smalldatetime*, devemos colocar estes valores entre aspas.[3]

Problema: listar o código e a descrição dos produtos que tenham o valor unitário na faixa de R$ 0,32 até R$ 2,00.

Diagrama:

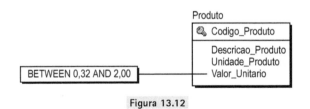

Figura 13.12

Sintaxe:

```
SELECT codigo_produto, descricao_produto
FROM produto
WHERE valor_unitario between 0.32 and 2.00;
```

---

3 Especificação para SQL Server 2017.

Resultado:

Tabela 13.20

Código do Produto	Descrição
25	Queijo
31	Chocolate
78	Vinho
53	Linha
87	Cano
77	Papel

```
WHERE <nome da coluna> LIKE <valor>;
WHERE <nome da coluna> NOT LIKE <valor>;
```

Os operadores LIKE e NOT LIKE só trabalham com colunas que sejam do tipo CHAR. Eles têm praticamente o mesmo funcionamento que os operadores = e < > , porém o poder desses operadores está na utilização dos símbolos "%" e "_", que podem fazer o papel de "curinga":

%	substitui uma palavra
_	substitui um caractere

Exemplo:

LIKE 'LÁPIS %' pode enxergar os seguintes registros:

```
'LAPIS PRETO'
'LAPIS CERA'
'LAPIS BORRACHA'
```

Ou seja, todos os registros que contenham 'LÁPIS' seguido de qualquer palavra ou conjunto de caracteres.

LIKE 'BROCA N_' pode enxergar os seguintes registros:

```
BROCA N1'
'BROCA N9'
'BROCA N3'
```

▶ LIKE '%ão_' pode enxergar qualquer nome que termine em "ão".

▶ LIKE '[CM]%' permite enxergar qualquer nome que comece com 'C ' ou com 'M'.

▶ LIKE '[C-X]%' permite enxergar qualquer nome que comece com 'C ' até 'X.

- LIKE 'M[^o]%' permite enxergar qualquer nome que comece com 'M' e não tenha 'o' como segunda letra.

Vamos ver mais alguns exemplos de utilização da cláusula LIKE.

Problema: listar todos os produtos cujo nome comece por Q.

Diagrama: Sintaxe:

```
SELECT codigo_produto, descricao_produto
FROM produto
WHERE descricao_produto LIKE 'Q_';
```

Figura 13.13

Tabela 13.21

Código do Produto	Descrição
25	Queijo

Problema: listar os vendedores que não começam por 'Jo'.

Diagrama: Sintaxe ANSI e Microsoft SQL Server 2017:

```
SELECT codigo_vendedor, nome_vendedor
FROM vendedores
WHERE nome_vendedor NOT LIKE 'Jo%';
```

Figura 13.14

Resultado **NOT LIKE**:

Tabela 13.22

Código do Vendedor	Nome do Vendedor
111	Carlos
240	Antônio
720	Felipe
250	Maurício

Operadores Baseados em Listas IN e NOT IN

```
WHERE <nome da coluna> IN <valores>;
WHERE <nome da coluna> NOT IN <valores>;
```

Estes operadores pesquisam registros que estão ou não no conjunto de <valores> fornecido. Eles minimizam o uso dos operadores =, <>, AND e OR.

Problema: listar os vendedores que são da faixa de comissão A e B.

Diagrama: Sintaxe:

```
SELECT nome_vendedor
FROM vendedores
WHERE faixa_de_comissao IN ('A', 'B');
```

Figura 13.15

Tabela 13.23

Nome do Vendedor
Carlos
Felipe
Jonas
Josias
Maurício

Operadores Baseados em Valores Desconhecidos: IS NULL e IS NOT NULL

```
WHERE <nome da coluna> IS NULL;
WHERE <nome da coluna> IS NOT NULL;
```

A utilização do valor nulo (NULL) é muito problemática, pois cada implementação da linguagem pode adotar qualquer representação para o valor nulo.

O resultado da aplicação desses operadores permite o tratamento de valores nulos em colunas de uma tabela, selecionando as linhas correspondentes.

Problema: mostrar os clientes que não tenham inscrição estadual.

Diagrama: Sintaxe:

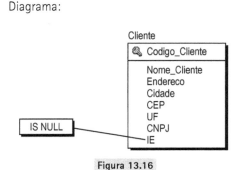

```
SELECT *
    FROM cliente
    WHERE IE IS NULL;
```

Figura 13.16

Resultado:

Tabela 13.24

Código do Cliente	Nome do Cliente	Endereço	Cidade	CEP	UF	CNPJ	IE
110	Jorge	R. Caiapó, 13	Curitiba	30078-500	PR	14512764/9834-9	
180	Lívio	Av. Beira Mar, 1256	Florianópolis	30077-500	SC	127365713/2347-4	

13.6 Ordenação dos Dados Selecionados

Quando se realiza uma seleção, os dados recuperados não estão ordenados. Os dados são recuperados pela ordem em que se encontram dispostos fisicamente na tabela do SGBD.

A SQL prevê a cláusula ORDER BY para realizar a ordenação dos dados selecionados.

Sintaxe Básica

```
SELECT <nome da(s) coluna(s)>
FROM <tabela>
WHERE <condição(ões)> >
ORDER BY <nome da(s) coluna(s)> [ASC/DESC]
              ou
ORDER BY <número da coluna>
```

A informação <número da coluna> se refere à posição relativa das colunas quando for apresentado o resultado da consulta, e não à posição na tabela original, contada da esquerda para a direita. As palavras ASC e DESC significam, respectivamente, ascendente e descendente. A forma ascendente de ordenação é assumida como padrão.

Problema: mostrar em ordem alfabética a lista de vendedores e seus respectivos salários fixos.

Diagrama:

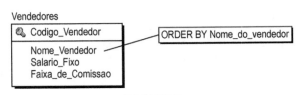

Figura 13.17

Sintaxe:

```
SELECT nome_vendedor, salario_fixo
FROM vendedores
ORDER BY nome_vendedor;
```

Resultado:

Tabela 13.25

Nome do Vendedor	Salário Fixo
Antônio	9.500,00
Carlos	2.490,00
Felipe	4.600,00
João	2.780,00
João	2.650,00
Jonas	2.300,00
José	1.800,00
Josias	870,00
Maurício	2.930,00

Problema: listar nomes, cidades e estados de todos os clientes, ordenados por estado e cidade de forma descendente.

Diagrama:

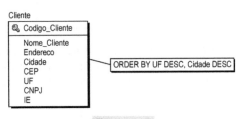

Figura 13.18

Sintaxe:

```
SELECT nome_cliente, cidade, UF
FROM cliente
ORDER BY UF DESC, cidade DESC;
```

Resultado:

Tabela 13.26

Nome do Cliente	Cidade	UF
Flávio	São Paulo	SP
Maurício	São Paulo	SP
Beth	São Paulo	SP
Renato	São Paulo	SP
Lívio	Florianópolis	SC
Rodolfo	Rio de Janeiro	RJ
Ana	Niterói	RJ
Susana	Niterói	RJ
Paulo	Londrina	PR
Jorge	Curitiba	PR
Sebastião	Uberaba	MG
Lúcia	Belo Horizonte	MG
José	Brasília	DF
Edmar	Salvador	BA

Problema: mostrar a descrição e o valor unitário de todos os produtos que tenham a unidade 'KG', em ordem de valor unitário ascendente.

Diagrama:

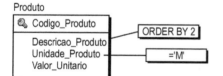

Figura 13.19

Sintaxe:

```
SELECT descricao_produto, valor_unitario
FROM produto
WHERE unidade_produto = 'M'
ORDER BY 2 ASC;
```

Resultado:

Tabela 13.27

Descrição	Valor Unitário
Linho	0,11
Madeira	0,25
Papel	1,05
Linha	1,80
Cano	1,97

13.7 Realização de Cálculos com Informação Selecionada

Com a linguagem SQL é possível criar um campo que não pertença à tabela original e seja fruto de cálculo de alguns campos da tabela para ser exibido no momento da consulta.

Problema: mostrar o novo salário fixo dos vendedores, de faixa de comissão 'C', calculado com base no reajuste de 75% acrescido de R$ 120,00 de bonificação. Ordenar pelo nome do vendedor.

Diagrama:

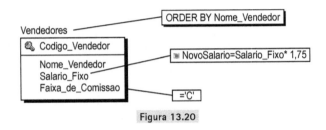

Figura 13.20

Sintaxe:

```
SELECT nome_vendedor,
novo_salario = (salario_fixo * 1.75) + 120
FROM vendedores
WHERE faixa_de_comissao = 'C'
ORDER BY nome_vendedor;
```

Resultado:

Tabela 13.28

Nome do Vendedor	Novo Salário
Antônio	16.745,00
João	4.985,00
João	4.757,50
José	3.270,00

13.8 Utilização de Funções de Agregação sobre Conjuntos

As funções de agregação resultam sempre uma nova coluna no resultado da pesquisa.

13.8.1 Busca de Máximos e Mínimos (MAX, MIN)

Problema: mostrar o menor e o maior salários da tabela vendedores.

Diagrama:

Sintaxe:

Vendedores
- 🔑 Codigo_Vendedor
- Nome_Vendedor
- Salario_Fixo
- Faixa_de_Comissao
- ▥ Max Salario
- ▥ Min Salario

Figura 13.21

```
SELECT MIN(salario_fixo),
MAX(salario_fixo) FROM vendedores;
```

Resultado:

Tabela 13.29

MIN (salario_fixo)	MAX (salario_fixo)
870,00	9.500,00

13.8.2 Totalização dos Valores de Colunas (SUM)

Problema: mostrar a quantidade total pedida para o produto 'VINHO' de código '78' na tabela item_de_pedido.

Diagrama:

Sintaxe:

Vendedores
- 🔑 Codigo_Vendedor
- Nome_Vendedor
- Salario_Fixo
- Faixa_de_Comissao
- ▥ Max Salario
- ▥ Min Salario

Figura 13.22

```
SELECT SUM(quantidade),
FROM item_de_pedido
WHERE codigo_produto = '78';
```

Resultado:

Tabela 13.30

SUM(Quantidade)
183

13.8.3 Cálculo de Médias (AVG)

Problema: qual é a média dos salários fixos dos vendedores?

Diagrama:

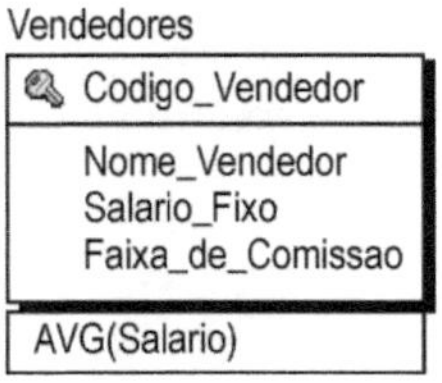

Vendedores

🔑 Codigo_Vendedor
Nome_Vendedor Salario_Fixo Faixa_de_Comissao
AVG(Salario)

Figura 13.23

Sintaxe:

```
SELECT AVG(salario_fixo),
FROM vendedores;
```

Resultado:

Tabela 13.31

AVG (salario_fixo)
3.324,44

13.8.4 Contagem dos Registros (COUNT)

Problema: quantos vendedores ganham acima de R$ 2.500,00 de salário fixo?

Diagrama:

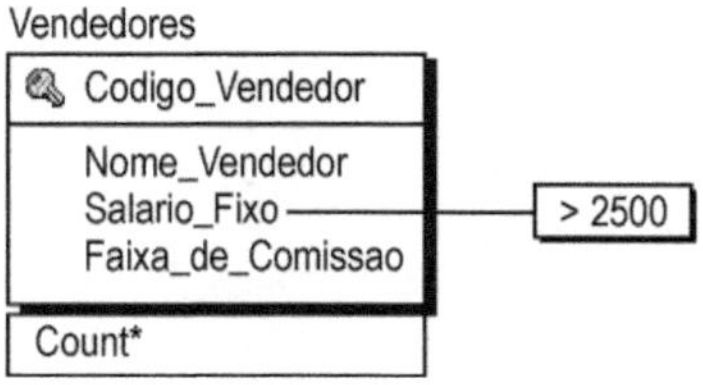

Vendedores

🔑 Codigo_Vendedor
Nome_Vendedor Salario_Fixo ── > 2500 Faixa_de_Comissao
Count*

Figura 13.24

Sintaxe:

```
SELECT COUNT(*),
       FROM vendedores
       WHERE salario_fixo >2500;
```

O comando COUNT, quando utilizado sem a cláusula WHERE, realiza a contagem das linhas da tabela.

Resultado:

Tabela 13.32

COUNT (*)
5

13.9 Utilização da Cláusula DISTINCT

Normalmente, vários registros dentro de uma tabela podem conter os mesmos valores, com exceção da chave primária. Com isso, muitas consultas podem trazer informações erradas.

A cláusula DISTINCT, aplicada em uma consulta, foi criada para não permitir que certas redundâncias, obviamente necessárias, causem problemas. A cláusula DISTINCT elimina repetições de valores em relação a uma coluna.

Problema: quais são as unidades de produtos, diferentes, na tabela produto?

Diagrama:

Produto
| 🔑 Codigo_Produto |
| Descricao_Produto |
| Unidade_Produto |
| Valor_Unitario |

DISTINCT Unidade_Produto

Figura 13.25

Sintaxe:

```
SELECT DISTINCT unidade_produto,
FROM produto;
```

Resultado:

Tabela 13.33

Unidade
Kg
BAR
L
M
SAC
G

 Com a utilização de DISTINC, não se classificam os dados de saída.[4]

---

4 Especificação para SQL Server 2017.

13.10 Agrupamento de Informações Selecionadas (GROUP BY e HAVING)

A função de agregação por si própria produz um número simples para uma tabela.

A cláusula organiza esse sumário de dados em grupos, produzindo informação sumarizada para os grupos definidos na tabela objeto de seleção.

A cláusula HAVING realiza as restrições das linhas resultantes, da mesma forma que a cláusula WHERE o faz em um SELECT.

Podemos igualmente continuar com a cláusula WHERE selecionando as condições da seleção.

```
SELECT <nome da(s) coluna(s)>
FROM <tabela>
WHERE condição(ões)>
GROUP BY <nome da(s) coluna(s)>;
```

Problema: listar o número de produtos que cada pedido contém.

Diagrama:

Item_de_Pedido
- Numero_Pedido (FK)
- Codigo_Produto (FK)
- Quantidade
- Count*

GROUP BY Numero_Pedido

Sintaxe:

```
SELECT numero_pedido,
   total_produtos = COUNT(*)
FROM item_de_pedido
GROUP BY numero_pedido;
```

Figura 13.26

Inicialmente, os registros são ordenados de forma ascendente por número do pedido.

Em um segundo passo, é aplicada a operação COUNT(*) para cada grupo de registros que tenha o mesmo número de pedido.

Após a operação de contagem de cada grupo, o resultado da consulta utilizando a cláusula GROUP BY é apresentado.

Resultado:

Tabela 13.34

Número do Pedido	Total de Produtos
91	1
97	1
98	1
101	3

SQL

Número do Pedido	Total de Produtos
103	1
104	1
105	1
108	1
111	2
119	4
121	2
138	3
143	2
148	5
189	1
203	1

Geralmente, a cláusula GROUP BY é utilizada em conjunto com as operações COUNT e AVG.

13.10.1 Utilização com HAVING

Problema: listar os pedidos que têm mais de três produtos.

Diagrama: Sintaxe:

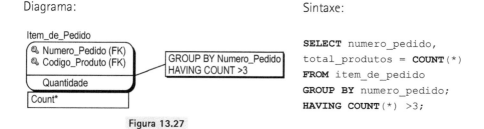

```
SELECT numero_pedido,
total_produtos = COUNT(*)
FROM item_de_pedido
GROUP BY numero_pedido;
HAVING COUNT(*) >3;
```

Figura 13.27

Resultado:

Tabela 13.35

Número do Pedido	Total de Produtos
119	4
148	5

A cláusula GROUP BY pode ser utilizada em conjunto com qualquer outra cláusula que já estudamos até este ponto.

13.11 Recuperação de Dados de Várias Tabelas (JOINS)

Até agora, trabalhamos com a recuperação de dados em uma única tabela, mas o conceito de banco de dados reúne, evidentemente, várias tabelas diferentes.

Para que possamos recuperar informações de um banco de dados, muitas vezes temos a necessidade de acessar simultaneamente várias tabelas relacionadas entre si. Algumas dessas consultas necessitam realizar uma junção (JOIN) entre tabelas, para que dessa junção possa extrair as informações necessárias à consulta formulada.

13.11.1 Conceito de Qualificadores de Nome

O qualificador de nome consiste no nome da tabela seguido de um ponto e o nome da coluna na tabela.

Por exemplo, o qualificador de nome para a coluna descrição da tabela produto será:

▶ PRODUTO.descricao

Os qualificadores de nome são utilizados em uma consulta para efetivar a junção (*join*) entre tabelas, uma vez que o relacionamento entre tabelas é realizado por meio de chaves estrangeiras, e isso implica na existência de colunas com o mesmo nome em tabelas diferentes.

Existem duas sintaxes que vamos considerar no estudo:[5] a sintaxe ANSI SQL e a do Microsoft SQL Server 2017 para a implementação de *joins*.

Sintaxe ANSI SQL

```
SELECT <nome_da_tabela.nome_da_coluna
[nome_da_tabela.nome_da_coluna.....]>
FROM {nome_da_tabela [tipo de join] nome_da_tabela ON condição de pesquisa
WHERE [condição de pesquisa.....]
```

Sintaxe Microsoft SQL Server 2017

```
SELECT < nome_da_tabela.nome_da_coluna
[nome_da_tabela.nome_da_coluna.....]>
FROM <nome_da_tabela, nome_da_tabela>
ON <nome_da_tabela.nome_da_coluna [operador de join]
nome_da_tabela.nome_da_coluna
```

Na sintaxe ANSI, criamos uma tabela de *join*, "*uma join_table*", para as linhas selecionadas conforme a cláusula WHERE. Podemos escolher o tipo de join conforme o processado, escolhendo a palavra que o identifica.

---

5   Vale a pena destacar que existe um padrão de sintaxe ANSI e um padrão de sintaxe Microsoft SQL Server para a execução de joins, mas não podemos usar os dois simultaneamente.

SQL

Quando usamos INNER JOIN como tipo de *join*, são incluídas somente as linhas que satisfazem a condição do join.

Quando usamos CROSS JOIN, incluímos cada uma das combinações de todas as linhas entre as tabelas.

E, finalmente, quando usamos OUTER JOIN, incluímos as linhas que satisfazem a condição de *join* e as linhas restantes de uma das tabelas do *join*.

Na sintaxe Microsoft SQL Server 2017 são comparadas as tabelas por uma coluna específica para cada tabela (chave estrangeira), linha por linha, e são listadas as linhas em que a comparação é verdadeira.

Nos *joins* do Microsoft SQL Server 2017, a cláusula FROM lista as tabelas envolvidas no *join* e a cláusula WHERE especifica que linhas devem ser incluídas no conjunto resultante. Na cláusula WHERE, o operador de *join* é utilizado entre os componentes a serem juntados.

Os operadores a seguir são usados como join operators no Microsoft SQL Server 2017:

Tabela 13.36

Símbolo	Significado
=	Igual a
>	Maior que
<	Menor que
>=	Maior ou igual
<=	Menor ou igual
<>	Diferente

Problema: ver os pedidos de cada cliente.

Diagrama:

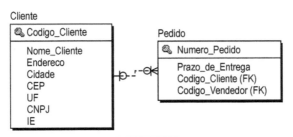

Figura 13.28

13.11.2 Inner Joins

Sintaxe ANSI SQL:

```
SELECT Cliente.nome_cliente, pedido.codigo_cliente, pedido.numero_pedido
FROM cliente INNER JOIN pedido
ON cliente.codigo_cliente
= pedido.codigo_cliente
```

Sintaxe Microsoft SQL Server 2017:

```
SELECT Cliente.nome_cliente,
pedido.codigo_cliente, pedido.numero_pedido
FROM cliente, pedido
ON cliente.codigo_cliente
= pedido.codigo_cliente
```

Resultado:

Tabela 13.37

Nome_do_cliente	Pedido.Codigo_do_cliente	Pedido.numero_pedido
Ana	720	97
Ana	720	101
Ana	720	137
Ana	720	148
Flávio	870	189
Jorge	110	104
Maurício	830	203
Rodolfo	410	121
Rodolfo	410	98

Tabela 13.38

Nome_do_cliente	Pedido.Codigo_do_cliente	Pedido.numero_pedido
Rodolfo	410	127
Beth	20	143
Lívio	180	105
Susana	260	111
Susana	260	103
Susana	260	91

Nome_do_cliente	Pedido.Codigo_do_cliente	Pedido.numero_pedido
Susana	260	138
Renato	290	108
Sebastião	390	119

Nesta junção, são apresentados os pedidos de cada cliente, pois a condição de *join* restringe e qualifica a junção dos dados entre as tabelas. A equação apresentada na cláusula WHERE é chamada de **equação de junção**.

13.11.3 Cross Join ou Produto Cartesiano

Problema: juntar clientes com pedidos.

Sintaxes ANSI SQL e Microsoft SQL Server 2017 são idênticas.

```
SELECT nome_cliente,
       pedido.codigo_cliente,
       numero_pedido
  FROM cliente CROSS JOIN pedido
```

Resultado:

Tabela 13.39

Nome_do_cliente	Pedido.codigo_do_cliente	Pedido.numero_pedido
Ana	720	97
Ana	260	111
Ana	870	54
Ana	390	119
Ana	260	103
Ana	830	203
Ana	410	121
Ana	110	104
Ana	180	105
Ana	720	83
Ana	290	108
Ana	410	89
Flávio	720	97
Flávio	260	111

Nome_do_cliente	Pedido.codigo_do_cliente	Pedido.numero_pedido
Flávio	870	54
Flávio	390	119
Flávio	260	103
Flávio	830	203
Flávio	410	121
Flávio	110	104
Flávio	720	83
Flávio	290	108
Flávio	410	89
Jorge	720	97
Jorge	260	111
Jorge	870	54
Jorge	390	119
Jorge	260	103
Jorge	830	203
Jorge	410	121
Jorge	110	104
Jorge	180	105
Jorge	720	83
Jorge	290	108
Jorge	410	89
Lúcia	720	97
Lúcia	260	111
Lúcia	870	54
Lúcia	390	119
Lúcia	260	103
:	:	:
:	:	:

Podemos observar que não existe muito proveito do resultado desse tipo de *join*, excetuando-se quando queremos fazer referência cruzada entre duas tabelas e suas linhas todas.

13.11.4 Outer Joins

É a seleção em que são restritas as linhas que interessam em uma tabela, mas são consideradas todas as linhas de outra tabela. Ou seja, queremos ver as linhas de uma tabela que estão relacionadas com as da outra tabela e quais linhas não estão.

Exemplificando no mundo real, poderíamos dizer que queremos ver quais clientes têm pedidos e quais não têm nenhum pedido.

É de muita utilidade quando queremos verificar se existem membros órfãos em um banco de dados, ou seja, chave primária e chave estrangeira sem sincronia ou simetria.

Um OUTER JOIN somente pode ser realizado entre duas tabelas, não mais que duas tabelas.

A sintaxe ANSI SQL possui três tipos de qualificador para o OUTER JOIN:

- **LEFT OUTER JOIN:** são incluídas todas as linhas da tabela do primeiro nome de tabela (a tabela mais à esquerda da expressão).
- **RIGHT OUTER JOIN:** são incluídas todas as linhas da tabela do segundo nome de tabela da expressão (tabelas mais à direita da expressão).
- **FULL OUTER JOIN:** são incluídas as linhas que não satisfazem a expressão tanto da primeira quanto da segunda tabelas.

O Microsoft SQL Server 2017 utiliza os mesmos operadores para OUTER JOIN:

*=	Inclui todas as linhas da primeira tabela da expressão.
=*	Inclui todas as linhas da segunda tabela da expressão.

Vamos ver um exemplo de OUTER JOIN para entender melhor a sua funcionalidade.

Problema: quais são os clientes que têm pedido e os que não têm pedido?

Diagrama:

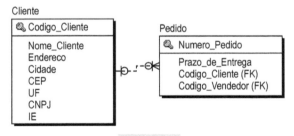

Figura 13.29

Sintaxe ANSI SQL e Microsoft SQL Server 2017:

```
SELECT nome_cliente,
       pedido.codigo_cliente,
       numero_pedido
    FROM cliente LEFT OUTER JOIN pedido
    ON cliente.codigo_cliente =
        Pedido.codigo_cliente
```

Resultado:

Tabela 13.40

Nome_do_cliente	Pedido.Codigo_do_cliente	Pedido.numero_pedido
Ana	720	97
Ana	720	101
Ana	720	137
Ana	720	148
Flávio	870	189
Jorge	110	104
Maurício	830	203
Rodolfo	410	121
Rodolfo	410	98
Rodolfo	410	127
Beth	20	143
Lívio	180	105
Susana	260	111
Susana	260	103
Susana	260	91
Susana	260	138
Renato	290	108
Sebastião	390	119
Lúcia	NULL	NULL
Edmar	NULL	NULL
Paulo	NULL	NULL
José	NULL	NULL

Como os clientes Lúcia, Edmar, Paulo e José não têm nenhuma linha da tabela pedido, a informação de seu código é apresentada como NULL.

Por este motivo, não devemos utilizar NULL na condição de seleção, pois teremos de utilizar os resultados mais imprevisíveis e imagináveis possíveis.

Podemos utilizar as cláusulas LIKE, NOT LIKE, IN, NOT IN, NULL, NOT NULL e misturá-las com os operadores AND, OR e NOT, dentro de uma cláusula WHERE na junção de tabelas.

Vamos estudar comandos de seleção de dados com esses operadores.

Problema: quais clientes têm pedidos com prazo de entrega superior a 15 dias e que pertencem aos estados de São Paulo ('SP') ou Rio de Janeiro ('RJ')?

Diagrama:

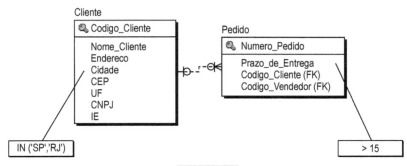

Figura 13.30

Sintaxe:

```
SELECT Cliente.nome_cliente,
       pedido.codido_cliente,
       pedido.numero_pedido
    FROM cliente INNER JOIN pedido
    ON cliente.codigo_cliente = pedido.codigo_cliente
    WHERE UF IN ('SP', 'RJ') AND prazo_de_entrega > 15
```

Resultado:

Nome do Cliente	UF	Prazo de Entrega
Ana	RJ	20
Maurício	SP	30
Rodolfo	RJ	20
Beth	SP	30
Susana	RJ	20

Problema: mostrar os clientes e seus respectivos prazos de entrega, ordenados do maior para o menor.

Diagrama:

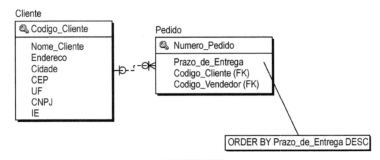

Figura 13.31

Sintaxe ANSI SQL e Microsoft SQL Server 2017:

```
SELECT nome_cliente, prazo_de_entrega
FROM cliente, pedido
ON cliente.codigo_cliente = pedido.codigo_cliente
ORDER BY prazo_de_entrega desc;
```

Resultado:

Tabela 13.41

Nome do Cliente	Prazo de Entrega
Jorge	30
Maurício	30
Beth	30
Sebastião	30
Rodolfo	20
Ana	20
Susana	20
Ana	15
Flávio	15
Lívio	15
Renato	15
Rodolfo	10

13.11.5 Uso de Aliases

Para que não seja necessário escrever todo o nome da tabela nas qualificações de nome, podemos utilizar ALIASES (sinônimos) definidos na própria consulta. A definição dos ALIASES é feita na cláusula FROM e utilizada normalmente nas outras cláusulas (*where, order by, group by, having, select*).

Problema: apresentar os vendedores (ordenados) que emitiram pedidos com prazos de entrega superiores a 15 dias e que tenham salários fixos iguais ou superiores a R$ 1.000,00.

Sintaxe:

```
SELECT nome_vendedor, prazo_de_entrega
FROM vendedores V, pedido P
WHERE salario_fixo >= 1000.00 AND
prazo_de_entrega > 15 AND V.codigo_
vendedor = P.codigo_vendedor ORDER BY
nome_vendedor;
```

Tabela 13.42

Nome do Vendedor	Prazo de Entrega
Antonio	20
Carlos	30
João	20
José	20
Maurício	30

13.11.6 Junção de Mais de Duas Tabelas

Problema: mostrar os clientes (ordenados) que têm prazo de entrega maior que 15 dias para o produto 'QUEIJO' e que sejam do Rio de Janeiro.

Diagrama:

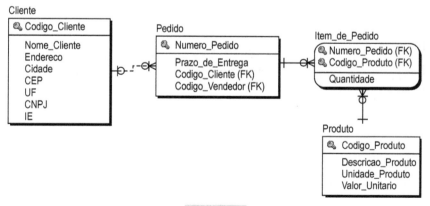

Figura 13.32

Novamente, vamos apresentar a sintaxe ANSI e a sintaxe específica do Microsoft SQL Server 2017.

Sintaxe ANSI e Microsoft SQL Server 2017:

```
SELECT cliente.nome_cliente,
FROM cliente INNER JOIN pedido
ON cliente.codigo_cliente = pedido.codigo_cliente
      INNER JOIN item_de_pedido
ON pedido.numero_pedido = item_de_pedido.numero_pedido
      INNER JOIN produto
ON item_de_pedido.codigo_produto = produto.codigo_produto
      WHERE   pedido.prazo_de_entrega > 15 AND
              produto.descricao_produto ='queijo' AND
              cliente.UF = 'RJ'
ORDER BY cliente.nome_cliente
```

Tabela 13.43

Nome Cliente
Ana
Rodolfo
Susana

Vamos a mais um exemplo.

Problema: mostrar todos os vendedores que venderam chocolate em quantidade superior a dez quilos.

Diagrama:

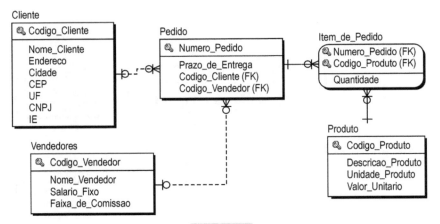

Figura 13.33

Sintaxe:

```
SELECT DISTINCT nome_vendedor
FROM vendedores, pedido, item_de_pedido, produto
        WHERE Vendedores.codigo_vendedor = Pedido.codigo_vendedor AND
        Pedido.numero_pedido = Item_de_pedido.numero_pedido AND
        Item_de_pedido.codigo_produto = Produto.codigo_produto AND
        quantidade > 10 AND descricao_produto = 'Chocolate';
```

Resultado:

Tabela 13.44

Nome do Vendedor
José
Carlos

Problema: quantos clientes fizeram pedido com o vendedor João?

Diagrama:

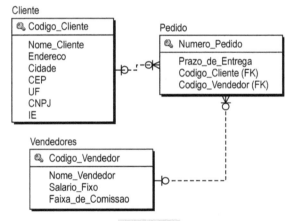

Figura 13.34

Sintaxe Microsoft SQL Server 2017:

```
SELECT COUNT (codigo_cliente)
    FROM cliente, pedido, vendedores
    WHERE Cliente.codigo_cliente = Pedido.codigo_cliente AND
    Pedido.codigo_vendedor = Vendedores.codigo_vendedor AND
    Vendedores.nome_vendedor = 'Joao';
```

Resultado:

Tabela 13.45

COUNT (Código Cliente)
4

Problema: quantos clientes das cidades do Rio de Janeiro e Niterói tiveram seus pedidos tirados com o vendedor João?

Sintaxe Microsoft SQL Server 2017:

```
SELECT cidade, numero = COUNT (nome_cliente)
  FROM cliente, pedido, vendedores
  WHERE nome_vendedor = 'Joao' AND
  CIDADE IN ('Rio de Janeiro', 'Niteroi') AND
  Vendedores.codigo_vendedor = Pedido.codigo_vendedor AND
  Pedido.codigo_cliente = Cliente.codigo_cliente
GROUP BY cidade;
```

Resultado:

Tabela 13.46

Cidade	Número
Niterói	2
Rio de Janeiro	1

13.12 Utilização de Consultas Encadeadas (Subqueries)

O que é *subquery*? Em linhas gerais, é quando o resultado de uma consulta é utilizado por outra consulta de forma encadeada e contida no mesmo comando SQL.

Problema: utilizando IN – Que produtos participam de qualquer pedido cuja quantidade seja 10?

Diagrama:

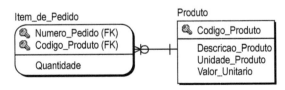

Figura 13.35

Sintaxe:

```
SELECT descricao_produto
      FROM produto
      WHERE codigo_produto IN
(SELECT codigo_produto
      FROM item_de_pedido
      WHERE quantidade = 10)
```

Resultado:

Tabela 13.47

Descrição
Queijo
Vinho
Linho

Problema: utilizando AVG – Quais vendedores ganham um salário fixo abaixo da média?

Diagrama:

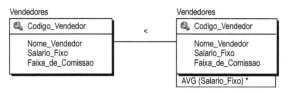

Figura 13.36

Sintaxe:

```
SELECT nome_vendedor
      FROM vendedores
      WHERE salario_fixo <
      (SELECT AVG(salario_fixo)
      FROM vendedores);
```

Resultado:

Tabela 13.48

Nome do Vendedor
José
Carlos
João
Jonas
Josias
Maurício

Problema: utilizando NOT IN – Quais produtos não estão presentes em nenhum pedido?

Diagrama:

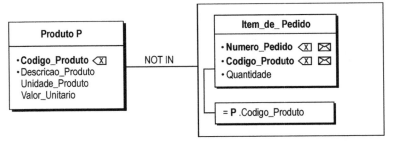

Figura 13.37

Sintaxe:

```
SELECT codigo_produto, descricao_produto
FROM produto
WHERE codigo_produto NOT IN
(SELECT * FROM item_de_pedido
WHERE item_de_pedido.codigo_produto = produto.codigo_produto)
```

Resultado:

Tabela 13.49

Código do Produto	Descrição do Produto
87	Carro

Na consulta anterior, a *subquery* não é executada diretamente de uma vez só. Ela é executada para cada valor do registro do produto, ou seja, para cada execução da *subquery* é utilizado um valor do código do produto dentro do produto, o qual é comparado, via condição de *subquery*, com vários valores em itens do pedido.

Problema: quais são os vendedores que só venderam produtos por grama ('G')?

Diagrama:

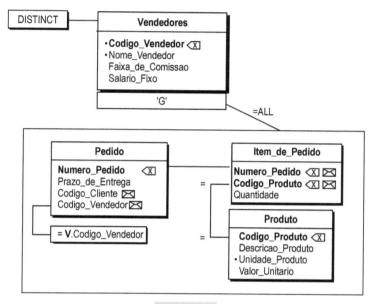

Figura 13.38

Sintaxe:

```
SELECT DISTINCT codigo_vendedor, nome_vendedor
FROM vendedores
WHERE unidade ALL =('G')
(SELECT unidade_produto
FROM pedido, item_de_pedido, produto
WHERE Pedido.numero_pedido = item_de_pedido.numero_pedido AND
Item_de_pedido.codigo_produto = Produto.codigo_produto AND
Pedido.codigo_vendedor = Vendedores.codigo_vendedor);
```

Resultado:

Tabela 13.50

Código do Vendedor	Nome do Vendedor
720	Felipe
310	Josias

Interpretando o comando aplicado:

- ▶ Selecione todas as ocorrências da tabela vendedores que estão associadas à tabela pedidos e, na tabela item de pedido relacionada com a tabela pedidos, relacionada com a tabela produtos, todos os itens de pedido sejam de produtos com unidade 'G', ou seja, Grama (não existe correspondente no Microsoft SQL Server 2017).

Condição que satisfaz a query:

- ▶ Todos os itens de pedido de um pedido têm unidade = G.
- ▶ Mostrar o nome dos vendedores associados a esses pedidos.

Esse comando é complicado de entender, por isso tentamos uma forma de explicá-lo em linguagem mais natural, mas mesmo assim talvez não tenhamos conseguido esclarecer completamente.

Problema: subquery testando a existência – Quais clientes estão presentes em mais de três pedidos?

Diagrama:

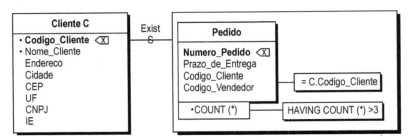

Figura 13.39

Sintaxe:

```
SELECT nome_cliente
FROM cliente
WHERE EXIST
(SELECT COUNT(*)
FROM pedido
WHERE codigo_cliente = cliente.codigo_cliente
HAVING COUNT(*) >3);
```

Resultado:

Tabela 13.51

Nome Cliente
Ana
Susana

Entendendo o comando:

- ► Sempre analisamos a *query* entre parênteses primeiro.
- ► Nesse *select*, estamos contando *(count)* os pedidos de cada cliente e selecionando os clientes que têm mais de três pedidos.
- ► A *query* principal, por assim dizer, somente lista o nome dos clientes que EXISTEM nesse conjunto obtido (EXIST).

Destaca-se aqui a diferença entre o comando select com EXIST e com NOT IN (IN):

- ► Quando utilizamos EXIST, não colocamos nenhum nome de coluna antes da cláusula, e quando utilizamos IN ou NOT IN, somos obrigados a colocar o nome da coluna antes.
- ► WHERE coluna IN (NOT IN): retorna uma lista de zero ou mais valores.
- ► WHERE EXIST (NOT EXIST): retorna um valor falso ou verdadeiro.

Problema: criar uma tabela com o resultado de um SELECT.

Quando usamos um comando *select* com a cláusula INTO, definimos uma tabela e colocamos os dados resultantes da *query* dentro dela.

Se a tabela já existir com o mesmo nome dado no comando, ele falha.

Sintaxe Básica Microsoft SQL Server 2017

```
SELECT <lista de colunas>
INTO <nova tabela>
FROM < lista de tabelas>
WHERE <condições de seleção>
```

No Microsoft SQL Server 2017, a cláusula INTO cria uma tabela permanente apenas se a opção **select into/bulkcopy** estiver setada; caso contrário, cria uma tabela temporária.

Se as colunas selecionadas na lista de colunas não possuírem nomes (SELECT *), as colunas criadas na nova tabela também não vão possuir nomes e somente poderão ser selecionadas por meio de um SELECT * FROM <nome da tabela>.

13.13 Inserir, Modificar e Apagar Registros

13.13.1 Adição de Registro à Tabela

Sintaxe Básica

```
INSERT INTO <nome da tabela>
    (<nome da(s) coluna(s)>)
    VALUES (<valores>);
```

Problema: adicionar o produto 'parafuso' à tabela produto.

Diagrama: Sintaxe:

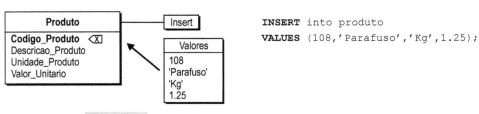

```
INSERT into produto
VALUES (108,'Parafuso','Kg',1.25);
```

Figura 13.40

A cláusula VALUE especifica os dados que você deseja inserir na tabela. Ela é uma palavra requerida para introduzir no comando uma lista de valores para cada coluna.

Se não forem especificados os nomes de colunas, essa lista de valores deve estar na ordem das colunas definidas no comando CREATE TABLE.

13.13.2 Adição de Registros com um SELECT

Sintaxe Básica

```
INSERT INTO <nome da tabela> (<nome da(s) coluna(s)>)
    SELECT <nome da(s) coluna(s)>
    FROM <nome da tabela>
    WHERE <condição>;
```

Problema: cadastrar como clientes os vendedores que emitiram mais de 50 pedidos. Usar para código de cliente o mesmo código de vendedor.

Diagrama:

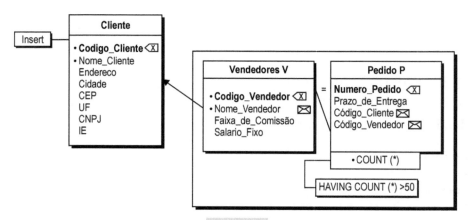

Figura 13.41

Sintaxe ANSI 92:

```
INSERT INTO cliente (codigo_cliente, nome_cliente)
SELECT codigo_vendedor, nome_vendedor, COUNT(*)
FROM vendedores, pedido
WHERE Vendedores.codigo_vendedor = Pedido.codigo_vendedor
HAVING COUNT(*) > 50;
```

Sintaxe Microsoft SQL Server 2017:

```
INSERT cliente (codigo_cliente, nome_cliente)
SELECT codigo_vendedor, nome_vendedor, COUNT(*)
FROM vendedores, pedido
WHERE Vendedores.codigo_vendedor = Pedido.codigo_vendedor
HAVING COUNT(*) > 50;
```

A diferença de sintaxe se resume somente à existência da cláusula INTO no ANSI 92, e cumpre destacar que o Microsoft SQL Server 2017 não exige a cláusula INTO, porém não causa nenhum erro se você a utilizar.

13.13.3 Atualização de um Registro – UPDATE

A atualização de dados em linhas existentes na tabela permite que:

- especifique-se uma determinada coluna e altere-se seu valor;
- seja indicada uma linha específica ou uma condição de identificação de linhas para que sejam alterados os valores de determinadas colunas.

Sintaxe Básica

```
UPDATE <nome da tabela>
    SET <nome da(s) coluna(s)> = valor
    WHERE <condição>;
```

Problema: alterar o valor unitário do produto 'parafuso' de R$ 1,25 para R$ 1,62.

Diagrama:

Sintaxe:

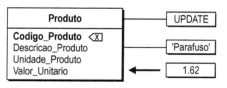

```
UPDATE produto
SET valor_unitario = 1.62
WHERE descricao_produto = 'Parafuso';
```

Figura 13.42

Resultado:

Tabela 13.52

Código do Produto	Descrição	Unidade	Valor Unitário
108	parafuso	Kg	1,62

Problema: atualizar o salário fixo de todos os vendedores em 27% mais uma bonificação de R$ 100,00.

Diagrama:

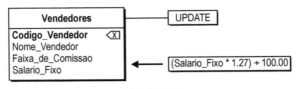

Figura 13.43

Sintaxe:

```
UPDATE vendedores
    SET salario_fixo = (salario_fixo * 1.27) + 100.00;
```

O resultado desse comando provoca que todos os vendedores tenham o mesmo valor de salário fixo.

A sintaxe é idêntica para Microsoft SQL Server 2017.

Problema: acrescentar 2,5% ao preço unitário dos produtos que estejam abaixo da média dos preços para os comprados a quilo.

Diagrama:

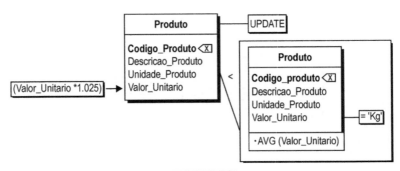

Figura 13.44

Sintaxe:

```
UPDATE produto
    SET valor_unitario = valor_unitario * 1.025
    WHERE valor_unitario <
    (SELECT AVG(valor_unitario)
    FROM produto
    WHERE unidade_produto = 'Kg');
```

13.13.4 Alteração de Registros com Dados de Outra Tabela

Para explicar esse comando, vamos supor que nossa tabela de produtos possua um campo de vendas acumuladas ao ano.

Problema: atualizar as vendas acumuladas ao ano para cada produto.

Diagrama:

Produto

Codigo_Produto
Descricao
Unidade_Produto
Valor_Unitario
Vendas_Acumuladas

Figura 13.45

Sintaxe:

```
UPDATE produto
SET vendas_acumuladas = 0
UPDATE produto
SET vendas_acumuladas = (SELECT SUM (quantidade)
    FROM item_de_pedido)
```

Resultado:

Tabela 13.53

Código do Produto	Unidade do Produto	Descrição do Produto	Valor Unitário	Vendas Acumuladas
25	Kg	Queijo	0,97	30
31	BAR	Chocolate	0,87	57
78	L	Vinho	2,00	193
22	M	Linho	0,11	20
30	SAC	Açúcar	0,30	0

Código do Produto	Unidade do Produto	Descrição do Produto	Valor Unitário	Vendas Acumuladas
53	M	Linha	1,80	82
13	G	Ouro	6,18	36
45	M	Madeira	0,25	8
87	M	Cano	1,97	0
77	M	Papel	1,05	143

13.13.5 Apagar Registros da Tabela

Sintaxe Básica

```
DELETE FROM <nome da tabela>
     WHERE <condição>;
```

Problema: apagar todos os vendedores com faixa de comissão nula.

Diagrama:

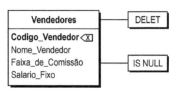

Figura 13.46

Sintaxe:

```
DELETE FROM vendedores
WHERE faixa_de_comissao IS NULL;
```

Problema: apagar todos os registros de pedidos realizados por vendedores fantasmas (operação caça-fantasma).

Diagrama:

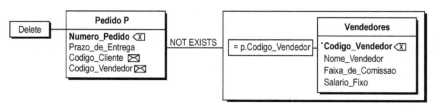

Figura 13.47

Sintaxe:

```
DELETE FROM pedido
       WHERE NOT EXIST
(SELECT vendedor
       FROM vendedores
       WHERE codigo_vendedor = Pedido.codigo_vendedor);
```

13.13.6 Apagar Registros da Tabela com Base em Dados de Outra Tabela

Problema: apagar todos os registros de item de pedidos realizados para produtos que tenham "lh" no nome.

Sintaxe ANSI 92:

```
DELETE FROM item_de_pedido
       WHERE pedido.codigo_produto IN
(SELECT * FROM produto, item_de_pedido
       WHERE produto.codigo_produto = item_de_pedido.codigo_produto
       AND produto.descricao_produto LIKE %lh%)
```

Sintaxe Microsoft SQL Server 2017:

```
DELETE FROM item_de_pedido
       FROM produto P, item_de_pedido I
       WHERE P.codigo_produto = I.codigo_produto
       AND produto.descricao_produto LIKE %lh%)
```

13.14 Utilização de Views

View é um caminho alternativo para visualizarmos dados derivados de uma ou mais tabelas em um banco de dados. Um usuário pode necessitar ver partes selecionadas de dados com nome, departamento e supervisor, porém não visualizar salário. As views também podem ser utilizadas para informação calculada ou derivada, como preço total de um item de pedido que é calculado pela multiplicação de quantidade e preço unitário.

As tabelas criadas em um banco de dados relacional têm existência física dentro do sistema de computação. Muitas vezes é necessário criar tabelas que não ocupem espaço físico, mas que possam ser utilizadas como as tabelas normais. Estas são chamadas de views (tabelas virtuais).

Como as tabelas reais, as views devem ser criadas:

Sintaxe Básica

```
CREATE VIEW <nome da VIEW>
(<nome da(s) coluna(s)>) AS
SELECT <nome da(s) coluna(s)>
FROM <nome da tabela>
WHERE <condição>
[WITH CHECK OPTION];
```

As views são utilizadas para se ter uma particular visão de uma tabela, para que não seja necessária a utilização do conjunto como um todo.

Restrições de Views

Não utilize SELECT INTO, ORDER BY, COMPUTE, COMPUTE BY ou UNION.

Problema: criar uma view que contenha só os produtos cuja medida seja metro.

Diagrama:

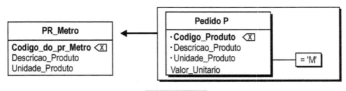

Figura 13.48

Sintaxe:

```
CREATE VIEW PR_metro (codigo_PR_metro, descricao, unidade)
AS SELECT codigo_produto, descricao_produto, unidade_produto
FROM produto
WHERE unidade_produto = 'M';
```

Problema: criar uma view contendo o código do vendedor, o seu nome e o salário fixo médio no ano.

Diagrama:

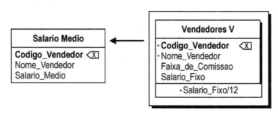

Figura 13.49

Sintaxe:

```
CREATE VIEW salario_medio (codigo_vendedor, nome_vendedor, salario_medio)
AS SELECT codigo_vendedor, nome_vendedor, salario_fixo/12
FROM vendedores;
```

13.14.1 Criação de uma View por meio de um Join

Problema: criar uma view contendo os vendedores, seus pedidos efetuados e os respectivos produtos.

Diagrama:

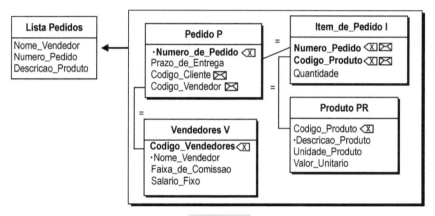

Figura 13.50

Sintaxe:

```
CREATE VIEW lista_pedidos AS
    SELECT nome_vendedor, numero_pedido, descricao
    FROM vendedor V, pedido P, item_pedido I, produto PR
    WHERE V.codigo_vendedor = P.codigo_vendedor and
    P.numero_pedido = I.numero_pedido and
    I.codigo_produto = PR.codigo_produto;
```

As *views* criadas passam a existir no banco de dados como se fossem tabelas reais. As *views* são voláteis, desaparecendo no final da sessão de trabalho. Depois de criadas, elas podem ser utilizadas em todas as funções da linguagem SQL (listar, inserir, modificar, apagar etc.).

13.15 Utilização de uma View

13.15.1 Listagem

Problema: com base na view salario_medio, mostrar os vendedores que possuem média salarial superior a R$ 2.000,00.

Diagrama:

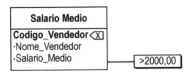

Figura 13.51

Sintaxe:

```
SELECT nome_vendedor, salario_medio
    FROM salario_medio
    WHERE salario_medio > 2000.00;
```

13.15.2 Inserção de Linhas numa View

Problema: inserir o registro: 110, Linha_10, M; na view PR_Metro.

Diagrama:

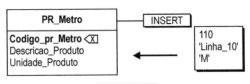

Figura 13.52

Sintaxe:

```
INSERT INTO pr_metro
    VALUES (110, 'Linha_10', 'M');
```

É importante observar que a inserção de linhas em uma *view* causa a inserção da linha na tabela à qual a *view* está associada, ou seja, à tabela origem da *view*.

13.15.3 Modificação de uma Linha da *View*

Problema: alterar a descrição de 'Linha_10' para 'Linha_20' no código 110 da view PR_Metro.

Diagrama: Sintaxe:

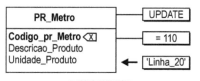

Figura 13.53

```
UPDATE pr_metro
       SET descricao = 'Linha_20'
       WHERE codigo_pr_metro = 110;
```

Da mesma forma, vamos alterar a tabela original da *view*.

13.15.4 Apagar

Problema: apagar da view salario_medio, o registro de código do vendedor igual a 240.

Diagrama: Sintaxe:

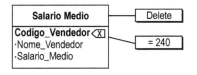

Figura 13.54

```
DELETE FROM salario_medio
       WHERE codigo_vendedor = 240;
```

13.15.5 Eliminação de uma *View*

Sintaxe Básica

```
DROP VIEW <nome da VIEW>;
```

Problema: eliminar a view salario_medio.

Sintaxe:

```
DROP VIEW salario_medio;
```

13.16 Garantia dos Privilégios de Acesso – GRANT e REVOKE

Muitos sistemas de banco de dados relacionais podem ser acessados por diversos usuários. Cada usuário tem determinada necessidade em relação aos dados armazenados. De acordo com o projeto do banco de dados, alguns usuários só podem consultar alguns dados, outros podem atualizar, outros podem inserir etc. Para que o dado fique protegido do uso indevido de qualquer usuário, a linguagem SQL permite a definição dos privilégios que cada um pode ter em relação às tabelas criadas no banco de dados.

Os privilégios garantem a segurança e a integridade dos dados, bem como a responsabilidade de cada usuário sobre seus dados específicos.

13.16.1 Comando GRANT (Garantir)

Quando uma tabela/view é criada, o nome do usuário que a criou é anexado internamente ao nome da tabela.

Por exemplo, se a tabela produto foi criada pelo usuário Felipe, então internamente ela será conhecida como Felipe.produto.

O criador da tabela/view tem total privilégio sobre a tabela criada, podendo disponibilizar qualquer privilégio para outros usuários pelo comando GRANT:

Sintaxe Básica

```
GRANT   {ALL |Lista de privilégios}
ON      {nome da tabela/view [lista de colunas]}
TO      {PUBLIB |lista de usuários}
[WITH GRANT OPTION]
```

A palavra ALL é usada quando qualquer privilégio é aplicável ao objeto, ou então especificamos o privilégio que está sendo dado (SELECT, UPDATE etc.).

A cláusula ON especifica a tabela ou view e suas colunas para as quais está sendo dado o privilégio.

Somente pode ser utilizada uma tabela ou view por comando.

As diferentes versões de SQL dos SGBDs relacionais incluem diferentes conjuntos de privilégios. SELECT, UPDATE, DELETE e INSERT estão sempre presentes em todos esses conjuntos, indiferentemente do SGBD.

Os privilégios podem ser especificados para algumas colunas, porém devem ser todas elas da mesma tabela. Se não for especificada nenhuma coluna, os privilégios valem para todas.

A cláusula opcional WITH GRANT OPTION permite que quando se dá o privilégio a um usuário, ele o passe a outros usuários.

Lista de Opções de Privilégios

- ▶ **Select:** pode executar uma consulta à tabela.
- ▶ **Insert:**permite executar uma inserção na tabela.
- ▶ **Delete:** pode apagar registros da tabela.
- ▶ **Update:** modifica registros na tabela.
- ▶ **All privileges/all:** pode executar qualquer operação com a tabela.
- ▶ **<usuário>:** nome do usuário que vai receber os privilégios. Deve ser cadastrado dentro do ambiente.
- ▶ **PUBLIC:** concede os privilégios especificados a todos os usuários do ambiente. Exemplos:

```
GRANT SELECT ON Produto TO Felipe;
```

- ▶ Permite só consultas ao usuário Felipe na tabela produto.

```
GRANT SELECT, INSERT, UPDATE ON pedido to tele_mark;
```

- ▶ Concede ao usuário tele_mark (entrada de pedidos) os privilégios de seleção, inserção e alteração sobre a tabela PEDIDO.

```
GRANT ALL PRIVILEGES ON cliente to public;
```

- ▶ Permite todos os privilégios a todos os usuários sobre a tabela cliente.

```
GRANT SELECT ON cliente to Felipe, Mauricio;
```

- ▶ Concede aos usuários Maurício e Felipe o privilégio de seleção na tabela CLIENTE.

Problema: disponibilizar para seleção a view salario_medio a todos os usuários.

Sintaxe:

```
GRANT SELECT ON salario_medio TO public;
```

Utilizando o comando GRANT, é possível disponibilizar acessos só a alguns campos da tabela/view. Vamos a um exemplo:

Problema: disponibilizar para seleção, só os campos código de vendedor e nome do vendedor da tabela vendedor a todos os usuários.

Sintaxe:

```
GRANT SELECT (codigo_vendedor, nome_vendedor)
ON vendedores
TO public;
```

Podemos passar nossa concessão de privilégios a outros usuários por meio da cláusula WITH GRANT OPTION, como explicamos anteriormente.

Problema: dar ao usuário FELIPE o poder de concessão de todos os privilégios a outros usuários sobre a tabela PEDIDO.

Sintaxe:

```
GRANT ALL
ON pedido
TO Felipe
WITH GRANT OPTION
```

13.16.2 Comando REVOKE (Revogação)

Da mesma forma que o criador da tabela pode garantir (GRANT) privilégios de acesso aos outros usuários, ele pode revogar esses privilégios por meio do comando REVOKE.

Sintaxe básica

```
REVOKE [ lista de privilégios ]
ON [nome da tabela/view]
FROM [lista de usuários];
```

Problema: retirar o privilégio de seleção sobre a tabela produto do usuário Maurício.

Sintaxe:

```
REVOKE select
ON produto
FROM Mauricio;
```

Problema: revogar todos os privilégios concedidos a todos os usuários sobre a tabela cliente.

Sintaxe:

```
REVOKE select
ON cliente
FROM public;
```

Problema: retirar os privilégios de atualização e inserção concedidos ao usuário tele_mark sobre a tabela pedido.

Sintaxe:

```
REVOKE insert, update
ON pedido
FROM tele_mark
```

13.17 Trabalho com Índices

Índice é uma estrutura que permite rápido acesso às linhas de uma tabela com base nos valores de uma ou mais colunas. O índice é simplesmente outra tabela no banco de dados, na qual estão armazenados valores e ponteiros, arrumados de forma ascendente ou descendente. O SGBD utiliza os índices para pesquisar rapidamente determinado valor dentro do banco de dados. Com os ponteiros, localiza-se a linha em que o valor desejado está armazenado.

As tabelas de índices são utilizadas internamente pelo SGBD, ficando totalmente transparente ao usuário sua utilização.

13.17.1 Checklist para Criação de Índices

Quando vamos criar índices em colunas, devemos considerar:

- ▶ O índice deve ser de coisas que vamos pesquisar com frequência.
- ▶ Indexe as suas chaves estrangeiras quando precisar de *joins* mais eficientes e performáticos.
- ▶ As colunas que são regularmente utilizadas em *joins* devem ser indexadas, porque o sistema pode executar esses joins de modo muito mais rápido, e como tempo de resposta é algo vital no desenvolvimento de projetos físicos de bancos de dados, é recomendável a sua utilização.
- ▶ Crie índices sempre em colunas que são pesquisas por um intervalo de valores.
- ▶ Por fim, crie índices sempre em colunas que são utilizadas em cláusulas WHERE.

13.17.2 Quando Não Criar Índices

Se a expectativa de retorno de linhas de uma consulta for muita alta, índices não devem ser utilizados. Por exemplo, se uma coluna tem somente dois valores: masculino e feminino, uma consulta nessa coluna sempre vai retornar uma alta quantidade de linhas. Como é um índice não agrupado, pode ocupar muito espaço e não ser utilizado para consultas.

O índice *cluster* ou agrupado tem os valores constantes na coluna e pode ser agrupado em pequenos conjuntos, facilitando a pesquisa na área de índices da tabela. Quando o número de valores diferentes que pode aparecer na coluna é pequeno, o índice é não grupado. O objetivo aqui é somente conceituar. Não vamos nos aprofundar demais, pois estes aspectos fazem parte de um estudo todo específico para administradores de bancos de dados.

Índices agrupados ou *clustered* são colocados na mesma ordem física das linhas da tabela, e índices não agrupados ou *nonclustered* são dispostos na ordem lógica das linhas da tabela.

Vamos ver como se criam índices.

13.17.3 Criação de Índices

Cada índice é aplicado a uma tabela, especificando uma ou mais colunas dessa tabela.

Índices são criados pelo comando CREATE INDEX, que cria um índice com as colunas de uma tabela.

Sintaxe Básica

```
CREATE [UNIQUE] INDEX <nome do índice>
ON <nome da tabela> (<coluna(s)>);
```

A cláusula UNIQUE é opcional e define que para aquela coluna não existirão valores duplicados, ou seja, todos os dados armazenados na coluna serão únicos.

A junção do índice unique e da especificação NOT NULL para uma coluna define a chave primária da tabela, quanto ao aspecto lógico, pois uma chave primária, como vimos neste livro, não pode ser NULA.

A criação dos índices depende muito do projeto do banco de dados e das necessidades de pesquisa formuladas pelos usuários do banco de dados. Os índices estão muito ligados às necessidades de velocidade na recuperação da informação, e na execução rápida de uma operação de JOIN.

Para cada SGBD, existem cláusulas específicas operacionais que devem ser usadas, mas neste caso vamos apresentar a sintaxe padrão geral do ANSI SQL.

Exemplos:

```
CREATE INDEX nome_pro
ON produto (descricao_produto);
```

> Cria a tabela de índices chamada nome_pro baseada no campo descrição da tabela produto.

```
CREATE INDEX ped_pro
ON item_produto (numero_pedido, codigo_produto);
```

> Cria a tabela de índices ped_pro baseada na concatenação dos campos numero_pedido e codigo_produto da tabela item_de_pedido.

É importante considerar que praticamente todas as sintaxes, em se tratando de SGBDs relacionais, exigem que se identifique o database proprietário da tabela, principalmente em Microsoft SQL Server 2017.

```
CREATE UNIQUE INDEX clientex
ON [nome do database] cliente (codigo_cliente);
```

> Cria o índice único para a tabela cliente baseada no código do cliente, não podendo haver duplicidade de informação armazenada.

13.17.4 Eliminação de Índices

Da mesma forma que um índice é criado, ele pode ser eliminado, dependendo das necessidades do projeto do banco de dados.

Sintaxe Básica

```
DROP index <nome do índice>;
```

Exemplos:

```
DROP index nome_pro;
DROP index ped_pro;
```

13.18 Tópicos Avançados de SQL

13.18.1 Combinação de Resultados de Pesquisas (UNION)

Eventualmente, é necessário combinar os resultados de duas ou mais consultas feitas sobre tabelas. Para realizar essa operação, a linguagem SQL oferece o operador UNION e uma listagem com os resultados das consultas combinadas.

Problema: listar nomes e códigos dos vendedores que têm salário fixo maior que R$ 1.000,00 e clientes que residem no Rio de Janeiro.

Diagrama:

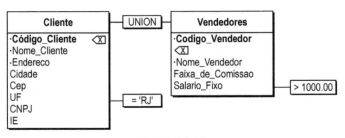

Figura 13.55

Sintaxe:

```
SELECT codigo = codigo_cliente, nome = nome_cliente
FROM cliente
WHERE UF = 'RJ'
UNION
SELECT codigo_vendedor, nome_vendedor
FROM vendedores
WHERE salario_fixo > 1000.00
```

Observe que as duas listas de colunas dos SELECT contêm o mesmo número de itens (duas colunas) e os tipos de dados são compatíveis.

Resultado:

Tabela 13.54

Código	Nome
209	José
111	Carlos
11	João
240	Antônio
720	Felipe
213	Jonas
101	João
250	Maurício
410	Rodolfo

13.18.2 Realização de um *Join* entre uma Tabela e Ela Mesma

Muitas vezes, quando temos autorrelacionamentos, necessitamos apresentar os seus dados. Para isso, utilizamos um *join* entre a tabela e ela mesma, é o self *join*.

O autorrelacionamento acontece quando temos em uma tabela uma chave estrangeira que está relacionada com a chave primária dessa mesma tabela.

Vamos ampliar o exemplo até o momento e colocar na tabela de vendedores o chefe de cada um, que também é um vendedor.

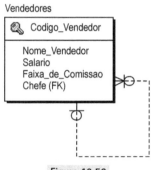

Figura 13.56

Vamos preencher a tabela com os chefes de cada vendedor: nova tabela vendedores.

Tabela 13.55

Código do Vendedor	Nome do Vendedor	Salário Fixo	Faixa de Comissão	Chefe
209	José	1.800,00	C	250
111	Carlos	2.490,00	A	720
11	João	2.780,00	C	250
240	Antônio	9.500,00	C	250
720	Felipe	4.600,00	A	null
213	Jonas	2.300,00	A	720
101	João	2.650,00	C	250
310	Josias	870,00	B	720
250	Maurício	2.930,00	B	null

Observe que as linhas correspondentes aos dois vendedores, que são chefes de outros, possuem a chave estrangeira com valor nulo, pois não possuem nenhum chefe acima deles.

Para realizar um *self join*, você precisa utilizar o conceito de alias das tabelas.

Então, para listarmos o nome dos funcionários e de seus chefes:

```
Select A.Nome_Vendedor as Chefe,
B. Nome_Vendedor as Funcionario
From Funcionario A, Funcionario B
Where A.Codigo_vendedor = B.Chefe
Order by 1
```

Resultado:

Tabela 13.56

Chefe	Funcionário
Felipe	Carlos
Felipe	Jonas
Felipe	Josias
Maurício	José
Maurício	João
Maurício	Antônio
Maurício	João

13.19 NVL

Converte valores nulos em um valor real. A função está apta a trabalhar com os tipos de dados DATE, CHARACTER e NUMBER. Os parâmetros informados devem ser do mesmo tipo de dado.

A utilização de NVL é importante para o controle de valores nulos quando da utilização de uma expressão de cálculo, evitando-se divisões por zero, por exemplo.

Frequentemente nos deparamos com algum select de banco de dados em que alguns campos retornam null.

O mais comum é que o tratamento desta situação seja feito do lado da aplicação, gerando um aumento de código.

Entretanto, para facilitar a vida do programador, no Oracle, a função que faz esse serviço é a NVL. Ela recebe dois parâmetros; o primeiro é o nome do campo, ou expressão, que queremos tratar e o segundo parâmetro é o valor que será retornado quando for encontrado o null no campo escolhido.

Supondo uma tabela TESTE de exemplo:

Tabela 13.57

Código	Descrição	Valor
1	codigo 1	1
2	codigo 2	2
3	null	null

Podemos fazer o tratamento da Descrição e do Valor.

Select Codigo, NVL (Descricao, 'Inexiste'), NVL (Valor, 0.0) from teste;

O retorno seria então:

Tabela 13.58

Código	Descrição	Valor
1	codigo 1	1
2	codigo 2	2
3	Inexiste	0

13.19.1 Utilização da expressão condicional DECODE

A expressão DECODE trabalha de um modo similar à lógica IF-THENELSE. Ela compara uma expressão ou o conteúdo de uma coluna a todas as condições, uma por vez. Se a expressão é igual à condição, então, o Oracle retorna o resultado correspondente. Se não encontrar nenhuma correspondência, o Oracle retorna o valor default. Neste caso, se default estiver omitido, Oracle retorna Nulo.

```
DECODE (expr
          ,search1,result1
          ,search2,result2,...,
          ,searchN,resulN]
          ,default)
```

Exemplos:

```
Select funcao,
       salario,
       DECODE(funcao,    'IT_PROG',salario*1.1,
                         'ST_MAN',salario*1.2,
                         'MK_REP',salario*1.3,
                          salario) reajuste
from      empregados

select
DECODE (PD.CLIENTE,'S',VAREJO,'ATACADO') cliente
from Pedidos PD
Where trunc(PD.DIA_DE_DISTRIBUICAO)        >= '07/set/2011'
```

13.19.2 Utilização da expressão condicional CASE

Em uma expressão CASE, o Oracle pesquisa a partir da primeira cláusula WHEN, em que 'expr' é igual a compare e retorna result. Se nenhuma das cláusulas WHEN for selecionada e uma cláusula ELSE existir, então o Oracle retorna resultElse.

```
CASE 'expressão' WHEN 'valor de comparação1' THEN 'resultado1'
   WHEN 'valor de comparaçãoN' THEN 'resultado2'
   WHEN 'valor de comparaçãoN' THEN 'resultadoN'
   ELSE 'resultado de Else'
END

select

      funcao,
      salario,

         CASE funcao
               WHEN 'IT_PROG' THEN salario * 1.1
               WHEN 'ST_MAN' THEN salario * 1.2
               WHEN 'MK_REP' THEN salario * 1.3
   ELSE salario
         END
   from empregados
```

13.19.3 Trabalho com tempo (campos date)

Como todo desenvolvedor Oracle sabe, os campos do tipo DATE costumam ser usados em tabelas para a representação de informação referente à data e à hora de algum evento. Campos do tipo DATE ocupam apenas 7 bytes e são capazes de armazenar datas com a precisão na casa dos segundos. Detalhando, um campo DATE é capaz de manter as seguintes informações temporais associadas a um determinado evento: século, ano, mês, dia, hora, minuto e segundo de ocorrência do evento.

Em muitas situações práticas, podemos estar interessados em adicionar ou subtrair não dias, mas **horas**, **minutos** ou **segundos** do valor de uma data. Isso também é possível no Oracle, no entanto o SGBD solicita que seja especificada uma "fração de dia" adequada para a operação aritmética. Sabemos que um dia possui:

- ▶ 24 horas
- ▶ $24 \times 60 = 1440$ minutos
- ▶ $24 \times 60 \times 60 = 86.400$ segundos

Com isso, se desejamos somar 5 minutos a uma determinada data no Oracle, devemos somar a fração **5/1440** a esta data. Observe este cálculo no exemplo a seguir:

```
SELECT
         TO_CHAR(SYSDATE, 'DD/MM/YYYY HH24:MI:SS') AS AGORA,
         TO_CHAR(SYSDATE + 5/1440, 'DD/MM/YYYY HH24:MI:SS') AGORA_MAIS_5_MIN
         FROM DUAL;
```

Tabela 13.59

Agora	Agora mais 5 min
25/06/2007 18:18:29	25/06/2007 18:23

13.20 Estudo de Caso – Banco de Dados

Para que você possa comparar as sintaxes dos comandos SQL, nesta revisão vamos apresentar os scripts gerados para o estudo de caso das cirurgias apresentado neste livro, agora com o modelo ampliado em detalhes.

Utilizamos o software ERwin 4.0® para os servidores Microsoft SQL Server 2017, assim como realizamos uma geração de script de banco de dados para Oracle 11g™, que permite avaliar as estruturas de banco de dados após criá-lo em um desses dois SGBDs.

Desta forma, você terá à sua disposição duas formas de criação para os bancos de dados físicos dos estudos de caso. Bom proveito!

Microsoft SQL Server 2017™

```
CREATE TABLE Cidade (
        ID_Cidade                       char(18) NOT NULL,
        UF                              char(18) NOT NULL,
        Descricao                       char(18) NULL
)
ALTER TABLE Cidade
        ADD PRIMARY KEY (ID_Cidade ASC, UF ASC)
CREATE TABLE Cirurgia (
        CRM                             char(18) NOT NULL,
        Numero_Internacao               char(18) NOT NULL,
        Numero_Sala                     char(18) NOT NULL,
        Data_Cirurgia                   char(18) NOT NULL,
        Hora_Cirurgia                   char(18) NOT NULL, Identificacao_
        Especialidade                   char(18) NOT NULL, Qtde_sangue_solici-
        tada                            char(18) NULL, Qtde_sangue_utilizada
        char(18) NULL
)

ALTER TABLE Cirurgia
        ADD PRIMARY KEY (CRM ASC, Numero_Internacao ASC, Numero_Sala ASC, Data_
                Cirurgia ASC, Hora_Cirurgia ASC)
CREATE TABLE Consumo (
        Numero_Consumo                  char(18) NOT NULL,
        Codigo_Produto                  char(18) NOT NULL,
        Hora_Cirurgia                   char(18) NOT NULL,
```

Banco de Dados – Projeto e Implementação

```sql
    Data_Cirurgia              char(18) NOT NULL,
    CRM                        char(18) NOT NULL,
    Numero_Internacao          char(18) NOT NULL,
    Numero_Sala                char(18) NOT NULL,
    Quantidade                 char(18) NULL
)
ALTER TABLE Consumo
    ADD PRIMARY KEY (Numero_Consumo ASC, Codigo_Produto ASC)
CREATE TABLE Especialidade (
    Identificacao_Especialidade   char(18) NOT NULL,
    Descricao_Especialidade       char(18) NULL
)
ALTER TABLE Especialidade
    ADD PRIMARY KEY (Identificacao_Especialidade ASC)
CREATE TABLE Estado (
    UF                         char(18) NOT NULL,
    Nome_Estado                char(18) NULL
)
ALTER TABLE Estado
    ADD PRIMARY KEY (UF ASC)
CREATE TABLE Material_e_Medicamento (
    Codigo_Produto             char(18) NOT NULL,
    Principio_Ativo            char(18) NULL,
    Descricao                  char(18) NULL,
    Unidade                    char(18) NULL,
    Saldo_Estoque              char(18) NULL
)
ALTER TABLE Material_e_Medicamento
    ADD PRIMARY KEY (Codigo_Produto ASC) CREATE TABLE Medico (
    CRM                        char(18) NOT NULL,
    ID_Cidade                  char(18) NOT NULL,
    UF                         char(18) NOT NULL,
    Id_Especialidade           char(18) NOT NULL,
    Nome                       char(18) NULL,
    Endereco                   char(18) NULL,
    Bairro                     char(18) NULL,
    Salario                    char(18) NULL
)
ALTER TABLE Medico
    ADD PRIMARY KEY (CRM ASC)
CREATE TABLE Paciente (
    Numero_Internacao          char(18) NOT NULL,
    CPF                        char(18) NULL,
    Nome                       char(18) NULL,
    Endereco                   char(18) NULL,
    Sexo                       char(18) NULL,
    Nascimento                 char(18) NULL,
    Profissao                  char(18) NULL
```

SQL

```
)
ALTER TABLE Paciente
        ADD PRIMARY KEY (Numero_Internacao ASC)
CREATE TABLE Qualificacao_da_Sala (
        Numero_Sala                        char(18) NOT NULL,
        Identificacao_Especialidade        char(18) NOT NULL,
        Data_Inicio_qualificacao           char(18) NULL
)
ALTER TABLE Qualificacao_da_Sala
        ADD PRIMARY KEY (Numero_Sala ASC, Identificacao_Especialidade ASC)
CREATE TABLE Sala (
        Numero_Sala                        char(18) NOT NULL,
        Andar                              char(18) NULL,
        Ala_do_Centro                      char(18) NULL
)
ALTER TABLE Sala
        ADD PRIMARY KEY (Numero_Sala ASC)
ALTER TABLE Cidade
        ADD FOREIGN KEY (UF)
                        REFERENCES Estado (UF)
ALTER TABLE Cirurgia
        ADD FOREIGN KEY (Identificacao_Especialidade)
                        REFERENCES Especialidade (Identificacao_Especialidade)
ALTER TABLE Cirurgia
        ADD FOREIGN KEY (Numero_Sala)
                        REFERENCES Sala (Numero_Sala)
ALTER TABLE Cirurgia
        ADD FOREIGN KEY (Numero_Internacao)
                        REFERENCES Paciente (Numero_Internacao)
ALTER TABLE Cirurgia
        ADD FOREIGN KEY (CRM)
                        REFERENCES Medico (CRM)
ALTER TABLE Consumo
        ADD FOREIGN KEY (Codigo_Produto)
                        REFERENCES Material_e_Medicamento (Codigo_Produto)
ALTER TABLE Consumo
        ADD FOREIGN KEY (CRM, Numero_Internacao, Numero_Sala, Data_Cirurgia,
                Hora_Cirurgia)
                        REFERENCES Cirurgia (CRM, Numero_Internacao,
                                        Numero_Sala, Data_Cirurgia, Hora_Cirurgia)
ALTER TABLE Medico
        ADD FOREIGN KEY (ID_Cidade, UF)
                        REFERENCES Cidade (ID_Cidade, UF)
ALTER TABLE Medico
        ADD FOREIGN KEY (Id_Especialidade)
REFERENCES Especialidade (Identificacao_Especialidade)
ALTER TABLE Qualificacao_da_Sala
        ADD FOREIGN KEY (Identificacao_Especialidade)
                        REFERENCES Especialidade (Identificacao_Especialidade)
```

Banco de Dados – Projeto e Implementação

```
ALTER TABLE Qualificacao_da_Sala
    ADD FOREIGN KEY (Numero_Sala)
                    REFERENCES Sala (Numero_Sala)
```

Oracle 11g

```
CREATE TABLE Cidade (
    ID_Cidade              INTEGER NOT NULL,
    UF                     CHAR(2) NOT NULL,
    Descricao              VARCHAR2(45) NULL
);
CREATE UNIQUE INDEX XPKCidade ON Cidade (
    ID_Cidade                   ASC,
    UF                          ASC
);
CREATE INDEX XIF15Cidade ON Cidade (
    UF                          ASC
);
ALTER TABLE Cidade
    ADD ( PRIMARY KEY (ID_Cidade, UF) ) ;
CREATE TABLE Cirurgia (
    CRM                         SMALLINT NOT NULL,
    Numero_Internacao           INTEGER NOT NULL,
    Numero_Sala                 INTEGER NOT NULL,
    Data_Cirurgia               DATE NOT NULL,
    Hora_Cirurgia               DATE NOT NULL,
    Identificacao_Especialidade INTEGER NOT NULL,
    Qtde_sangue_solicitada      DECIMAL(2,1) NULL,
    Qtde_sangue_utilizada       DECIMAL(2,1) NULL
);
CREATE UNIQUE INDEX XPKCirurgia ON Cirurgia (
    CRM                         ASC,
    Numero_Internacao           ASC,
    Numero_Sala                 ASC,
    Data_Cirurgia               ASC,
    Hora_Cirurgia               ASC
);
CREATE INDEX XIF1Cirurgia ON Cirurgia (
    CRM                         ASC
);
CREATE INDEX XIF11Cirurgia ON Cirurgia (
    Identificacao_Especialidade ASC
);
CREATE INDEX XIF2Cirurgia ON Cirurgia (
    Numero_Internacao           ASC
);
```

SQL

```sql
CREATE INDEX XIF8Cirurgia ON Cirurgia (
        Numero_Sala                     ASC
   );
   ALTER TABLE Cirurgia
        ADD ( PRIMARY KEY (CRM, Numero_Internacao, Numero_Sala, Data_
               Cirurgia, Hora_Cirurgia) ) ;
   CREATE TABLE Consumo (
        Numero_Consumo          CHAR(18) NOT NULL,
        Codigo_Produto          INTEGER NOT NULL,
        Hora_Cirurgia           DATE NOT NULL,
        Data_Cirurgia           DATE NOT NULL,
        CRM                     SMALLINT NOT NULL,
        Numero_Internacao       INTEGER NOT NULL,
        Numero_Sala             INTEGER NOT NULL,
        Quantidade              DECIMAL(2) NULL
   );
   CREATE UNIQUE INDEX XPKConsumo ON Consumo (
        Numero_Consumo                  ASC,
        Codigo_Produto                  ASC
   );
   CREATE INDEX XIF17Consumo ON Consumo (
        Codigo_Produto                  ASC
   );
   CREATE INDEX XIF3Consumo ON Consumo (
        CRM                             ASC,
        Numero_Internacao               ASC,
        Numero_Sala                     ASC,
        Hora_Cirurgia                   ASC,
        Data_Cirurgia                   ASC
   );
   ALTER TABLE Consumo
        ADD ( PRIMARY KEY (Numero_Consumo, Codigo_Produto) ) ;
   CREATE TABLE Especialidade (
        Identificacao_Especialidade INTEGER NOT NULL,
        Descricao_Especialidade VARCHAR2(35) NULL
   );
   CREATE UNIQUE INDEX XPKEspecialidade ON Especialidade (
        Identificacao_Especialidade     ASC
   );
   ALTER TABLE Especialidade
        ADD ( PRIMARY KEY (Identificacao_Especialidade) ) ;
   CREATE TABLE Estado (
        UF                      CHAR(2) NOT NULL,
        Nome_Estado             VARCHAR2(40) NULL
   );
   CREATE UNIQUE INDEX XPKEstado ON Estado (
        UF                              ASC
   );
```

Banco de Dados – Projeto e Implementação

```sql
ALTER TABLE Estado
      ADD ( PRIMARY KEY (UF) ) ;
CREATE TABLE Material_e_Medicamento (
        Codigo_Produto          INTEGER NOT NULL,
        Principio_Ativo         VARCHAR2(50) NULL,
        Descricao               VARCHAR2(40) NULL,
        Unidade                 VARCHAR2(2) NULL,
        Saldo_Estoque           DECIMAL(5,2) NULL
);
CREATE UNIQUE INDEX XPKMaterial_e_Medicamento ON Material_e_Medicamento

(
        Codigo_Produto          ASC
);
ALTER TABLE Material_e_Medicamento
      ADD ( PRIMARY KEY (Codigo_Produto) ) ;
CREATE TABLE Medico (
      CRM                       SMALLINT NOT NULL,
      ID_Cidade                 INTEGER NOT NULL,
      UF                        CHAR(2) NOT NULL,
      Id_Especialidade          INTEGER NOT NULL,
      Nome                      VARCHAR2(40) NULL,
      Endereco                  VARCHAR2(35) NULL,
      Bairro                    VARCHAR2(25) NULL,
      Salario                   NUMBER(24,4) NULL
);
CREATE UNIQUE INDEX XPKMedico ON Medico (
      CRM                               ASC
);
CREATE INDEX XIF16Medico ON Medico (
      ID_Cidade                 ASC,
      UF                        ASC
);
CREATE INDEX XIF7Medico ON Medico (
      Id_Especialidade          ASC
);
ALTER TABLE Medico
      ADD ( PRIMARY KEY (CRM) ) ;
CREATE TABLE Paciente (
      Numero_Internacao         INTEGER NOT NULL,
      CPF                       VARCHAR2(11) NULL,
      Nome                      VARCHAR2(40) NULL,
      Endereco                  VARCHAR2(35) NULL,
      Sexo                      VARCHAR2(1) NULL,
      Nascimento                DATE NULL,
      Profissao                 VARCHAR2(35) NULL
);
```

```sql
CREATE UNIQUE INDEX XPKPaciente ON Paciente (
       Numero_Internacao                ASC
);
ALTER TABLE Paciente
       ADD ( PRIMARY KEY (Numero_Internacao) ) ;
CREATE TABLE Qualificacao_da_Sala (
       Numero_Sala                      INTEGER NOT NULL,
       Identificacao_Especialidade   INTEGER NOT NULL,
       Data_Inicio_qualificacao      DATE NULL
);
CREATE UNIQUE INDEX XPKQualificacao_da_Sala ON Qualificacao_da_Sala (
       Numero_Sala                      ASC,
       Identificacao_Especialidade   ASC
);
CREATE INDEX XIF5Qualificacao_da_Sala ON Qualificacao_da_Sala (
       Numero_Sala                      ASC
);
CREATE INDEX XIF6Qualificacao_da_Sala ON Qualificacao_da_Sala (
       Identificacao_Especialidade   ASC

   );
   ALTER TABLE Qualificacao_da_Sala
         ADD ( PRIMARY KEY (Numero_Sala, Identificacao_Especialidade) ) ;
   CREATE TABLE Sala (
         Numero_Sala               INTEGER NOT NULL,
         Andar                     VARCHAR2(5) NULL,
         Ala_do_Centro             VARCHAR2(25) NULL
   );
   CREATE UNIQUE INDEX XPKSala ON Sala (
       Numero_Sala                      ASC
   );
   ALTER TABLE Sala
         ADD ( PRIMARY KEY (Numero_Sala) ) ;
   ALTER TABLE Cidade
         ADD ( FOREIGN KEY (UF)
                               REFERENCES Estado ) ;
   ALTER TABLE Cirurgia
         ADD ( FOREIGN KEY (Identificacao_Especialidade)
                               REFERENCES Especialidade ) ;
   ALTER TABLE Cirurgia
         ADD ( FOREIGN KEY (Numero_Sala)
                               REFERENCES Sala ) ;
   ALTER TABLE Cirurgia
         ADD ( FOREIGN KEY (Numero_Internacao)
                               REFERENCES Paciente ) ;
   ALTER TABLE Cirurgia
         ADD ( FOREIGN KEY (CRM)
                               REFERENCES Medico ) ;
```

```
ALTER TABLE Consumo
      ADD ( FOREIGN KEY (Codigo_Produto)
                            REFERENCES Material_e_Medicamento ) ;
ALTER TABLE Consumo
      ADD ( FOREIGN KEY (CRM, Numero_Internacao, Numero_Sala, Data_
            Cirurgia, Hora_Cirurgia)
                            REFERENCES Cirurgia ) ;
ALTER TABLE Medico
      ADD ( FOREIGN KEY (ID_Cidade, UF)
                            REFERENCES Cidade ) ;
ALTER TABLE Medico
      ADD ( FOREIGN KEY (Id_Especialidade)
                            REFERENCES Especialidade ) ;
ALTER TABLE Qualificacao_da_Sala
      ADD ( FOREIGN KEY (Identificacao_Especialidade)
                            REFERENCES Especialidade ) ;
ALTER TABLE Qualificacao_da_Sala
      ADD ( FOREIGN KEY (Numero_Sala)
                            REFERENCES Sala ) ;
```

CAPÍTULO **14**

Modelagem de Dados e Metodos Ágeis

Os métodos ágeis são, nos dias de hoje, uma metodologia de desenvolvimento consolidada, e sua aplicação torna-se cada dia mais indiscutível. Nesse contexto, o projeto conceitual de bancos de dados precisa ser adaptado para que se representem as abstrações de dados em um ambiente dinâmico de validação delas.

Em projetos em que se utilizam métodos ágeis, todos os desenvolvedores estão orientados à metodologia, à evolução e a uma característica muito específica desse método, que é a refatoração do código. Os processos de refatoração são realizados com naturalidade, produtividade e qualidade.

Refatoração (*refactoring*) é uma das práticas dos métodos ágeis para um projeto simples. Essa prática mantém o foco das atividades de projeto (design) nas funcionalidades de cada versão do sistema, sem prever possíveis necessidades futuras. É nesse ponto que devemos nos concentrar para compreender como ficam os projetos de bancos de dados com a utilização dos métodos ágeis.

A seguir, apresentaremos, de modo resumido, os conceitos básicos dos métodos ágeis, para facilitar o entendimento da modelagem conceitual com a utilização desses métodos e as consequências de projeto e implantação de banco de dados.

14.1 Métodos Ágeis

O Manifesto for Agile Software Development – também conhecido como Manifesto Ágil – formaliza os princípios básicos que dão suporte aos métodos ágeis de desenvolvimento de software.

O termo ágil (*agile*) foi adotado pelos criadores desses métodos, que formaram a Aliança Ágil (Agile Alliance) e disponibilizaram suas ideias, bem como diversos recursos relacionados a elas, em um website (AGILE ALLIANCE, 2005).

O Manifesto Ágil resume-se a:

De acordo com o site do Manifesto (AGILE ALLIANCE, 2005), seus participantes estão descobrindo melhores formas de desenvolver software, enquanto o fazem e enquanto ajudam os outros a fazê-lo.
Por meio desse trabalho, passaram a valorizar:
- indivíduos e interações mais do que processos e ferramentas;
- software funcionando mais do que documentação abrangente;
- colaboração do cliente mais do que negociação contratual;
- responder a mudanças mais do que seguir um plano.

Os princípios fundamentais que dão suporte aos métodos ágeis são os seguintes:

1. A prioridade é satisfazer o cliente por meio da entrega pronta e contínua de software com valor agregado.
2. Devem-se receber bem as alterações em requisitos, mesmo que tardias no desenvolvimento. Processos ágeis suportam mudanças para a vantagem competitiva do cliente. Responder a mudanças mais do que seguir um plano significa uma rápida adaptação às mudanças.
3. Deve haver entregas de softwares funcionando frequentemente, de algumas semanas a alguns poucos meses, com preferência para a escala de tempo mais curta.
4. Interessados na aplicação (stakeholders) e desenvolvedores devem trabalhar juntos, diariamente, ao longo do projeto. Deve haver cooperação constante entre as pessoas que entendem do "negócio" e os desenvolvedores.
5. Os projetos devem ser construídos ao redor de indivíduos motivados, dando a eles o ambiente e o suporte de que precisam e confiando neles para que realizem o trabalho.
6. O método mais eficiente e eficaz de conduzir informações para e dentro de um time de desenvolvimento é a comunicação cara a cara. Devem-se valorizar indivíduos e interações mais do que processos e ferramentas.
7. Software funcionando é a principal medida de progresso.
8. Processos ágeis promovem desenvolvimento sustentável. Patrocinadores, desenvolvedores e usuários devem ser capazes de manter um ritmo constante indefinidamente. Deve-se valorizar a colaboração com clientes mais do que a negociação de contratos.
9. Atenção contínua à excelência técnica e ao bom projeto aumenta a agilidade.
10. Simplicidade – a arte de maximizar a quantidade de trabalho não realizado – é essencial.
11. As melhores arquiteturas e os melhores requisitos e projetos surgem de times autoorganizados.
12. Em intervalos regulares, o time deve refletir sobre como pode se tornar mais eficaz e, então, deve melhorar e ajustar seu comportamento de acordo com isso.

Fonte: Manifesto para o Desenvolvimento Ágil de Software. Disponível em: <http://manifestoagil.com.br/>. Acesso em: 31 jul. 2019.

Os valores e os princípios do Manifesto Ágil são a fundamentação dos métodos ágeis. Dentro da visão ágil, o projeto de sistemas é realizado por meio de releases, ou versões do projeto que são liberadas e implementadas gradualmente.

Em vez de etapas e atividades definidas no início do projeto, o ciclo de vida de um projeto ágil é composto por **iterações de software funcionando**, denominadas sprints.

Esse ciclo de vida é representado pela Figura 14.1:

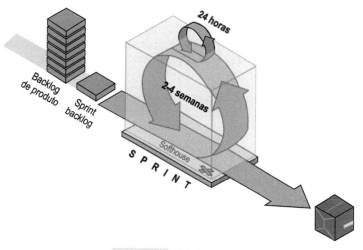

Figura 14.1 Ciclo de vida ágil.

Nessa visão e nesse formato de execução de um projeto, cria-se uma zona de conflito entre os desenvolvedores e os administradores de dados, pois estes últimos atuam com processos e ferramentas não tão flexíveis, além de trabalharem com a preocupação de manter estruturas de dados duradouras e estáveis.

Como o projeto de sistema vai sendo desenvolvido e são liberados releases periodicamente, as estruturas de bancos de dados também podem ser modeladas pouco a pouco, apesar de ser possível explorar suas características e detalhes mais profundamente, mesmo durante o desenvolvimento de um sprint, em que não sejam explorados ou apareçam todos os seus atributos durante a análise de requisitos na modelagem ágil[1].

14.2 Refatoração de banco de dados

Analisando o impacto sobre a implantação dos bancos de dados, observamos que refatorar qualquer estrutura de tabelas de um deles é uma tarefa complexa e que pode, caso exista uma administração de dados independente do desenvolvimento com os métodos ágeis, criar um ponto de perda de produtividade dos ganhos obtidos com a aplicação desses métodos.

---

1 Conheça mais sobre métodos ágeis em: MACHADO, F. N. R. **Análise e gestão de requisitos de software**: onde nascem os sistemas. São Paulo: Érica, 2013.

Por outro lado, podemos considerar que esse formato de desenvolvimento pode criar estruturas de dados particionadas verticalmente, ou seja, uma tabela que representaria um objeto de negócio pode ser criada como duas tabelas com nomenclatura similar e com relacionamento um-para-um entre si, ou também pode levar a estruturas de dados com nível acentuado de redundâncias.

De qualquer maneira, uma vez que um projeto de banco de dados tenha sido implementado e seja necessário acrescentar colunas em tabelas já em produção, será preciso que, antes que um novo release de aplicação seja liberado, realize-se a recarga das tabelas com as novas colunas.

Lembre-se de que o modelo físico sempre é construído a partir de um modelo lógico, e que descreve as estruturas físicas de armazenamento de dados importantes, como restrições, gatilhos etc., o que faz com que a cada *release* liberado seja necessário implementar tabelas com seus relacionamentos ou colunas de *foreign key* e restrições para novos relacionamentos decorrentes de requisitos detalhados nesse sprint de desenvolvimento.

Considere que, entre os primeiros *sprints*, não é normal aparecerem muitas alterações desse tipo, porém, conforme o projeto vai avançando, a probabilidade aumenta e, assim, as consequências, caso não haja atenção suficiente.

Quanto mais avançado estiver o projeto e quanto maior for o número de sprints realizados e de versões liberadas para o ambiente de produção do software objeto do projeto, maior será o trabalho para a realização de refatoração do banco de dados. Isso criará, inclusive, momentos em que a produtividade obtida com os métodos ágeis será afetada, pois pode ser necessária a realização de análise de impacto nas aplicações já liberadas e em produção com relação às mudanças que serão demandas na refatoração do banco de dados, o que, por si só, já demanda tempo de trabalho para a realização do cruzamento das estruturas do banco com a utilização delas pela aplicação já liberada e em produção. Consequentemente, existirá a necessidade de refatoração de códigos já liberados e de novos testes de aplicação e aderência das estruturas de banco, provocando a existência de sprints paralelos de manutenção e gestão de mudanças antes da finalização do sprint gerador do fato.

14.3 Futuro da modelagem de dados

Ao trabalhar com métodos ágeis, é importante, antes de realizar qualquer refatoração no banco de dados, compreender a necessidade preservar tanto a semântica comportamental das aplicações que já acessam o banco de dados implementado quanto a semântica informacional, ou seja, o significado das informações já implementadas no banco de dados do ponto de vista dos usuários dessas informações.

Assim, qualquer alteração na base, seja ela uma refatoração, uma transformação ou uma migração, precisa ser submetida constantemente a testes de integração e posteriormente ser controlada em um ambiente de homologação, da mesma forma que as aplicações, antes que essas alterações sejam aplicadas na base de produção e seja possível liberar um novo *release* do projeto que está sendo realizado.

Com atenção e sem perder o foco na obtenção dos requisitos de dados, podemos realizar a modelagem de dados de forma ágil e precisa, e também controlar a evolução das instâncias do banco de dados.

Modelagem de Dados e Metodos Ágeis

Mais adiante, vamos explorar as técnicas de controle de *scripts* de bancos de dados, em conjunto com as versões de sistemas, pois consideramos importante ter um ciclo de vida para as alterações da base de dados que envolvam a aplicação dos *scripts* SQL, obtendo uma estrutura/tabela nova. Também é importante, antes que a estrutura/tabela antiga seja considerada obsoleta, termos métodos para nos certificar de que a alteração realmente é apropriada e adequada à versão da aplicação que está por ser liberada.

Sugerimos, então, de maneira simplificada, que sejam adotadas como boas práticas:

- ▶ agrupar alterações pequenas, formando uma única alteração grande;
- ▶ identificar unicamente cada alteração;
- ▶ simplificar o processo de negociação de alterações com o time de desenvolvimento, assim como o processo de controle de alterações do banco de dados;
- ▶ não duplicar *scripts* SQL, dispondo-os em um único lugar, com controle de versionamento relacionado diretamente à versão de software.

Com este capítulo, esperamos ter dado uma contribuição aos que estudam tanto projetos de software quanto projetos de bancos de dados, disciplinas que caminham em conjunto.

CAPÍTULO 15

Administração de Dados na Gestão dos Modelos

Administração de Dados é a função responsável por administrar estratégias, práticas e procedimentos para o processo de gerência dos dados de uma organização, seus ativos digitais.

Também estão atribuídas à esta função a criação de planos para a definição dos dados, elementos de padronização, formatos de organização, critérios de proteção e utilização, dos mesmos.

O DMBOK (Corpo de Conhecimento em Gerenciamento de Dados) é a Administração de Dados, conhecida como Desenvolvimento de Dados, tem como definição "Projetar, implementar, e manter soluções para atender as necessidades de dados da organização".

Este livro continua a concentrar-se nas técnicas de modelagem e projeto de bancos de dados para o ambiente relacional com a abordagem entidade-relacionamento, buscando a criação de modelos conceituais, lógicos e físicos de dados, porém com olhar sobre as metodologias do estado da arte no desenvolvimento de aplicações como as tecnologias orientadas a objetos.

Atualmente, verifica-se que o avanço tecnológico possibilitou às instituições gerar e armazenar grandes volumes de dados. Porém, a análise destes dados e a extração de informações relevantes e estratégicas, a partir deles, não é algo tão frequente. Neste contexto, as instituições investem em novas tecnologias, ferramentas e infraestrutura para realizar o tratamento desses dados. Porém, muitas vezes, deixa-se de investir na base de todo esse processo, que é a qualidade dos dados captados e/ou mantidos nos sistemas corporativos e que serão utilizados numa etapa posterior de análise e tratamento. Carlos Barbieri (2011), em suas reflexões para escrever o livro *BI2 – Business Inteligence – Modelagem e Qualidade*, ponderou:

> *[...] o porquê de a qualidade de dados não ter ainda alcançado um patamar de pela definição, atualização e execução destas etapas e tarefas dentro da instituição.*
>
> *A consequência disso é o risco de se ter um arsenal de infraestrutura e ferramentas para armazenar, processar e tratar os dados, porém estes dados não terem a qualidade necessária. E, esta falta de qualidade,*

no momento de sua utilização, por exemplo, na etapa de tratamento, implica, muitas vezes, em um esforço enorme de correção, reprocessamento e de um grande retrabalho na manutenção de sistemas corporativos. Isto representa um enorme custo para a instituição. Porém esse custo não é óbvio e por consequência, não é contabilizado de uma forma específica, uma vez que as citadas ações de correção etc. são dissolvidas na rotina de trabalho importância corporativa semelhante à qualidade dos processos.

O problema nasce, muitas vezes, no fato de as instituições não possuírem, no processo de desenvolvimento e manutenção de software, etapas e tarefas formais e bem definidas sobre administração de dados e, principalmente, não possuírem uma equipe dedicada, responsável

Neste cenário, este capítulo tem o objetivo de mostrar a necessidade de se ter, nas organizações, uma área de administração de dados com processos, tarefas e padrões bem definidos.

Administração de Dados é a função responsável por administrar as estratégias, práticas e procedimentos para o processo de gerência dos dados. Também estão atribuídos a essa função a criação de planos para sua definição, padronização, organização, proteção e utilização.

Também estão contemplados os seguintes artefatos:

- fluxo do processo;
- descrição das atividades;
- papéis que desempenham as atividades;
- padrão de nomenclatura;
- dicionário de dados;
- métricas.

15.1 Processo de Administração de Dados

Para realização das atividades que contemplam o processo de AD, são necessários os seguintes papéis: Analista de Sistemas, Administrador de Dados (AD) e Administrador de Banco de Dados (DBA). A seguir é apresentada a descrição de cada papel juntamente com suas atividades.

15.1.1 Analista de Sistemas

O analista de sistemas é responsável por executar a primeira atividade do processo de Administração de Dados a partir da solicitação de administração de dados.

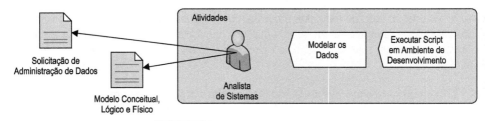

Figura 15.1 Papel do analista de sistemas.

- Modelar dados:
  - criar a solicitação de administração de dados;
  - elaborar os modelos conceitual, lógico e físico do que está sendo solicitado.
- Executar o script em ambiente de desenvolvimento.

15.1.2 Administrador de Dados (AD)

As áreas de atuação específicas do Administrador de Dados envolvem, basicamente, a análise e a descrição geral de dados, a definição do modelo conceitual, o projeto lógico do banco de dados e ainda a análise funcional dos dados. Portanto, o Administrador de Dados deve garantir que o modelo conceitual dos dados seja implementado corretamente; definir as restrições de integridade e regras de validação dos dados; e, por fim, facilitar e apoiar o desenvolvimento e a manutenção de sistemas, minimizando seus custos.

Para desempenhar as suas funções, os Administradores de Dados devem se guiar por um plano de ação que se divide nas seguintes etapas: planejamento, padronização e operacionalização.

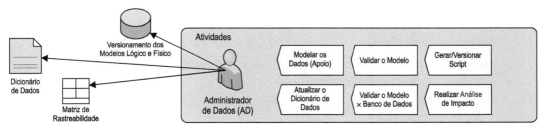

Figura 15.2 Papel do administrador de dados.

Modelar os dados (apoio):

- definição do fluxo de trabalho entre desenvolvedores, ADs e DBAs, bem como a normalização das tarefas que são encaminhadas à equipe de DBAs;
- apoio/acompanhamento na definição do modelo lógico.

Validar o modelo:

- definição e verificação de padrões para o desenvolvimento de sistemas;
- auditoria dos modelos relacionais quanto às formas normais.

Gerar/versionar script:

- liberação de build para instalação nos ambientes de teste e produção;
- administrar o repositório de dados (dependente da ferramenta):
  - criação de aplicações e usuários;
  - estratégia de segurança (usuários × operações × aplicações);
  - controle de versões de objetos e aplicações;
  - estratégia de compartilhamento, cópia e/ou transferência de objetos entre aplicações;

Banco de Dados – Projeto e Implementação

- otimização de performance;

- documentação e atualização das aplicações de administração de dados;

- comparação periódica entre os objetos documentados no repositório de dados e os objetos nos bancos de produção;

- planejamento e execução de upgrade de versões do repositório.

Atualizar o dicionário de dados.

Validar o modelo × banco de dados:

▸ garantia da integridade entre as bases de dados (desenvolvimento, teste, produção);

▸ controlar os objetos de bancos de dados:

- observação de divergências entre mesmos objetos em bancos distribuídos;

- análise de duplicidade de objetos;

- verificação de objetos inválidos, desabilitados e fragmentados nos bancos;

- garantia da integridade das bases de dados quanto a chaves primárias, únicas, check constraints e relacionamentos.

Realizar análise de impacto:

▸ análise das manutenções dos sistemas quanto às regras de negócios, integridade, normalização e redundâncias nos modelos;

▸ realizações de análises de impacto de alterações nos sistemas, apontando quais estruturas devem ser mantidas;

▸ análise de regras de replicação de dados entre as bases distribuídas;

15.1.3 Administrador de Banco de Dados (DBA)

Administrador de Banco de Dados (DBA) é o profissional responsável por gerenciar, instalar, configurar, atualizar e monitorar um banco de dados ou sistemas de bancos de dados, assim como monitoração e otimização de performance e criação/manutenção de políticas de segurança de acesso a dados.

Entre suas atividades estão:

▸ Validar análise de volume e crescimento:

- apoio técnico a equipe de desenvolvimento de sistemas;

- verificar se o volume e crescimento estão adequados para a solicitação AD criada.

▸ Executar script em ambiente de teste/produção:

- execução de ddl nos ambientes de teste/produção.

Administração de Dados na Gestão dos Modelos

- Atividades externas ao processo de AD:
  - definição e particionamento de tabelas;
  - instalação e configuração de ambientes com replicação de dados;
  - instalação, configuração e implementação de ambientes de alta disponibilidade;
  - criação de rotinas de cargas e conversão de dados;
  - análise de infraestrutura/*capacity planning* (projeção de crescimento vegetativo em banco de dados), análise, execução e acompanhamento;
  - responsável pela definição e implementação do plano de backup.

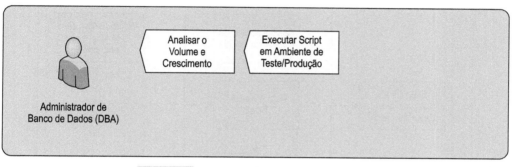

Figura 15.3 Papel do administrador de banco de dados.

15.2 Processo de administração de dados

O processo de administração de dados (AD) deve disseminar, para todas as áreas da organização, a existência e o significado dos dados. Esta prática permite que os outros administradores da empresa tenham a visão geral necessária para definir seus planos de ação.

Pelo fato de os dados estarem acessíveis a várias áreas distintas, estas necessitam consultar e atualizar com frequências, volumes e conteúdos distintos. Alguns destes dados possuem valor inestimável para determinados departamentos, portanto, o processo de AD deve ter como função o gerenciamento deles como patrimônio ou bem da empresa.

Para que uma empresa consiga gerenciar de forma segura seus dados, foi definido um processo de atividades e suas subatividades, que serão apresentadas a seguir, necessários para execução do processo proposto. Também estão destacados os artefatos de cada atividade bem como onde o Analista de Sistemas, o Administrador de Dados e o Administrador de Banco de Dados estão envolvidos.

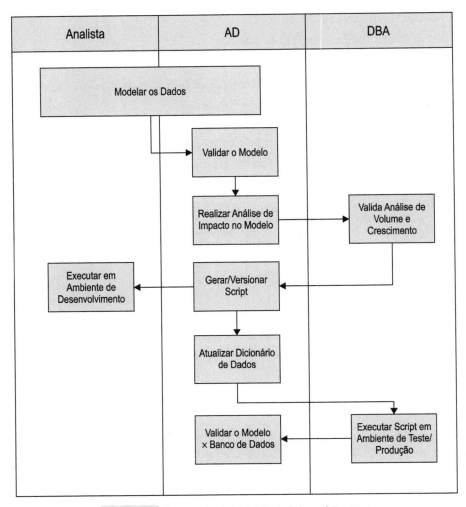

Figura 15.4 Processo de administração de dados – visão macro.

15.3 Modelagem de dados

O objetivo da modelagem de dados é criar um modelo no qual, por si só, sejam explicadas as características de funcionamento e comportamento do software para qual ele será criado. Este modelo facilitará o entendimento da estrutura dos dados e do seu projeto.

A execução deste processo fica de responsabilidade do Analista de Sistemas; a função do Administrador de Dados, dentro deste processo, é auxiliar o Analista de Sistemas na modelagem de dados. Já que o Administrador de Dados tem o domínio da estrutura de dados da empresa. Esse auxílio pode ser necessário quando o Analista de Sistemas está com dúvidas em relação a melhor forma de programar uma modificação na estrutura do banco.

Administração de Dados na Gestão dos Modelos

Entradas (artefatos)

- Documento de análise de negócio

Saídas (artefatos)

- Solicitação de administração de dados contendo os modelos de dados conceitual, lógico e físico.

Quem executa

- analista de sistemas;
- administrador de dados (apoia).

Subatividades

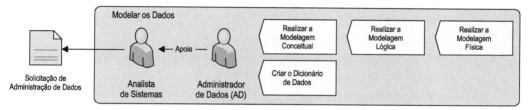

Figura 15.5 Modelagem de dados.

A atividade de modelar os dados está subdividida em dois grupos: Atividades On Line Transaction Processing (OLTP) e Atividades On Line Analytical Processing (OLAP). Quando estamos falando de modelagem OLTP, falamos em modelagem transacional; quando falamos de modelagem OLAP, nos referimos à modelagem voltada para Business Intelligence (BI).

Grupo de Atividades OLTP:

- Realizar a modelagem conceitual:
    - visão geral do negócio;
    - facilitar o entendimento entre usuários e desenvolvedores;
    - deve possuir apenas as entidades e atributos principais;
    - relacionamentos n para m podem existir.
- Realizar modelagem lógica:
    - sua origem é o modelo conceitual através da representação do negócio;
    - relacionamentos N:M são substituídos por entidades associativas;
    - as chaves primárias das entidades são definidas neste momento;
    - normalização até a 3FN;
    - padronização das nomenclaturas;
    - documentação das entidades e atributos.

Banco de Dados – Projeto e Implementação

▶ Realizar a modelagem física:

- sua origem é o modelo lógico;

- pode variar dependendo do SGBD;

- pode ter tabelas físicas (log, lider etc.);

- pode ter colunas físicas (replicação).

Grupo de Atividades OLAP – BI:

Este é um grupo especial com conhecimentos profundos sobre modelos multidimensionais, porém com conhecimentos igualmente dos modelos existentes no ambiente OLAP, visto que são desses modelos OLAP que virão os dados paras as estruturas de dados OLAP.

▶ Realizar a modelagem conceitual:

- visão geral do negócio;

- identificar processos de negócio alvo;

- identificar os fatos de negócio objeto, os objetos participantes do fato que classificam ou participam do fato (quando, onde, quem e o quê);

- identificar as medidas do fato;

- definir a granularidade das ocorrências dos fatos que deve ser medido;

- identificar e padronizar a janela de tempo (conjunto de informações sobre uma data qualquer que permita processos de drill-down e drill-up de tempo em análises gerenciais);

- identificar os objetos que são a origem dos dados de carga de dados históricos (ETL).

▶ Realizar a modelagem lógica OLAP:

- sua origem é o modelo conceitual dos fatos do negócio e suas dimensões de classificação;

- depende da ferramenta OLAP a ser utilizada;

- identificar as entidades origem do Star Schema, que são a origem dos dados de carga de dados para cubos OLAP.

▶ Realizar modelagem física:

- sua origem é o modelo lógico transacional e multidimensional;

- pode variar dependendo do SGBD.

▶ Dicionário de dados:

- criar o dicionário de dados correspondente a solicitação.

15.4 Validação de modelo

Ao receber a demanda da Área de Negócios para analisar uma nova solução projetada ou especificada, o Administrador de Dados (AD), responsável pela efetivação da atualização e versionamento do Modelo Corporativo de Dados, identificará entidades, atributos e relacionamentos, identificará também as restrições de integridade e regras de negócio, assim como questionará dados do novo modelo que já existem no ambiente coorporativo.

Administração de Dados na Gestão dos Modelos

O AD identificará no Modelo Corporativo de Dados, representado em ferramenta corporativa, as entidades envolvidas na demanda, os atributos das entidades e os relacionamentos com suas respectivas cardinalidades. Em paralelo, identificará as restrições de integridade para as entidades e os relacionamentos, bem como as regras de negócio existentes entre as entidades e relacionamentos existentes no Modelo Corporativo de Dados com as entidades, atributos e relacionamentos da nova solução projetada ou especificada.

Ressalta-se que a análise e consequente atualização do Modelo Corporativo de Dados poderão implicar na alteração (inclusão, exclusão ou modificação) em outras entidades, atributos ou relacionamentos em diferentes áreas de negócio do macroprocesso, mesmo que a demanda tenha partido de uma área de negócios específica. Isso caracteriza o conceito de um modelo corporativo e integrado de dados de diferentes áreas de negócio num nível acima de um modelo corporativo e lógico de dados

Toda tomada de decisão sobre alterações no Modelo Corporativo de Dados deverá ser feita tendo por base o último modelo versionado.

A área de Administração de Dados é a responsável por esse controle, garantindo que não haja conflito entre demandas sendo tratadas em paralelo.

Caso o AD tenha necessidade de mais detalhes sobre a demanda além da especificação e soluções projetadas no modelo de dados, para analisar e implementar a alteração no SGBD, ele poderá solicitar ao analista de negócios uma reunião para detalhamento da demanda.

Caso o Analista de Sistemas tenha necessidade de apoio técnico para o desenvolvimento de suas atividades de modelagem (dúvidas técnicas, melhores práticas), o Administrador de Dados poderá atuar como apoio às atividades de modelagem de dados.

Entradas (artefatos)

► Especificação (solicitação de AD) e/ou solução projetada em visão apropriada à modelo de dados (modelo E-R, código SQL).

Tipos de entradas:

► solicitação de criação ou manutenção de novas tabelas transacionais;

► solicitação de criação ou manutenção de triggers, procedures, functions, constraints, packages e views;

► solicitação de criação ou manutenção de modelos multidimensionais.

Saídas (artefatos):

► solicitação de AD com situação dos objetos solicitados [aprovado, reprovado, pedido de esclarecimentos];

► modelos de dados lógico e físicos versionados em repositório de modelos.

Quem executa

► Administrador de dados.

Subatividades

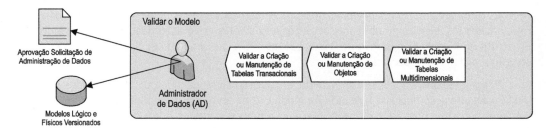

Figura 15.6 Validação do modelo.

Validar a criação ou manutenção de tabelas transacionais:

- verificar a existência de modelo lógico - DER;
- verificar a existência de modelo físico - DER;
- validar modelo lógico: (passo a passo):
  - validar chaves primárias identificadas conforme padrão;
  - validar chaves estrangeiras identificadas conforme padrão;
  - validar chaves únicas identificadas conforme padrão;
  - validar chaves alternativas identificadas conforme padrão;
  - validar relacionamentos e cardinalidades explícitas na especificação;
  - validar opcionalidades de relacionamentos identificadas;
  - validar a nomenclatura das entidades e atributos-padrões;
  - validar a existência de autorelacionamentos e a utilização de FKs na tabela;
  - validar a existência de redundância de relacionamentos;
  - validar se existe a correta migraçao de FKs;
  - validar os relacionamentos efetivados por AKs;
  - validar os relacionamentos efetivados UKs;
  - validar a aderência às regras de negócios da nomenclatura dos relacionamentos;
  - validar a existência de entidades associativas (relacionamentos M:M);
  - validar a opcionalidade de atributos (manutenção e/ou criação);
  - validar a normalização das entidades;
  - validar a existência de agregações;
  - validar entidades subtipos e supertipos;
  - validar relacionamentos com subtipos de entidades;
  - validar views.

Administração de Dados na Gestão dos Modelos

- ► Aprovar modelo lógico.
- ► Versionar modelo lógico – DER.
- ► Validar modelo físico (passo a passo):
  - verificar a existência da dicionarização das entidades, atributos e relacionamentos;
  - validar e aprovar (S/N) a utilização de chaves compostas (viabilidade de surrogate key);
  - validar de particionamentos de entidades;
  - validar especificação datatypes – padrões de nomenclatura;
  - validar indices de PK e FKs – padrões de nomenclatura;
  - validar índices alternativos de seleção;
  - validar constrains - padrões de nomenclatura;
  - validar opção de null value;
  - validar domínios – padrões de datatype enumerador;
  - validar Sequences (autonumber).
  - Aprovar modelo físico.
  - Versionar modelo físico – DER.

Validar a criação ou manutenção de objetos (triggers, procedures, functions, constraints, packages e views):

- ► validar objetos:
  - identificar tipo de trigger (INSERT-UPDATE-DELETE);
  - validar nomenclatura da trigger – padrões;
  - identificar tabelas envolvidas;
  - identificar colunas envolvidas;
  - validar se existem relacionamentos afetados pela execução da trigger;
  - identificar violação de constraints;
  - verificar sintaxe do código SQL;
  - compilar trigger.
- ► Aprovar a trigger.
- ► Versionar trigger.

Validar a criação ou manutenção de tabelas multidimensionais:

- ► verificar a existência de modelo dimensional;
- ► verificar a existência de modelo físico - DER;
- ► validar modelo dimensional: (passo a passo):
  - validar chaves primárias identificadas conforme padrão;

Banco de Dados – Projeto e Implementação

- validar chaves estrangeiras identificadas conforme padrão;
- validar a nomenclatura das entidades e atributos – padrões.

► Aprovar modelo dimensional.

► Versionar modelo dimensional - DER.

► Validar modelo físico (passo a passo):

- verificar a existência da dicionarização das entidades, atributos e relacionamentos;
- validar e aprovar (S/N) a utilização de chaves compostas (viabilidade de surrogate key);
- validar especificação datatypes – padrões de nomenclatura;
- validar índices de PK e FKs – padrões de nomenclatura;
- validar constrains - padrões de nomenclatura;
- validar domínios – padrões de datatype enumerador.

► Aprovar modelo físico.

15.5 Análise de impacto no modelo

Dados possuem diferentes características, tipos e origens e se inter-relacionam de alguma forma. O modelo corporativo é elaborado para permitir aos clientes da TI de gerirem melhor as informações a partir de uma visão global e integrada dos dados.

A Análise de Impacto busca garantir a possibilidade de prospecções de novas soluções e avaliação do impacto de novas funcionalidades ou alterações de funcionalidades existentes sobre o Modelo Corporativo de Dados pelo responsável da área de negócio.

Como ferramenta de apoio, é importante utilizar-se de uma Matriz de Rastreabilidade.

O responsável pela demanda na área de negócios solicitará ao Administrador de Dados a análise detalhada do impacto da demanda sobre o Modelo Corporativo de Dados, passando todos os detalhes da demanda solicitada, e que foi analisada e desenvolvida pela equipe de analistas de sistemas com conhecimento na área de negócios e no Modelo Corporativo de Dados.

Em paralelo, identificará as restrições de integridade para as entidades e os relacionamentos.

Caso exista proposição de alteração no Modelo Físico de Dados diferente da proposta de alteração do Modelo Corporativo de Dados, o impacto destas alterações nos diferentes níveis do Modelo Corporativo de Dados deverá ser avaliado e validado em conjunto, realizando reunião envolvendo os responsáveis pelos modelos físico (DBA) e corporativo de dados (AD). Caso contrário, essa atividade não se realizará.

Se for necessário alterar o Modelo Corporativo de Dados, em função da implementação física, realiza-se a atividade de Versionar o Modelo Lógico e Físico Corporativo de Dados.

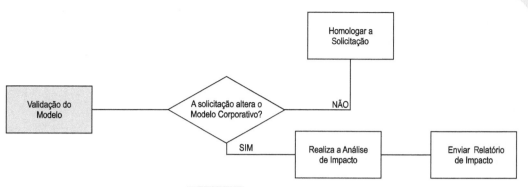

Figura 15.7 Validação de modelo.

Entradas (artefatos)

- Especificação (solicitação de AD) e/ou solução projetada em visão apropriada a modelo de dados (modelo E-R, Código SQL) [analista de sistemas];
- matriz rastreabilidade.

Saídas (artefatos)

- Sequência de atividades a serem realizadas caso o serviço solicitado pelo cliente e analisado em primeira instância pelo AD, gere algum impacto.

Quem executa

- Administrador de dados.

Subatividades

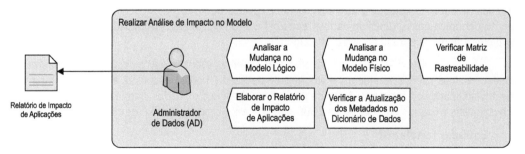

Figura 15.8 Análise de impacto.

- Analisar a mudança no modelo lógico - DER;
- analisar a mudança no modelo físico - DER;
- verificar a existência de matriz de rastreabilidade;
- verificar a existência de atualização dos metadados no dicionário de dados;
- elaborar o Relatório de Impacto de Aplicações (Relação de Aplicações envolvidas).

15.6 Análise de volume e crescimento

O crescimento incessante nos grandes volumes de dados transacionais pode aumentar os custos de armazenamento e impactar as operações de TI e de negócios.

Os crescentes requisitos dos volumes de dados e de baixa latência podem pressionar os limites de hardware e de rede, apresentando riscos de tempo de inatividade.

Os usuários demandam informações do banco de dados. O SGBD fornece informação para aqueles que o pedem. A taxa entre os pedidos que o SGBD atende e a demanda para informação pode ser denominado performance de banco de dados.

Origina-se nestes pontos a razão de existência do processo de Analisar Volumes e Crescimento Periódico Previsto para o modelo de dados físico de uma Solicitação de AD.

Cinco fatores influenciam o desempenho do banco de dados: 'workload', 'Throughput', recursos, otimização e contenção.

'Throughput' define a capacidade do computador de processar os dados. Ele é uma composição de velocidade de I/O, velocidade da CPU, capacidades de paralelismo da máquina e a eficiência do sistema operacional e o software básico envolvido.

Quando a demanda (workload) para um recurso particular é alta, pode acontecer a contenção. Contenção é a condição em que dois ou mais componentes do 'workload' estão tentando usar o mesmo recurso em modos conflitantes (por exemplo, duas atualizações no mesmo dado). Se a contenção cresce, o 'Throughput' diminui.

A análise dos volumes iniciais previstos, assim como a informação do crescimento periódico das bases de dados modeladas é fundamental para que o AD determine a criticidade futura de acessos para os objetos de um modelo de dados proposto a serem implementados em um SGBD. Entenda-se como criticidade o assinalamento de tabelas que podem, em decorrência de seu crescimento periódico em volumes de dados [registros] e alto nível acesso [workload], implicar contenção com crescimento acentuado e baixo 'Throughput'.

Neste processo, o AD orienta os analistas de sistemas sobre os riscos decorrentes das informações fornecidas sobre crescimento e volumes de dados do modelo proposto, e as formas alternativas, inviabilidades e impactos futuros de um projeto de banco de dados, dando suporte ao DBA para ações iniciais e futuras em relação ao SGBD corporativo e bases de dados setoriais.

Entradas (artefatos)

► Especificação (Solicitação de AD) com modelo de dados físico aprovado (Modelo E-R).

Tipos de entradas:

► solicitação de criação ou manutenção de novas tabelas transacionais;

► solicitação de criação ou manutenção de novas tabelas multidimensionais.

Saídas (artefatos)

► Relatório de sugestões de particionamento, nível de 'Throughput' futuro, indicador de workload provável e sugestão de volumes de dados para a área de Administração de Banco de Dados.

Quem executa

- Administrador de banco de dados.
- Subatividades

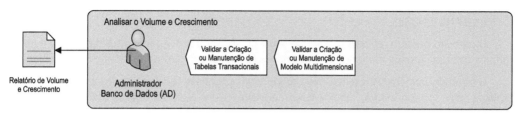

Figura 15.9 Análise de volume e crescimento.

- Validar a criação ou manutenção de tabelas transacionais:
  - verificar possibilidade de particionamentos de entidades;
  - registrar previsão de volumes e crescimento.
- Validar a criação ou manutenção de modelo multidimensional:
  - verificar possibilidade de particionamentos de entidades;
  - verificar possibilidade de particionamentos OLAP;
  - registrar previsão de volumes e crescimento.

15.7 Geração/versionamento de script

No tocante a versionamento, a metodologia utilizada para a nomenclatura é muito importante, pois é através desta nomenclatura que se pode controlar em que versão um bug foi corrigido, em que versão algumas funcionalidades foram lançadas, e também se a versão atual em operação é uma versão com correção de bugs ou é a primeira versão lançada.

Este processo existe tanto para aplicações, procedures, views, functions quanto para versões de um modelo de dados.

Explanando, podemos observar que se foi enviado um release de um modelo de dados ou aplicação logo no começo de um projeto, com a nomenclatura de versão com uma tag 1.5.0, e posteriormente uma manutenção deste release gerou o subsequente lançamento da versão com uma tag 1.5.1, e a manutenção da versão com uma tag 1.5.1 gerou o lançamento da versão com uma tag 1.5.2.

Logo, nesta sequência, podemos observar que o último número poderia representar uma versão com correção de bugs, ou seja, é uma tag que veio de uma versão de manutenção. Se o último número for um "0", representa uma versão que veio do projeto original e acabou de ser resultante de um projeto.

A composição básica da nomenclatura (tags) proposta é de 3 números, sendo o que cada um representa:

- PRINCIPAL;
- MELHORIAS_E_FUNCIONALIDADES;
- MANUTENÇÕES.

O primeiro número representa a versão atual do seu produto[1]. Ao alterar este primeiro número, significa que uma grande mudança ocorreu, novas funcionalidades, nova interface, novas soluções.

O segundo número representa melhorias e novas pequenas funcionalidades do produto[1] atual, também pode ser considerada uma versão mais estável que a versão representada pelo primeiro número.

O último número representa a correção de bugs, não contém novas funcionalidades planejadas, apenas estabilização do produto.

Em todas as liberações de aplicações ou modelos de dados, tanto com novas funcionalidades quanto correções de bugs, são criadas estas *tags*[2] que os representam. Isto significa que temos momentos do tempo que estes objetos são congelados neste local.

Em muitos casos, é necessário congelar ambientes de testes, como configurações e banco de dados também neste versionamento.

Entradas (artefatos)

- Especificação (requisição de AD) com um modelo de dados lógico ou físico aprovado. (Modelo E-R):
  - um código SQL para procedures, view, function;
  - um script SQL para DDL;
  - uma aplicação com seu código fonte e seu código compilado (executável).

Saídas (artefatos)

- Requisição de AD executada e confirmada;
- controle de registros de versão de Shema atualizado;
- controle de registros de versão de Procedures, View, Function atualizado;
- controle de registros de modelos E-R atualizado.

Quem executa

- Administrador de Dados (AD)

---

1 Entenda-se produto como sendo ou uma aplicação, ou procedure, ou view, ou function ou um modelo de dados.

2 Uma tag, ou em português etiqueta, é uma palavra-chave (relevante) ou termo associado com uma informação (ex: uma imagem, um artigo, um vídeo) que o descreve e permite uma classificação da informação baseada em palavras-chave.

Subatividades

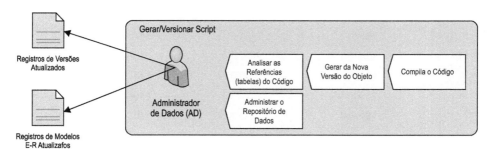

Figura 15.10 Geração de script.

- Analisar as referências (de tabelas) do código;
- gerar da nova versão do objeto;
- compilar o código;
- administrar o repositório de dados.

Tabela 15.1 Exemplos de versionamento de estruturas de dados – antes do versionamento

VERSÃO	ENTIDADE	ATRIBUTO	TIPO	NÃO NULO
1.0	HOTEL	NOME	VARCHAR	1
1.0	HOTEL	UF	VARCHAR	1
1.0	TIPO QUARTO	NOME	VARCHAR	1
1.0	TIPO QUARTO	VALOR	FLOAT	1
1.0	QUARTO	TIPO QUARTO	VARCHAR	1
1.0	QUARTO	NUMERO	INT	1
1.0	RESERVA	CODIGO	INT	1
1.0	RESERVA	HOSPEDE	VARCHAR	1
1.0	RESERVA	NUMQUARTO	INT	1
1.0	HOSPEDE	NOME	VARCHAR	1
1.0	HOSPEDE	TELEFONE	VARCHAR	1

Tabela 15.2 Exemplos de versionamento de estruturas de dados – após versionamento

VERSÃO	ENTIDADE	ATRIBUTO	TIPO	NÃO NULO
1.1	HOTEL	NOME	VARCHAR	1
1.1	HOTEL	UF	VARCHAR	1
1.1	TIPO QUARTO	NOME	VARCHAR	1
1.1	TIPO QUARTO	VALOR	FLOAT	1

VERSÃO	ENTIDADE	ATRIBUTO	TIPO	NÃO NULO
1.1	QUARTO	TIPO QUARTO	VARCHAR	1
1.1	QUARTO	ANDAR	VARCHAR	1
1.1	QUARTO	NUMERO	INT	1
1.1	RESERVA	CODIGO	INT	1
1.1	RESERVA	HOSPEDE	VARCHAR	1
1.1	RESERVA	NUMQUARTO	INT	1
1.1	HOSPEDE	NOME	VARCHAR	1
1.1	HOSPEDE	TELEFONE	VARCHAR	0

15.8 Execução de script em ambiente de desenvolvimento

O processo abrange a criação ou manutenção de estruturas de banco de dados no ambiente de desenvolvimento, sem controle direto da administração de dados.

O analista de sistema simula as tabelas necessárias às atividades desenvolvimento, criando-as via código DDL, na base de dados de desenvolvimento (sugestão banco DSV) com liberdade de GRANT geral em todas as tabelas, ficando sobre responsabilidade exclusiva do mesmo, a carga de dados e qualidade dos mesmos, assim como a integridade deste banco de dados.

Entradas (artefatos)

▶ Um código SQL para criação, manutenção de tabelas (DDL).

Saídas (artefatos)

▶ Estruturas (tabelas, constraints, procedures etc.) no banco de dados de desenvolvimento (DSV).

Quem executa

▶ Administrador de banco de dados (DBA).

Subatividades

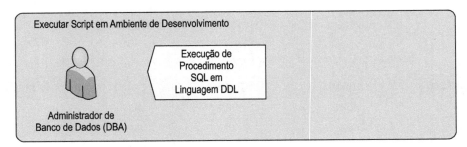

Figura 15.11 Execução de script.

15.9 Atualização de dicionário de dados

A manutenção do dicionário de dados é elemento fundamental da Arquitetura de Informações da empresa, sendo o direcionador da interpretação dos dados que descrevem a natureza do negócio. Um dos benefícios de um dicionário de dados bem preparado é a consistência entre itens de dados por meio de diferentes tabelas, motivo pelo qual a sua constante atualização assume importância vital na Administração de Dados.

Quando uma empresa constrói um dicionário de dados de dimensão empresarial, o intuito deve ser o de expandir precisamente definições semânticas que são adotadas na empresa toda; portanto, ele deve incluir tanto definições semânticas como de representação para elementos de dados, sendo que os componentes semânticos focam na criação precisa do significado dos elementos de dados, e de outro lado, as definições de representação indicam como os elementos de dados são armazenados em uma estrutura digital.

A atualização contínua do Dicionário de Dados se realiza a partir de toda e qualquer solicitação de Administração de Dados que envolva criação e/ou manutenção de estruturas de dados dos bancos de dados de produção da empresa.

Quando da criação de novos dados o AD irá atualizar não somente a definição semântica do dado, assim como o restante dos Metadados do mesmo (datatype, null option, primary key, foreign key etc).

Entradas (artefatos)

► Especificação (Solicitação de AD) e/ou solução projetada em visão apropriada à modelo de dados (Modelo E-R, Código SQL).

Saídas (artefatos)

► Dicionário de dados atualizado.

Quem executa

► Administrador de dados (AD).

Subatividades

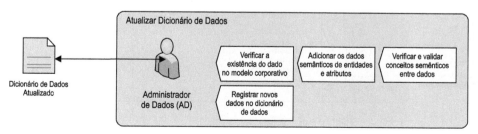

Figura 15.12 Atualização de dicionário de dados.

- Verificar em ferramenta de trabalho de modelagem de dados a existência anterior do dado no modelo corporativo;
- adicionar os dados semânticos de entidades e atributos;
- verificar e validar conceitos semânticos entre dados (sinônimos e antônimos);
- registrar novos dados no dicionário de dados.

15.10 Execução de script em ambiente de teste/produção

O processo abrange a criação ou manutenção de estruturas de banco de dados nos ambientes de teste e de produção, com controle direto da administração de dados.

Após a aprovação do modelo físico, e determinadas as necessidades de descarga e carga de dados, se necessárias, à modificação das estruturas existentes nos bancos de dados de testes ou de produção, o DBA executa o script de criação/alteração de estruturas em SQL (DDL), assim como realiza a descarga e recarga de dados das tabelas envolvidas;

Entradas (artefatos)

- Banco de dados existente (teste ou produção);
- script SQL (DDL) de criação/alteração de objetos de banco de dados;
- especificações de descarga e carga de dados se especificadas.

Saídas (artefatos)

- Banco de dados atualizado com dados operacionais (teste ou produção).

Quem executa

- Administrador de banco de dados (DBA).

Subatividades

Figura 15.13 Execução de script em ambiente de teste.

- Execução em ferramenta de trabalho conectada ao banco de dados de teste ou produção, de procedimento SQL em linguagem DDL.

15.11 Validação de modelo × banco de dados

Normalmente durante a fase de análise, o banco de dados sofre muitas alterações, exige maior trabalho de manutenção e atualização em um projeto de banco de dados.

Da mesma forma, o desenvolvimento modular de aplicações implica muitas vezes em modelos de dados incrementais, ou seja, os objetos vão sendo criados e modificados gradativamente.

Torna-se então necessária a execução, preferencialmente por meio de ferramenta CASE, de uma comparação, com finalidade de validação, entre o modelo de dados e as estruturas já criadas no SGBD.

O processo de Validar Modelo de Dados com Banco de Dados busca manter a sincronização bidirecional completa de modelos, scripts e bases de dados, e não apenas de modelos. Esse processo deve comparar estruturas de um modelo com as estruturas em um banco de dados, um item com outro, verificar as diferenças e indicar ao AD, quais diferenças existem.

Se as diferenças implicarem em mudanças de modelos que devem ser movidas para uma base de dados, o AD indicará em relatório específico, quais estruturas devem sofrer alteração na base de dados.

Entradas (artefatos)

- Banco de dados atualizado com dados operacionais (produção);
- modelo de dados referência para análise (novo projeto, novos diagramas etc.).

Saídas (artefatos)

- Relatório indicativo de objetos que necessitam de alteração devido à inconsistência.

Quem executa

- Administrador de dados (AD).

Subatividades

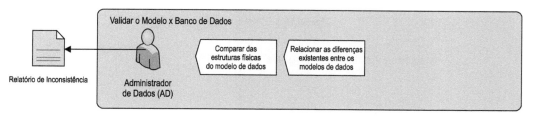

Figura 15.14 Validação de modelo × banco de dados.

- Selecionar, com auxílio de uma ferramenta, as tabelas de um modelo de dados, e comparadas às estruturas físicas do modelo de dados, com as estruturas físicas existentes nas tabelas no SGBD de produção do sistema;
- relacionar tabelas e colunas com diferenças entre elas, sentido da diferença (Modelo → SGBD ou SGBD → Modelo) indicando a necessidade de scripts de ALTER no SGBD, ou de adequação no modelo de dados.

Totalizadores	
Total de itens avaliados	13
Não conformidades	0
Conformidades	13
Itens não aplicáveis	0
% de Aderência	**100,00%**

15.12 Métricas

O objetivo deste tópico é apresentar um checklist para ser utilizado na avaliação continuada do nível de institucionalização do processo definido de Administração de Dados. Além do nível de aderência ao processo, ao aplicar o checklist, deve-se também definir ações corretivas para tratamento dos itens que vierem a ser classificados como não-conformes. O resultado de tais ações corretivas devem ser avaliados na aplicação subsequente do checklist.

15.12.1 Responsável

Sugere-se que esta atividade seja realizada por consultoria externa.

15.12.2 Periodicidade

O checklist deve ser aplicado em períodos bem definidos, por exemplo, mensalmente.

15.12.3 Apresentação do checklist

A seguir, apresenta-se o checklist de avaliação da institucionalização do processo de AD.

Tabela 15.3 Checklist de AD

Checklist de Administração de Dados	Versão do template
	1.0.0

Tipo: Data da avaliação: Avaliador: Banco de dados avaliado:	

Checklist

ID	Grupo	Verificação	Conforme?	Pontos a serem observados	Não Conformidade	Sugestão de Ação Corretiva
1	1	Modelar os dados	Sim			
				Modelagem conceitual		
				Modelagem lógica		
				Modelagem física		

Administração de Dados na Gestão dos Modelos

Checklist

ID	Grupo	Verificação	Conforme?	Pontos a serem observados	Não Conformidade	Sugestão de Ação Corretiva
2	2	Validar o modelo	Sim	Verificar a existência de modelo		
				Verificar a existência de modelo		
				Validar modelo lógico		
				Aprovar modelo lógico		
				Versionar modelo lógico		
				Validar modelo físico		
				Aprovar modelo físico		
				Versionar modelo físico		
3	3	Validar objetos	Sim	Aprovar a trigger		
				Versionar trigger		
4	4	Verificar a existência de modelo dimensional	Sim	Verificar a existência de modelo		
				Validar modelo dimensional		
				Aprovar modelo dimensional		
				Versionar modelo Dimensional		
				Validar modelo físico		
				Aprovar modelo físico		
5	5	Realizar análise de impacto no modelo	Sim	Analisar a mudança no modelo		
				Analisar a mudança no modelo		
				Verificar a existência de matriz de rastreabilidade		
				Verificar a existência de atualização dos metadados no dicionário de dados		
				Elaborar o Relatório de Impacto de Aplicações (relação de aplicações envolvidas)		
6	6	Validar análise de volume e crescimento	Sim	Verificar possibilidade de particionamentos de entidades		
				Registrar previsão de volumes e crescimento		
7	7	Gerar/Versionar Script	Sim	Analise das referencias (de tabelas) do código		
				Geração da nova versão do objeto		
				Compilação do código		
				Administrar repositório		
8	8	Executar script em ambiente de desenvolvimento	Sim			
9	9		Sim			
10	10		Sim			
11	11	Validar o modelo x banco de dados	Sim			
12	12		Sim			
13	13	Dicionário de dados	Sim	Atualização		

15.13 Padrões de nomenclatura de banco de dados

O objetivo deste tópico é apresentar os padrões de nomenclatura de estruturas de banco de dados e documentação de sistemas utilizados na administração de dados de uma empresa.

15.13.1 Aplicações e sistemas

As identificações de aplicações devem ser formadas pelo prefixo PRO (projeto) seguido do nome do sistema.

Os nomes de sistemas devem possuir de três a quatro letras.

Tabela 15.4 Exemplos de nomes de sistemas

Sistema	Prefixo
Compras	CPR
Vendas	VEN
Crédito	CDT
Estoque	EST

Tabela 15.5 Exemplos de nomes de aplicações

Sistema	Prefixo
Compras	PROCPR
Vendas	PROVEN
Crédito	PROCDT
Estoque	PROEST

15.14 Diagramas

Os nomes de diagramas devem ser formados por um prefixo identificador do tipo de diagrama, seguido da especificação do sistema ao qual pertence e de um nome significativo que indique o escopo do negócio, que é representado pelo diagrama. Deve-se usar o caractere underline (_) entre os nomes.

Exceções:

- No diagrama de módulo, o prefixo do tipo de diagrama é seguido pela identificação do programa e a indicação de (SCREEN) ou (REPORT);

no diagrama de matriz, a especificação do sistema é seguida pela identificação da linha e da coluna que são associadas (atributos × funções, por exemplo).

Tabela 15.6 Exemplos de prefixos de diagramas

Diagrama	Prefixo
Diagrama Entidade-Relacionamento	ERD
Diagrama de Matriz	MXD

Exemplos de nomes de diagramas:

- ERD_Estoque
- ERD_PedidoDeCompra
- ERD_Credito

15.15 Nomenclatura para os componentes de diagramas

15.15.1 Entidades

Para elaboração de nomes de entidades, as seguintes regras devem ser observadas:

- prefixar os nomes de entidades com os nomes do sistema mais fortemente associados;
- utilizar nomes por extenso;
- utilizar nomes que identifiquem a entidade, voltando-se para o usuário final;
- procurar não usar preposições ou outros termos de ligação para nomes compostos;
- usar nomes no singular;
- fazer uso do caractere underline entre os nomes;
- quando as identificações de entidades ultrapassarem 30 caracteres devem ser abreviadas os nomes mais comuns, deixando as qualificações da entidade por extenso (utilizar a tabela de abreviaturas);
- os nomes de entidades não devem ultrapassar o total de 30 caracteres;
- os nomes das entidades devem utilizar o padrão CamelCase, ou seja, cada palavra é iniciada com maiúsculas e unidas sem espaços;

Exemplos de nomes de entidades:

- EST_NotaFiscal
- CPR_ClienteTroca
- VEN_AlvoVenda

Entidades geradas a partir de relacionamentos M:M - entidades associativas: o nome das entidades associativas deve ser formado pela união dos nomes das entidades envolvidas ou um termo que identifique a função das mesmas, visando o usuário final. Essas entidades também devem ter seus nomes prefixados pela identificação do sistema ao qual pertencem.

Tabela 15.7 Exemplo de nome de entidade associativa

Entidade	Entidade	Relacionamento
CPR_Fornecedor	CPR_Filial	Fornecendo para

Nome da entidade: CPR_FornecedorFilial.

15.15.2 Alias (Short Name) de Entidades

Para a formação de alias sobre nomes simples de entidades, deve-se utilizar as quatro primeiras posições do nome da entidade.

Tabela 15.8 Exemplo de alias de entidades de nomes simples

Entidade	Alias
CPR_Filial	FILI

Para a formação de alias sobre nomes compostos de entidades, deve-se utilizar as duas primeiras letras de cada nome, desconsiderando as preposições.

Tabela 15.9 Exemplos de alias de entidades de nomes compostos

Entidade	Alias
EST_FechamentoMensal	FEME
VEN_AtendenteVenda	ATVE

- Não se deve utilizar o prefixo do sistema na formação do alias de uma entidade;
- alias de uma entidade deve possuir o tamanho mínimo de QUATRO letras e máximo de SEIS. Nos casos em que o alias para a entidade for mais significativo com o uso de menos de quatro caracteres, deve-se levar a sugestão à equipe de administração de dados para avaliação;
- deve-se observar a formação do nome do alias para que este não seja equivalente a palavras reservadas do MySQL.

Em comandos SQL, deve-se procurar utilizar sempre os mesmos alias de tabelas, pois o uso padronizado proporciona ganho em desempenho na execução dos comandos.

15.15.3 Relacionamentos

Os nomes de relacionamentos devem ser formados por verbos que identifiquem com clareza a associação entre as entidades envolvidas no processo.

Cada sentido dos relacionamentos deve ser identificado, isto é, devem ser nomeados o relacionamento da entidade A com B, bem como o da entidade B com A.

Regras para leitura de relacionamentos:

► Cada <ENT **A**> **pode (opcional)** ser/estar **RELACIONAMENTO** um e somente um <ENT **B**> ou **(verbo no particípio** ou **deve (obrigatório) passado ou gerúndio)** um ou mais;

► cada <ENT **B**> **pode (opcional)** ser/estar **RELACIONAMENTO** um e somente um <ENT **A**> ou **(verbo no particípio** ou **deve (obrigatório) passado ou gerúndio)** um ou mais.

Tabela 15.10 Exemplos de nomes de relacionamentos

Entidade	Relacionamento	Entidade
Cada **VEN_Pedido** deve ser **feito por** um e somente um **VEN_Cliente**.		
Por cada **VEN_Cliente** pode ser **solicitado** um ou mais **VEN Pedido**.		
Para cada **VEN_Pedido** deve ser **emitido** um ou mais **VEN_ItemDeVenda**.		
Cada **VEN_ItemDeVenda** pode ser **comprado por** um ou mais **VEN_Pedido**.		

15.15.4 Atributos

Para elaboração de nomes de atributos, as seguintes regras devem ser observadas:

► utilizar nomes por extenso;

► usar de preposições ou outros termos de ligação para nomes compostos;

► fazer uso do caractere underline entre os nomes;

► quando as identificações de atributos ultrapassarem 30 caracteres devem ser abreviadas os nomes mais comuns, deixando as qualificações do atributo por extenso (utilizar a tabela de abreviaturas).

► os nomes de atributos não devem ultrapassar o tamanho de 30 caracteres;

► siglas já utilizadas devem ser mantidas (exemplos: ICMS, IPI, CEP etc.);

► os nomes de atributos não devem fazer referência ao nome da entidade, salvo os atributos de código – por exemplo, os atributos de código e descrição da entidade CPR_Controle;

► os nomes das entidades devem utilizar o padrão CamelCase, ou seja, cada palavra é iniciada com maiúsculas e unidas sem espaços.

PRECO deverão ser nomeados como segue:

► CodigoControlePreco

► DescricaoControlePreco

Exemplos de nomes de atributos:

► CodigoTipoMercadoria

► DataValidade

Atributos de descrição devem ser criados com tamanho de 60 caracteres (varchar2(60)), salvo os casos em que se faz necessário um tamanho maior ou menor.

15.15.5 Tabelas

Para a definição de nomes de tabelas, as seguintes regras devem ser observadas:

- ▶ utilizar nomes no plural, seguindo o nome da entidade (mantém-se o prefixo correspondente ao sistema do qual a tabela faz parte);
- ▶ quando as tabelas forem tabela Fato ou Tabelas Dimensão em Modelos Multidimensionais serão sempre consideradas corporativas (Prefixo COR) e devem ser iniciadas com a indicação de FATO para tabela fato e DIM para tabelas de dimensão, seguidas do mesmo padrão adotado de nomes acima;
- ▶ usar preposições ou outros termos de ligação para nomes compostos;
- ▶ fazer uso do caractere underline para nomes compostos;
- ▶ quando as identificações de tabelas ultrapassarem 30 caracteres, devem ser abreviadas os nomes mais comuns, deixando as qualificações da tabela por extenso (utilizar a tabela de abreviaturas);
- ▶ os nomes de tabelas não devem ultrapassar o tamanho de 30 caracteres;
- ▶ os nomes das entidades devem utilizar o padrão CamelCase, ou seja, cada palavra é iniciada com Maiúsculas e unidas sem espaços.

Tabela 15.11 Exemplos de nomes de tabelas

Entidade	Tabela
VEN_Pedido	VEN_Pedidos
CPR_Fornecedor	CPR_Fornecedores
COR Fato Venda	COR_FATO_Vendas
COR Dim Regiao	COR_DIM_Regioes

15.15.6 Colunas

Os nomes das colunas de tabelas devem ser os mesmos dos atributos na entidade correspondente.

Tabela 15.12 Exemplos de nomes de colunas de tabelas

Entidade	Atributo
CPR_FornecimentoItem	CodigoItem

Nos casos de colunas provenientes de relacionamentos, os nomes destas deverão ser alterados na fase de design de dados, excluindo-se o nome do alias da entidade e o nome de relacionamento. O resultado deverá ser um nome significativo ao usuário final, se possível utilizar o mesmo nome da tabela origem. Quando houver mais de um relacionamento entre as mesmas entidades, estes devem ser diferenciados por suas respectivas funções.

Tabela 15.13 Exemplos de relacionamentos entre as mesmas entidades

Colunas geradas pelo Case	Alterar para
UFLocalizadoEmUF	UFResidencia
UFNascidoEmUF	UFNascimento

Quando as identificações de colunas ultrapassarem 30 caracteres, devem ser abreviados os nomes mais comuns, deixando as qualificações da coluna por extenso (utilizar a tabela de abreviaturas).

Os nomes de colunas não devem ultrapassar o tamanho de 30 caracteres.

Os nomes de colunas não devem fazer referência ao nome da tabela, salvo as colunas de código. Por exemplo, as colunas de código e descrição da tabela CPR_NomesGenericos deverão ser nomeadas como segue:

- ► CodigoNomeGenerico
- ► DescricaoNomeGenerico
- ► DataTransmissão.

15.15.7 Triggers/funções/procedimentos/packages

Os nomes de funções, procedimentos, packages e views devem ser prefixados conforme o seu tipo.

Tabela 15.14 Prefixos

Tipo	Prefixo
Trigger	TRG_
Função	FNC_
Procedimento	PRC_
Package	PCK_

Seguindo o prefixo, devem constar nos nomes destes objetos, a identificação do sistema e a descrição de sua função. Os nomes devem ser separados pelo caractere underline.

Exemplos:

- ► FNC_VEN_MensagemFiscal
- ► PRC_VEN_MovimentaEstoque
- ► PCK_EST_EscalonaInegracao

Banco de Dados – Projeto e Implementação

Os nomes de triggers devem ser formados pelo prefixo TRG_, seguido da identificação do momento em que a trigger é disparada (B-Before ou A-After), do identificador de sua operação, da indicação do seu nível (R_-Row ou S_-Statement) e o nome da tabela.

Tabela 15.15 Exemplos de operações

Operação	Identificadores
INSERT	I
UPDATE	U
DELETE	D

Os identificadores de operações devem aparecer nesta ordem: I, U, D.

Deve-se somente optar pela utilização de triggers quando não for possível estabelecer as regras de validação por meio de check constraints ou quando essas regras envolverem mais de uma coluna da tabela.

Exemplos de nomes de triggers:

► TRG_BI_CPR_ColecoesDeItens

► TRG_AIUD_CPR_Rotatividades

15.15.8 Sequences

Os nomes de sequences devem ser formados pelo alias da tabela, seguido do nome da coluna (pode ser abreviado nos casos em que o nome for extenso, pois o nome da sequence não deve ultrapassar o tamanho de 30 caracteres - utilizar a tabela de abreviaturas) e o sufixo _SQ.

Tabela 15.16 Exemplos de sequences

Tabela	Sequence
COR_EntidadesComerciais	ENCO_CodigoDaEntCom_SQ
PHW_FormulasDaFilial	FOFI_NumeroDeSequencia_SQ

15.15.9 Views

Os nomes de views devem ser formados pelo prefixo VIEW_, seguido da identificação do sistema ao qual pertence e da descrição da função do objeto.

Os nomes de views não devem ultrapassar o tamanho de 30 caracteres.

Exemplos de nomes de views:

► VIEW_EST_ConsultaItens

► VIEW_CPR_PrecosPorItem

► VIEW_EST_PendDoIntermediario

15.15.10 Domínios

Os nomes de domínios devem ser formados por uma descrição dos valores permitidos ou da coluna que será associada ao domínio (pode ser abreviada nos casos em que o nome for extenso, pois o nome do domínio não deve ultrapassar o tamanho de 30 caracteres - utilizar a tabela de abreviaturas), seguida do sufixo _DM.

Exemplos de nomes de domínios:

- EstadoCivil_DM
- SimNao_DM

15.15.11 Constraints

15.15.11.1 Primary Key Constraints

Os nomes de chaves primárias devem ser compostos pelo alias da tabela, seguido do sufixo _PK.

Tabela 15.17 Exemplos de nomes de chaves primárias

Tabela	Chave Primária
PHW_InformacoesDoAposentado	INAP_PK
PHW_LotesDeCompra	LOCO_PK

15.15.11.2 Unique Key Constraints

Os nomes de chaves únicas devem ser formados pelo alias da tabela, o nome da coluna (pode ser abreviado nos casos em que este for extenso, pois o nome da constraint não deve ultrapassar o tamanho de 30 caracteres - utilizar a tabela de abreviaturas) ou outro nome significativo para um conjunto de colunas que devem possuir um valor único, seguido do sufixo _UK.

Tabela 15.18 Exemplos de nomes de chaves únicas

Tabela	Chave Única
PHW_Cupons	CupoCodigoDoItem_UK
PHW_FormasDePagamento	FopaDescrDaFormaPagto_UK

15.15.11.3 Foreign Key Constraints

Os nomes de chaves estrangeiras devem ser formados pelo alias da tabela, pelo alias da tabela à qual se faz referência (Join Table) seguida do sufixo _FK.

Tabela 15.19 Exemplos de nomes de chaves estrangeiras

Tabela	Join Table	Chave Estrangeira
EST_Produtos	EST_ProdutosItem	PROD_PRODITEM_FK
CDT_Clientes	CDT_Endereco	CLI_END_FK

Banco de Dados – Projeto e Implementação

Tabela 15.20 Exemplos de abreviaturas

Nomes por Extenso	Abreviaturas
Cadastro	Cad
Categoria	Categ
Cliente	Cli
Comercial	Com
Funcionário	Func
Material	Mat
Pedido	Ped
Profissão	Prof

15.16 Dicionário de dados

A seguir são detalhadas as tabelas do modelo de dados lógico do sistema.

Tabela 15.21 Tabela

Tabela	<nome da tabela>					
Descrição	<descrição da tabela>					
Observações	<observação sobre a tabela>					
Volume estimado	<volume estimado da tabela>					
Volume inicial	<volume inicial da tabela>					
Crescimento Mensal	<crescimento mensal da tabel>					
Colunas						
Nome	Descrição	Tipo	Tamanho	Domínio	Formato	Null Option
<nome>	<descricao>	<tipo>	<tamanho>	<dominio>	<formato>	☑
<nome>	<descricao>	<tipo>	<tamanho>	<dominio>	<formato>	☐
<nome>	<descricao>	<tipo>	<tamanho>	<dominio>	<formato>	☑
<nome>	<descricao>	<tipo>	<tamanho>	<dominio>	<formato>	☐

Administração de Dados na Gestão dos Modelos

Chaves (keys)				
Nome	Colunas componentes	Tabela referenciada	Cardinalidade	Index
\<nome-Chave\>	\<colunacomponente\>	\<tabela referencia\>	\<Cardinalidade\>	☑
\<nome-Chave\>	\<colunacomponente\>	\<tabela referencia\>	\<Cardinalidade\>	☑
\<nome-Chave\>	\<colunacomponente\>	\<tabela referencia\>	\<Cardinalidade\>	☑

Tabela 15.22 Triggers

Nome	Descrição
\<nometrigger\>	\<descriçãotrigger\>
\<nometrigger\>	\<descriçãotrigger\>

Tabela 15.23 Procedures e functions

Procedure	\<nome da procedure\>		
Descrição	\<descrição da procedure\>		
Observações	\<observação sobre a procedure\>		
Entradas			
Nome	Descrição	Tipo	Tamanho
\<nome\>	\<descricao\>	\<tipo\>	\<tamanho\>
\<nome\>	\<descricao\>	\<tipo\>	\<tamanho\>
\<nome\>	\<descricao\>	\<tipo\>	\<tamanho\>
\<nome\>	\<descricao\>	\<tipo\>	\<tamanho\>
Saídas			
Nome	Descrição	Tipo	Tamanho
\<nome\>	\<descricao\>	\<tipo\>	\<tamanho\>
\<nome\>	\<descricao\>	\<tipo\>	\<tamanho\>

15.17 Matriz de rastreabilidade – matriz CRUD[3]

	Sistema 01	Sistema 02	Sistema 03
Tabela01	RU	R	
Tabela02	RUD	RD	
Tabela03	CR	CR	
Tabela04			RU
Tabela05			RUD
Tabela06			CR
Tabela07	CRUD		
Tabela08	RD		
Tabela09	R	CRUD	R
Tabela10	R	R	CRUD

A seguir, será apresentado um exemplo de modelo de solicitação de AD.

---

[3] A sigla CRUD significa: create, ready, update e delete.

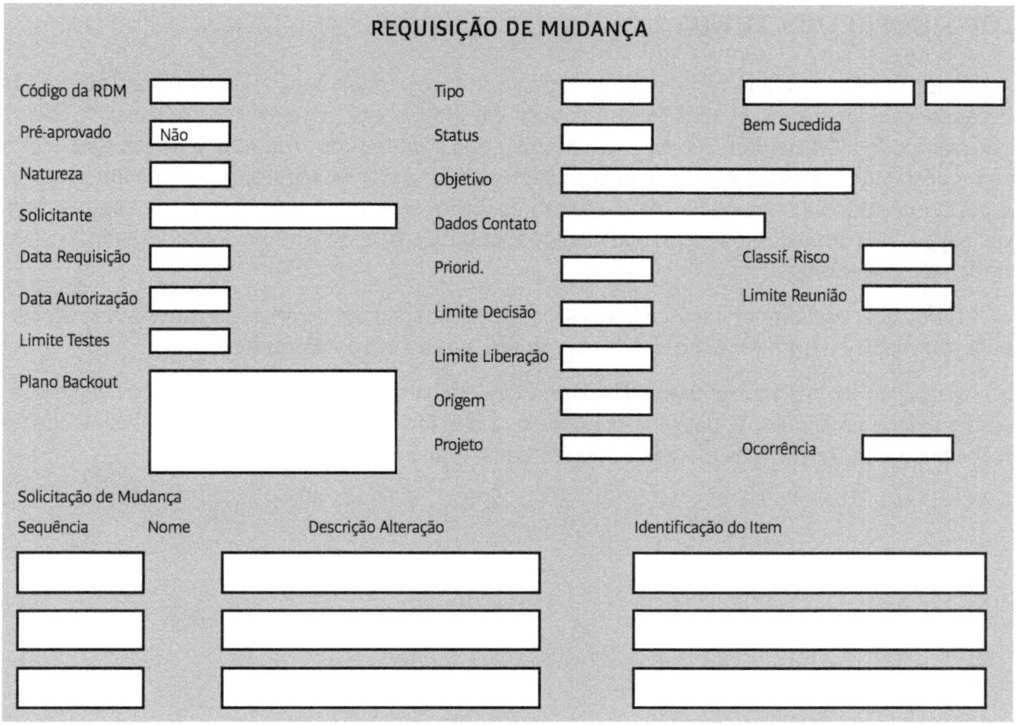

Administração de Dados na Gestão dos Modelos

REQUISIÇÃO DE MUDANÇA

Código da RDM

Pré-aprovado: Não

Natureza

Solicitante

Data Requisição

Data Autorização

Limite Testes

Plano Backout

Tipo

Status

Objetivo

Dados Contato

Priorid.

Limite Decisão

Limite Liberação

Origem

Projeto

Bem Sucedida

Classif. Risco

Limite Reunião

Ocorrência

Solicitação de Mudança

Sequência   Nome   Descrição Alteração   Identificação do Item

Figura 15.15 Modelo de requisição de AD.

Tabela 15.24

PRIORIDADE	Tipo	Status	Colunas1
ALTA	Tabelas	Pendente	Sim
EMERG.	Colunas	Finalizada	Não
MÉDIA	Triggers	Em análise	
BAIXA	Proced.	Devolvida	
	Functions	Recusada	
	Análise de impacto		

Considerações finais

Após termos estudado como projetar lógica e fisicamente um banco de dados para atender às necessidades de negócios, e como implementá-lo em um Sistema Gerenciador de Banco de Dados, seja qual ele for (Oracle, SQL Server, entre outros), este capítulo mostrou que devemos aprender a fazer a gestão de vários projetos de banco de dados em uma empresa, utilizando-se de um processo de gestão de dados denominado Administração de Dados, que foi apresentado neste capítulo com seus papéis bem definidos, técnicas e atividades necessárias para a manutenção da integridades das informações da empresa.

Com isto, concluímos nossos estudos sobre como projetar, implementar e administrar estruturas de bancos de dados na maioria das vezes corporativas ou integradas entre si.

Certos de termos apresentado com clareza de detalhe tudo que se refere a projeto, implementação e gestão de bancos de dados, esperamos que o leitor aproveite e aplique em suas atividades profissionais e acadêmicas os materiais apresentados neste livro.

Bibliografia

AMBLER, S. W. **Agile Modeling and the Unified Process.** 2001. Disponível em: <http://www.agile-modeling.com/essays/agileModelingRUP.htm>. Acesso em: 4 ago. 2019.

AMBLER, S. W.; SADALAGE, P. J. **Refactoring Databases**: Evolutionary Database Design. Michigan: Addison Wesley, 2006.

BATINI, C.; CERI, S.; NAVATHE, S. B. **Conceptual Database Design**: An Entity-Relationship Approach. California: Benjamin/Cummings Publishing, 1992.

BOEHM, B. W. **Software Engineering Economics**. New Jersey: Prentice-Hall, 1981.

BOHM, C.; JACOPINI, G. Flow Diagrams, Turing Machines and Languages with Only Two Formation Rules. **Communications of the ACM**, v. 9, n. 5, 1966, p. 366-371.

BOWMAN, J. S. **The Pratical SQL Handbook**: Using Strutured Query Language. Boston: Addison--Wesley, 1996.

BRADLEY, J. **Introduction to DataBase Management in Business**. 2. ed. New York: HRW IE, 1987.

CHEN, P. The Entity-Relationship Model: Toward a Unified View of Data. **ACM Transactions on DataBase Systems**, v. 1, n. 1, 1976, p. 9-36.

CODD, E. F. Is Your DBMS Really Relational? **Computer World**, out. 1985.

_____. **The Relational Model for Database Management**. Boston: Addison-Wesley, 1990.

_____. A Relational Model of Data for Large Shared Data Banks. **Communications of the ACM**. v. 13, n. 6, 1970, p. 377-387.

DEMARCO, T. **Structured Analisys and System Specification**. New Jersey: Prentice-Hall, 1978.

DIJKSTRA, E. W. Go To Statements Considered Harmful. **Communications of the ACM**. v. 11, n. 3, May 1966, p. 147-148.

FERNANDES, A. C.; LAENDER, A. H. F. MER+: Uma Extensão do Modelo de Entidades e Relacionamentos para o Projeto Conceitual de Banco de Dados. **Revista Brasileira de Computação**. v. 5, n. 1, 08/09, SBC/NCE, 1989.

FLAVIN, M. **Fundamental Concepts of Information Modeling**. New York: Yourdon Press, 1981.

GANE, C.; SARSON, T. **Structured Systems Analysis:** Tools and Techniques. New Jersey: Prentice-Hall, 1979.

KENT, W. A Simple Guide to Five Normal Forms in Relational DataBase Theory. **Communications of the ACM**. v. 26, n. 2, 1983, p. 120-125.

KIPPER, E. F. **et al. Engenharia de Informações**: Conceitos, Técnicas e Métodos. Porto Alegre: SAGRA-DC LUZZATO, 1993.

KOWAL, J. A. **Analyzing Systems**. New Jersey: Prentice-Hall, 1988.

LEÃO, R. O.; SILVA, J. C. **SQL Server 2000:** Estrutura e Implementação de Sistemas de Bancos de Dados. São Paulo: Érica, 2002.

LIMA, A. S. **ERwin 4.0**: Modelagem de Dados. São Paulo: Érica, 2002.

MACHADO, F. N. R. **Análise e Gestão de Requisitos de Software**: Onde Nascem os Sistemas. São Paulo: Érica, 2013.

MACIASZEK, L. A. **Database Design and Implementation**. Sydney: Prentice-Hall, 1990.

_____. **Database Design and Implementation**. Sydney: Prentice-Hall, 1989.

MARTIN, J.; FINKELSTEIN, C. **Information Engineering**. v. I / II. London: Savant Institute, 1981.

MATOS, A. V. **UML**: Prático e Descomplicado. São Paulo: Érica, 2002.

MELO, L. E. V. **Gestão do Conhecimento**: Conceitos e Aplicações. São Paulo: Érica, 2003.

MORELLI, E. T. **Oracle 8**: SQL, PL/SQL e Administração. São Paulo: Érica, 2000.

NASCIMENTO, A. **O que é SCRUM.** 7 abr. 2010. Disponível em: <http://www.oficinadanet.com.br/artigo/gerencia/o_que_e_scrum>. Acesso em: 4 ago. 2019

ÖZSU, M. T.; VALDURIEZ, P. **Princípios de Bancos de Dados Distribuídos**. Rio de Janeiro: Campus, 2001.

RODRIGUES, M. V. R. **Gestão Empresarial:** Organizações que Aprendem. Rio de Janeiro, 2002.

SADALAGE, P. J. **Recipes for Continuous Database Integration**: Evolutionary Database Development. Michigan: Addison-Wesley, 2007.

SCHWABER, K. **The Impact of Agile Processes on Requirements Engineering**. 2002. Disponível em: <http://www.agilealliance.org/articles/schwaberkentheimpacto/view?searchterm=requirements>. Acesso em: 4 ago. 2019.

SETZER, V. W. **Bancos de Dados**: Conceito, Modelos, Gerenciadores, Projeto Lógico e Projeto Físico. São Paulo: Edgard Blücher, 1986.

SHLAER, S.; MELLOR, J. S. **Análise de Sistemas Orientada para Objetos**. São Paulo: McGraw-Hill/Newstec, 1990.

SILBERSCHATZ, A.; KORTH, H. F.; SUDARSHAN, S. **Sistema de Banco de Dados**. São Paulo: Makron Books, 1999.

STAA, A. V. **Engenharia de Programas**. Rio de Janeiro: LTC, 1986.

STEVENS, W.; MYERS, G.; CONSTANTINE, L. Structured Design. **IBM Systems Journal**, v. 13, n. 2, 1979, p. 115-139.

TASKER, D. **Fourth Generation Data**: A Guide to Data Analysis for New and Old Systems. Sydney: Prentice-Hall, 1989.

TEOREY, T. J. **Database Modelling & Design**. San Francisco: Morgan Kaufmann Publisher, 1999.

TRIMBLE JR., J. H.; CHAPPELL, D. **A Visual Introduction to SQL.** New York: John Wiley & Sons, 1989.

YOURDON, E. **Análise Estruturada Moderna.** Rio de Janeiro: Campus, 1990.

YOURDON, E.; COAD, P. **Análise Baseada em Objetos**. Rio de Janeiro: Campus, 1992.

Marcas Registradas

ERWin 4.0® by Computer Associates International, Inc.

Microsoft® SQL Server 2017™ by Microsoft Corporation.

Oracle Database® 11g™ by Oracle Corporation.

Crédito das imagens

CAPÍTULO 1
Figura 1.1:
Grafner/Getty Images

Figura 1.2:
thanaphiphat/Getty Images; shironosov/Getty Images; vladru/ Getty Images

Figura 1.3 e 1.4:
feedough/Getty Images; 4x6/Getty Images; loco75/Getty Images

CAPÍTULO 2
Figura 2.1 e 2.3:
Grafner/Getty Images

Figura 2.7:
Bet_Noire/Getty Images

Figura 2.8:
Milkos/Getty Images

Figura 2.9:
siraanamwong/Getty Images

Figura 2.10:
m-imagephotography/Getty Images; GlobalStock/Getty Images; shapecharge/Getty Images; Bill Oxford/Getty Images; mphillips007/Getty Images; MikhailMishchenko/Getty Images; Anadmist/Getty Images; ARTYuSTUDIO/Getty Images

Figura 2.11:
m-imagephotography/Getty Images; GlobalStock/Getty Images; shapecharge/Getty Images; Bill Oxford/Getty Images; mphillips007/Getty Images; MikhailMishchenko/Getty Images; Anadmist/Getty Images; ARTYuSTUDIO/Getty Images; stocknroll/Getty Images

CAPÍTULO 3
Tabela 3.1:
Volhah/Getty Images

Figura 3.1:
rolleiflextlr/Getty Images

Figura 3.2:
Jelena Danilovic/Getty Images

Figura 3.3:
kazoka30/Getty Images

CAPÍTULO 4
Figura 4.3:
O_Lypa/Getty Images; PeopleImages/Getty Images; gorodenkoff/Getty Images; Waradom Changyencham/Getty Images; dragana991/Getty Images

Figura 4.6:
laflor/Getty Images; baona/Getty Images

Figura 4.19:
Sirgunhik/Getty Images; Sergey Skleznev/Getty Images; koya79/Getty Images; DonNichols/Getty Images; wolv/Getty Images;

Figura 4.23:
Henrik5000/Getty Images

Figura 4.32:
AlexLMX/Getty Images

Figura 4.38:
Volhah/Getty Images

Figura 4.61:
IT Stock/Getty Images

Figura 4.62:
Geber86/Getty Images

Figura 4.63:
BrianAJackson/Getty Images

CAPÍTULO 6
Figura 6.27:
B&M Noskowski/Getty Images

Figura 6.31:
Bigmouse108/Getty Images

CAPÍTULO 7
Figura 7.2:
Wdnet/Getty Images; Grassetto/Getty Images

CAPÍTULO 9
Figura 9.1:
Ridofranz/Getty Images

Figura 9.2:
Makidotvn/Getty Images; george tsartsianidis/Getty Images; Paola Giannoni/Getty Images; Sopone Nawoot/Getty Images; Dontstop/Getty Images; Tatyana Abramovich/Getty Images; Rowan Jordan/Getty Images; Nattakorn Maneerat/Getty Images; AndreyPopov/Getty Images; Eraxion/Getty Images; andrei_r/Getty Images

Figura 9.3:
andrei_r/Getty Images

Figura 9.4:
Paola Giannoni/Getty Images; Nattakorn Maneerat/Getty Images

CAPÍTULO 13
Figura 13.1:
simpson33/Getty Images; AndreyPopov/Getty Images; FabrikaCr/Getty Images; vladru/Getty Images; LisLud/Getty Images; Grassetto/Getty Images; LeonidKos/Getty Images; Ridofranz/Getty Images